千秋独步：凤凰谷畔话玄奘

董煜焜
孙荷丽
著

河南大学出版社
HENAN UNIVERSITY PRESS
·郑州·

图书在版编目（CIP）数据

千秋独步：凤凰谷畔话玄奘 / 董煜焜，孙荷丽著. --郑州：河南大学出版社，2024.9. -- ISBN 978-7-5649-6082-7

Ⅰ．B949.92

中国国家版本馆 CIP 数据核字第 2024PE4971 号

千秋独步：凤凰谷畔话玄奘
Qianqiu Dubu: Fenghuang Gu Pan Hua Xuanzang

责任编辑	李　云
责任校对	时　海
封面设计	戚贺阳
版式设计	李雪艳
封面绘画	宫　殿

出版发行　河南大学出版社
　　　　　地址：郑州市郑东新区商务外环中华大厦2401号
　　　　　邮编：450046
　　　　　电话：0371-86059701（营销部）
　　　　　网址：hupress.henu.edu.cn

排　版　河南大学出版社设计排版部
印　刷　河南瑞之光印刷股份有限公司
经　销　全国新华书店
版　次　2024年9月第1版
印　次　2024年9月第1次印刷
开　本　710 mm×1010 mm　1/16
印　张　25
字　数　292 千字
定　价　75.00 元

（本书如有印装质量问题，请与河南大学出版社联系调换。）

前言

嵩岳北麓，黄河南岸，位于洛阳盆地核心地域的偃师，历史悠久，文化厚重，历史上先后有夏、商、东周、东汉、曹魏、西晋、北魏七个朝代在此建都，是华夏文明的主要发祥地之一。在中华民族五千多年文明进程中，有许多影响中国历史走向的重大事件发生在这里，有许多彪炳史册的民族英才生活在这里，有许多泽被千古的文化科技成果诞生在这里。因而，偃师这片美丽而古老的热土和中国历史、中国文化有着非同寻常的关系。

偃师南部有个缑氏古县，历史上曾十余次设立县制，缑氏古县有一条古官道，东连齐鲁，西接秦晋，是历代帝王嵩山朝圣的必经之地。几千年来，这条古官道遍布皇家足迹，演绎着中原史话。古官道是从唐代缑氏县繁华的东西大街中穿过的，在县城东门的官道旁有一条蜿蜒曲折的小河，叫休水河（今称马涧河），河谷叫凤凰谷，此水源于嵩山，流经西北，与伊洛两水汇流后向东注入黄河。休水河东岸有个风景优美的小山村叫陈河村，这里出了个举世闻名的世界历史文化名人，亦是伟大的旅行家、翻译家、哲学家、佛教理论家、国民外交家。这个人物的出现，书写了一段盛世唐朝的传奇历史，留下了一曲荡气回肠的民族赞歌；他用理想和信念塑造了一个千古一人的神话，他用执着和顽强成就了一个东方的民族脊梁，他的名字叫玄奘。

公元 7 世纪，凤凰谷畔，玄奘出生于官宦世家。玄奘生活的年代恰是中国古代文明全盛的唐朝，也是中外文化交流最为辉煌的时期；是祖父、父亲、母亲，培养了少年玄奘的品性；是家庭、家教、环境，让玄奘懂得了朦胧的佛性。两种品性的叠加，使玄奘在青少年时期就显得聪悟不群、与众不同，"非雅正之籍不观，非圣哲之风不习"。年十三，时与隋大理寺卿郑善果的对话，更是语惊四座，"故特而取之"录取为僧。后郑善果对他的群僚感叹地说道："诵业易成，风骨难得。若度此子，必为释门伟器，但恐果（即郑善果）与诸公不见其翔鹜云霄，洒演甘露耳……"历史证明，郑善果言为不虚。是郑善果的慧眼，成就了人类历史上一段经典奇迹。

拂去历史的尘封，拨开神话的迷雾，在一代大师离开我们一千三百多年后，还原玄奘一个真真实实的人生。

玄奘出生于隋文帝开皇二十年（600 年），圆寂于唐高宗麟德元年（664 年），享年 65 岁。他的人生轨迹分为四个阶段：一是从出生到净土寺出家为僧的青少年时期，在洛阳市偃师县南陈河村度过，时间为 19 年；二是离开父亲之邑，国内游学时期，时间为 9 年；三是偷渡出关，杖策孤征，西行印度求法时期，时间为 17 年多一些；四是学成东归，主持译经时期，时间为 19 年多一些。他在人生的每一阶段都有超人的表现与闪光的业绩。综观玄奘大师一生追求的最高目标，赫然是金光闪闪的四个大字"取经译经"，为了这一目标，玄奘倾注了毕生的精力。

玄奘取经

玄奘西行取经之路是险象丛生的千年丝路古道，自公元前

2世纪张骞第一次"凿空"西域，八百多年后，玄奘成为这条古丝绸之路最虔诚的践行者。他来自东方，誓向西方行，脚下的路，是从起点到终点的旅程。这条路上，是玉门关外飞鸟难过的五座烽火台和八百里莫贺延碛大沙漠，只见黄沙连天，一望无际，水草皆无，渺无人烟。他五天四夜滴水未进，在昏死沙漠前还坚定意志："若不至天竺，终不东归一步。"超越常人的信念支撑着他向死而行，玄奘和老马为伴，终于穿越出西行征程中最凶险的沙漠死亡之路。这条路上，玄奘经历了"亡命凌山"的重创。他翻越的大雪山，高耸入云，险峭异常，万年积雪，积为冰峰，如遇雪崩，人则九死一生，七天七夜的漫途跋涉，僧侣中冻饿死伤十有三四，驼马则死得更多；这条路上，在西域的焉耆，玄奘一行遭盗贼劫财还要命的险境，在北印度波罗奢原始大森林和中印度恒河中游，两度遭遇强盗穷追纳命，险遭杀害。17年间，在这条求法路上，他遭遇到无数次险情危难，恐怖和不安如影随形。

玄奘取经之路是信仰之路，是意志之路，是求知之路，是和谐之路，是爱国之路。

玄奘西行，改变了公元7世纪世界佛教的发展格局，成为佛法东传历程中的一座里程碑，也为后世留下了一座无法逾越的高山峻峰。

玄奘作为一个旅行家，在一千三百多年前走过的这条取经之路，处处闪现着真理与意志、坚持与顽强的灵光，也必将会吸引无数后人沿着大师的足迹，续写着这条绵延不绝的追求之路。

玄奘译经

贞观十九年（645年）正月，玄奘从印度归国，从这年五月起，到麟德元年（664年）他圆寂前绝笔时的19年，他把全部心血、全部智慧，不遗余力地奉献给了译经事业。译经是玄奘一生活动的突出表现，也是对我国和世界文化的最大贡献。他在翻译方面的成就，无论是数量上、质量上和译场组织规模上都大大超过了他的前人。他改革前人的"意译"为"直译"，同时又糅参意译，被称为"新译"的创始人、划时代的翻译家，为中国译经史开创了一个新纪元。

据前人统计，19年中玄奘共译出经、律、论七十五部，一千三百三十五卷，共计一千三百三十五万字。19年中，平均年译七十卷，而最后的4年间平均年译达到一百七十卷之多。

玄奘主持翻译的三藏要典，在翻译质量上，译文之富，译笔之精，无与伦比，译出的作品具有极高的文学价值。

我国已故佛学大师、玄奘研究中心名誉主任赵朴初先生在评论玄奘翻译佛经时说："玄奘花费19年时间，孜孜不倦有计划有系统地翻译了一千三百多卷的经论，可以说是直到命终才放下他的担子。"这种系统翻译规模，严谨的翻译作风和巨大的翻译成果，成为中国翻译史上超前绝后的光辉典范。"他的成就和贡献不仅在佛教方面，而且在学术方面都是非常重要的。他不仅比较全面系统地译传了大乘瑜伽有宗一系的宏论，而且把空宗的根本大经《大般若经》二十万颂也完全翻译过来，又把小乘佛教一切有部的重要论典都翻译过来，有许多密传之作连印度都无传本，即使佛教的论敌或者外道，也如实地把他们的论点介绍给中国知识界。"

我国著名学者、玄奘研究中心原主任黄心川先生在谈到玄奘的译经成就时说："玄奘毕生共译出佛教经、律、论七十五部，一千三百三十五卷，约为他从印度带回来的经卷总数六百五十七部的11.4%，较我国历史上著名的五大翻译家（鸠摩罗什、真谛、法护、义净、不空）所译总和一千二百二十二卷还多了一百一十三卷。玄奘所译的佛经约占隋唐译经总经二千四百七十一卷的54%。""关于玄奘翻译的质量，在中国译经史上素有定评，受到了僧俗两界一致的赞誉，由于玄奘通晓"三明"（内明、因明、声明），摄三明之长，他的译著能够曲尽佛教深奥的内蕴，音韵铿锵，落地有声，文字畅达，富有逻辑性。"

印度学者柏乐天评价玄奘的译经事业时说："在全人类的文化史中，玄奘是第一个伟大的翻译家。他的业绩，将永远被全世界的人们铭记着。中国很荣幸是这位翻译家的祖国，只有伟大的中国才能产生这么伟大的翻译家。"

玄奘译经期间，还把印度失传多年的《大乘起信论》用中文译成梵文，介绍到印度，还把中国古代哲学著作《老子》译成梵文传入印度。同时他用17年留学印度的深厚底蕴创宗立说，创立了中国佛教宗派——唯识宗。

玄奘译经时受太宗之约，由玄奘口述、弟子辩机笔录撰成的《大唐西域记》更是一部世界奇书。举凡山川地势、政治经济、宗教文化、社会风情，该书中应有尽有。19世纪以来，该书先后被译成法、英、德、日、印等文字传播于世界各地，引起外国学者的高度重视，一百多年来世界各国还出版了许多研究《大唐西域记》的专著。

《大唐西域记》在史学方面的贡献,最为中外学者所称道。印度史学家辛哈和班纳吉在合著的《印度通史》中高度评价《大唐西域记》的史料价值,他们说:"中国的旅行家,如法显与玄奘,给我们留下了有关印度的宝贵记载。不利用中国的历史资料,要编一部完整的佛教史是不可能的。"英国史学家文森特·史密斯说:"玄奘对于印度历史的贡献是怎样也不会估计过分的。"法国汉学家沙畹称赞这部书:"为今日一切印度学家之博学的向导。今日学者得以整理七世纪印度之不明了的历史地理,使黑暗中稍放光明,散乱中稍有秩序者,皆玄奘之功焉。"

《大唐西域记》还是一部价值极高的地理文献。玄奘在书中记述了他到过的一百一十国,传闻二十八国,并附记了一十二国,涵盖了我国新疆地区、中亚地区,即今吉尔吉斯斯坦、哈萨克斯坦、乌兹别克斯坦、塔吉克斯坦和阿富汗、伊朗及南亚地区的巴基斯坦、印度、尼泊尔、孟加拉国和印度尼西亚。这些记载使得七世纪时中亚和南亚的地理概况跃然纸上。

中国著名学者北大教授季羡林在评价《大唐西域记》时说:"玄奘在印度是妇孺皆知、家喻户晓,他已经成了中印友好的化身。《大唐西域记》也早已成为研究印度史、哲学史、宗教史、文学史等的瑰宝。研究印度历史的学者,无论他是哪国人,无论他代表哪一种观点,他们都给予《大唐西域记》以极高的评价。"

玄奘西行,让世人发现,如果没有玄奘前无古人的翻译成就、文化交流、和平传播,世界上就不可能有保存如此完美的佛教文化。

一千三百多年前，玄奘取经、译经的行动和精神昭示着一个伟大盛世的到来；一千三百多年后，他留下的精神财富，历久弥新，对于 21 世纪正在奋斗的人们仍然具有重要的现实意义。在史无前例中国式现代化进程中，玄奘的丰功伟业和玄奘精神，像瀚海中的灯塔照耀着我们前进的方向，像战鼓、号角鼓舞我们披荆斩棘、奋勇向前，创造出无愧于时代的业绩。

休水河边忆玄奘，用真实的故事讲述人生哲理；

凤凰谷畔话玄奘，用平凡的感悟激励你我前行！

Contents｜目录

第一讲｜长安万众迎玄奘……………001

第二讲｜真真假假话玄奘……………012

第三讲｜凤凰谷里出玄奘……………018

第四讲｜玄奘的少年时代……………031

第五讲｜国内漫漫求学路……………045

第六讲｜求大乘矢志西行……………059

第七讲｜闯边关险象环生……………073

第八讲｜九死一生过大漠……………085

第九讲｜老马识途救玄奘……………098

第十讲	高昌被困与结盟	111
第十一讲	穿丝路一波三折	120
第十二讲	入西域龟兹辩经	131
第十三讲	登葱岭翻越雪山	140
第十四讲	西突厥可汗关照	150
第十五讲	飒秣建遇拜火教	159
第十六讲	质子伽蓝显神奇	173
第十七讲	学经迦湿弥罗国	184
第十八讲	北印度访佛影窟	195
第十九讲	中印度恒河遇险	209
第二十讲	释迦故乡蓝毗尼	224
第二十一讲	那烂陀求学奇缘	238
第二十二讲	巡礼游学五印度	255

| 第二十三讲 | 那烂陀寺展才华……271

| 第二十四讲 | 顶级挑战曲女城……283

| 第二十五讲 | 印度留学忆师承……296

| 第二十六讲 | 载誉东归马蹄轻……302

| 第二十七讲 | 洛阳宫太宗接见……318

| 第二十八讲 | 潜心译经弘福寺……331

| 第二十九讲 | 晚年翻译起风波……345

| 第三十讲 | 玄奘圆寂玉华寺……359

| 第三十一讲 | 玄奘精神传千古……373

参考文献……380

后　记……381

第一讲
长安万众迎玄奘

（字幕·旁白）

贞观十九年（645年），大唐，崛起于东方的强大帝国，在唐太宗的治理下，迎来了大唐王朝的第一个盛世顶峰。

这一年的正月二十四，一个离开自己祖国17年的僧人，五万里征程，终于回到了都城长安。

远在洛阳准备向辽东用兵的唐太宗命令帝国最能干的大臣房玄龄全权负责迎接玄奘的一切事宜。然而就在盛大的欢迎队伍翘首以盼的时候，玄奘法师却失踪了，此时的他，又在哪里做着什么呢？身为帝国宰相的房玄龄，又将如何应对这一突发事件……

贞观十九年的正月，注定在中国的历史上留下不可磨灭的印记。

~~~~~~

贞观十九年（645年）正月二十四，大唐宰相房玄龄早早起床，穿戴整齐，准备处理纷乱庞杂的政务。从秦王入关到玄武门之变，从贞观改元到官拜司空，房玄龄一直是唐太宗的左膀右臂。辽东战事以来，唐太宗集结全国兵力、财力于东都洛阳，把西京长安和整个帝国的大后方都交给了房玄龄。他本可在唐太宗不在长安时平静而顺当地辅佐太子李治监国，但是，一件早在计划之中却又突如其来的事情打破了长安城的平静。

事情来得十分突然，就在房玄龄准备离开府邸进宫去见太子李治的前一刻，他的第二个儿子，也就是娶了唐太宗之女高阳公主的房遗爱匆匆赶来告诉自己的父亲，说是那位从印度取经归来的高僧和他的马队已经到了长安城外！

高僧？取经？难道是玄奘？

是的，正是玄奘！

对于玄奘这个名字，房玄龄并不陌生，早在贞观十五年（641年）的时候，印度摩揭陀国国王曷利沙（即戒日王）派使者前来大唐，不但带来了国书和珍贵的礼物，还带来了一个让大唐君臣意想不到的消息：一位名叫玄奘的僧人，跋山涉水、不远万里地离开中原到印度求学，不但凭借高深的佛法修为让大乘佛教在印度重新焕发光芒，还以其出类拔萃的学识和人格震动五天竺，成为佛国印度最杰出的佛学高僧。更令大唐君臣感到振奋的是，这位玄奘法师在异国功成名就后，时时不忘故国，处处以大唐子民为荣。

房玄龄记得很清楚，那天唐太宗非常高兴，不但赏赐了戒日王的使者大量财物、派云骑尉梁怀璥随他回访摩揭陀国，还在宴席上详细询问了玄奘法师在印度的种种情况，饶有兴致地倾听着一个外国使者对本国高僧绘声绘色的讲述和发自内心的崇敬。

"玄奘"这两个字，就是从那时起在大唐君臣心中留下了种子。

两年前,也就是贞观十七年(643年)三月,为了巩固大唐对河西的控制、扩大大唐在西域以外的影响力,唐太宗又派李义表为正使、王玄策为副使,随同朝贡返还的印度使节再次出使印度。据史料记载,大唐使团直到贞观十九年(645年)正月才到达摩揭陀国的王舍城(今印度比哈尔邦西南拉杰吉尔),沿途出访了数十个大小国家,直到次年才回国。与此同时,就在这条途经西域、中亚通向印度的崎岖之路的另一个方向,我们伟大的法师玄奘正带着他从"西天"取来的真经,执着东行。

玄奘抬起头,远远已望见长安那座巍峨的城池。

17年前,那还是贞观元年(627年),刚刚经历了一场政变的关中之地发生饥荒,他混杂在外出求食的流民队伍里,开始了自己的西行之路;17年后,这个崭新的帝国在一位英明君主的治理下呈现出了一派欣欣向荣的气象。佛日轮回,在他四十六岁的时候,带着曾经的誓言和沉甸甸的经书,回到了这片让他魂牵梦萦的土地上。

"法师,我们到了,过了前面的驿站就是长安。"随行的小吏小心翼翼地提醒着,唯恐惊扰了玄奘法师。在他们眼里,玄奘就是佛法和神迹的化身。他能够杖策孤征穿越戈壁、翻越雪山,走遍西域、中亚及南亚次大陆上百个国家,17年矢志不渝求取真经,这是怎样的一种信念和力量啊!

在他们眼里,玄奘已不仅仅是一个得道高僧,更是我大唐气象的辉煌象征,只有在我大唐,才能孕育出这般百年难得一见的人物。

玄奘停了下来,离他不远的地方,是一条结了冰的小河。

玄奘闭上眼,深吸一口气,那带着泥土芳香的气息,令人沉醉;他俯下身,双掌触地,缓缓跪倒,朝着帝都的方向叩首。

"快跪下啊,快叩头,跟着法师,快!"小吏忙不迭地低声呼喝着,马队的随行成员齐刷刷跪倒一片。一路行来,玄奘的言行气度已让他们深深折服,他们觉得,能跟随玄奘同行一程,本就是件福泽三代的幸事;他们相信,只有这等非凡的人物,才能在九死一生中完成取经的伟业。

"大唐啊,我回来了……"玄奘默念着,泪已潸然。他仿佛又回到了临近那烂陀寺前的那段时光,近乡情更怯,明明只有咫尺之遥,却再难前进一步。对一个孜孜求学的僧人而言,在佛法圣地那烂陀寺前停下脚步,那是一种虔诚和景仰;对一个时隔17年方才回到故国的游子而言,在长安前停下脚步,更多的是一种乡愁的凝结和彷徨……

每个人在不同时间、不同环境下都有着不同的身份,在旁人眼中,玄奘就是神圣和宝相庄严的化身,他代表的是最高的精神境界和大唐的气度,岂能轻易流露真情!但此刻他只是一个回乡的游子……

不过玄奘的低调并没能换来片刻的宁静,从进入西域的那一刻起,天山南北,从于阗到楼兰,从敦煌到凉州,直到关中腹地的长安,圣僧归来的消息飞一般地传遍了整个大唐西疆。大唐开国迄今28年,人们第一次为了一个僧人而奔走相告,第一次不是因为战争的胜利而疯狂。

大地开始颤抖,地平线上出现的不是千军万马,而是从长安城内外蜂拥而至的人群!只见长安西郊路上,人山人海,万头攒动,一片混乱的局面。

小吏紧跟着反应过来,大喊:"快,保护经书,保护法师!"

马队很快行动起来,护卫们上马在外,僧人们保护经卷在内,马夫管住马匹,将玄奘护在中央。经书和法师,两样瑰宝,哪一个都不容有失!

"什么,玄奘法师已经到了?"房玄龄听到这个消息后大为吃惊,按照前几日沿途地方官送来的奏报,玄奘法师从敦煌出发,经由凉州入关中,最快也要正月二十五,也就是明天午后才能赶到长安,所有留在长安准备迎接玄奘的官员和一系列盛大的庆典也都被安排在明天。可现在是正月二十四的早上,玄奘一行比预计时间足足早了一天。

"失职之过,怠慢之罪啊!"迎接玄奘是唐太宗临走前交给自己的最重要的任务,皇帝相信只有自己才能把这件大事做好、做漂亮,做出体面来,可现在呢!

正所谓计划赶不上变化,房玄龄一面派人通知相关官员和仪仗队伍用最快的速度集结出迎,一面派人飞报弘福寺,让这座与皇家有着密切关系的长安城最大的寺院做好迎接和安置玄奘一行的准备。

急促的马蹄声回荡在长安城的大街上,房玄龄急遣右武侯大将军侯莫陈实,雍州司马李叔眘,长安县令李乾祐一起飞奔前往长安西郊,沿途的景象让他们感到无比震惊:整个长安城已经完全沸腾,无数官员和百姓涌上大街,所有人都在朝一个方向赶去,所有人都只在传一件事——玄奘法师到了!

"父亲,前面过不去了!"房遗爱从人群中挤到房玄龄跟前,这位房家二公子带来了一好一坏两个消息:坏消息是,玄奘的马队被数万百姓堵在西郊,别说进城,就连往前挪一步都不可能;好消息是,围观的百姓越来越多,从现在的情形看,玄奘一行到天黑都进不了城，完全有时间重新组织安排迎接事宜。

不过这一好一坏两个消息也很是让人头痛，一旦处理不好，就会造成更大的混乱，甚至威胁到玄奘的安全！

　　自然奔凑，观礼盈衢；更相登践，欲进不得。

史书用了十六个字来记载当时的情形。面对已经热情得失去理智的围观群众，玄奘让队伍停了下来。停下来的原因可能有两个：一是交通堵塞，实在是走不了了；二是身为佛家弟子的玄奘法师，在看到这一幕的时候，本着慈悲为怀的信念，不愿再往前走一步。于是，玄奘一行很快被围观的人群包围。狂热的人群拼命地往里面挤，局面眼看就要失控……

房玄龄不愧为一代名相，他立刻派出一队精锐士兵赶往围观现场，分开人群，保护玄奘。他没有让手下的官吏和士兵盲目地去驱赶人群，压制只会让百姓对官府产生对抗情绪，让局面变得更加不可控制；他只是派出官吏和士兵在各个城门、驿站、路口、要道维持秩序，慢慢地为马队前进开道，同时也为自己安排迎接事宜腾出时间。然而闻讯而至的人越来越多，万般无奈之下，房玄龄只好让玄奘在军队的护卫下先行住进驿站。

那么，玄奘为什么会比预期早到长安一天呢？原来，玄奘在到达敦煌后又给朝廷写了一封信，报告自己的行程。这封信被直接送到了正在洛阳筹备对辽东用兵的唐太宗那里。唐太宗看完信后，当即命令留守长安的宰相房玄龄全权处理迎接、安置玄奘之事。房玄龄也根据这封信计算出玄奘的行程，进而安排各项事宜。

然而，从敦煌到洛阳还有很长一段路要走，一心面君的玄奘担心赶不上与唐太宗会面,因此在得知唐太宗在洛阳即将亲征辽东的消息后,便加快行程,风尘仆仆地赶往长安,所以才早到一天。皇帝没见到,人却被堵在长安西郊。

就这样,玄奘一行在长安西郊的驿站休息了一天。第二天,也就是贞观十九年(645年)正月二十五,当时世界上最宏伟、最繁华的城市长安,为玄奘举行了盛大的欢迎仪式。

在当时大唐百姓心中,依靠自己的力量取得真经的玄奘就是一位不折不扣的民族英雄!

玄奘不但是一位有道高僧,更是一位杰出的学者、翻译家、外交家、探险家,他代表的是大唐,象征的是那个时代人们求知不倦和勇于探索的精神。玄奘一个人的行为,成就了一个帝国的荣耀。

图 1-1 公元 645 年,玄奘取经归来,到达长安西郊的景象

在房玄龄的亲自指挥下,一场别开生面的盛大欢迎仪式拉开了帷幕。整个仪式的核心,也是最精彩的部分,就是举办一场由全体长安百姓参加的游街大会,向天下人和各国使节展示玄

007

奘法师从印度带回来的珍贵经书和宝物，让数十万人一同为玄奘欢呼，振奋大唐士民之心，弘扬天朝国威。

游街的消息一经传开，一时间，长安城万人空巷，张灯结彩，鼓乐喧天，烟云赞响，幢帐幢盖，金华散彩，从朱雀大街到弘福寺的数十里长街两旁人山人海，一片欢乐的海洋。只见一队队驼马、一驮驮佛经、一座座佛像，还有那印度人、中亚人、西域人，好奇的异国面孔，让长安人沸腾了！长安城的百姓纷纷涌到朱雀大街两侧，有聪明的商人甚至在半夜就发动家人、伙计抢占最好的观看位置，然后高价出售，临街的二层酒楼、戏院更是被达官贵人包场一空。学生停课、商人罢市、官员休朝，最紧张的只有负责维持秩序的将领和士兵们，房玄龄在游街开始前下令，如果再发生相互践踏之事，相关官吏、将士一律严惩！

按照计划，玄奘法师会骑一匹白马走在整个队伍中央，接受整个长安的欢呼。

游街的终点就设在弘福寺。弘福寺，位于长安城西北芳林门内、掖庭宫外的修德坊，又名兴福寺，不仅是长安城中最大的寺院，也是唐太宗为太后祈福之地。

就在房玄龄以为万事俱备可以松一口气的时候，负责接待玄奘的礼部官员匆匆跑来，说游街的队伍已经出发，可玄奘法师却不见了！

"法师不见了！"房玄龄有些吃惊，但努力让自己保持冷静——他再一次领略到了玄奘的与众不同，事态的变化再次考验着这位大唐宰相临机应变的能力。

房玄龄当即发出三点指令："第一，不可对外声张；第二，法师去过的任何地方都给我仔细地去找；第三，仪式照常进行，半个时辰内找不到，就让下面的人告知全城百姓，说法师鞍马劳顿需要歇息，今日不参加游街！"一队队精干的官吏立刻行动，迅速展开了一场搜寻玄奘的行动。

此时此刻，玄奘法师人在何处？又在做些什么？他又为何不去参加专门为自己举行的欢迎大会呢？史书记载，玄奘法师当时：

> 独守馆宇，坐镇清闲，恐陷物议，故不临对。

简简单单的十六个字，却清楚记载了玄奘法师当时的举动和心理。馆宇，应该就是弘福寺安排给玄奘住宿和休息的僧舍；独守，说明玄奘当时是一个人。这四个字连起来就是说：玄奘曾经出去过，但又自己跑了回来，当时是一个人待在屋子里。

再来看"坐镇清闲"。这里的"坐镇"，应当是一种姿态，是动作。那么"清闲"呢？这里的清闲，应当是一种神态，是神情。玄奘的"坐镇清闲"，不是坐在那里优哉游哉地打盹，而是用一种非常镇定的姿态，带着一种非常"入定"的神情，在思考问题。

玄奘在想什么？接下来的四个字很明确地告诉了我们——恐陷物议。恐，唯恐；陷，陷入；物，可以理解为世俗的；议，议论、非议。唯恐陷入世俗的非议。作为一名僧人，尤其是玄奘这样已经成为某种化身和象征的僧人，他的一举一动、一言一行已不再是他自己的言行举止，所有关于他的信息都将暴露在众目睽睽之下，接受各种各样人的议论和品评，稍有不慎，就会惹来麻烦。就像当年在曲女城辩经大会上大获全胜后拒绝骑上大象接受全印度的祝贺一样，这一次，面对无上荣誉，玄奘再一次选择了隐退。

玄奘为什么会得到僧俗两方的认可，一个很重要的原因就是他对内佛学修为精深，专业水平很高；对外洞悉世情，知道什么时间什么地点说什么样的话，如何行动才能把事情办好，并且让方方面面都觉得很舒服。用通俗点的话来说，玄奘既会做事又会做人。

为了避免"恐陷物议"，玄奘选择了"故不临对"，选择了独自在馆宇内默念《心经》。

麾下官吏很快找到了玄奘，房玄龄来到弘福寺后，并没有惊动玄奘，而是让所有人留在院落外，自己独自一人来到僧舍门前，刚抬起手想要敲门，却又放下，因为他听到了屋子里的诵经声。

房玄龄退开一步，朝僧舍深深鞠了一躬，就这样一声不响带着他的人走了。

整个长安城的盛大庆典还在继续，几十万人沉浸在观看玄奘法师从印度带回来的经书和奇珍异宝的无比喜悦中。长长的朱雀大街热闹欢腾而又井然有序，当人们得知玄奘法师因为旅途劳顿而不能参加这次游街时，在虔诚的佛家信徒的倡导下，人群开始为这位大唐开国以来最杰出的高僧祈福，玄奘法师的名字在人潮中一次次响起，庆典活动在此刻也达到了高潮。

玄奘17年西天取经到底带回来了什么佛经？据历史记载，玄奘从印度请回的如来肉舍利一百五十粒，连同金、银、檀刻佛像七尊，用宝车宝辇载着；佛经五百二十夹，六百五十七部，用二十匹马分载。这些经卷包括：大乘经二百二十四部，大乘论一百九十二部，上座部经、律、论一十五部，大众部经、律、论一十五部，三弥底部经、律、论一十五部，弥沙塞部经、律、论二十二部，迦叶臂耶部经、律、论一十七部，法密部经、律、论四十二部，说一切有部经、律、论六十七部，因明论三十六部，声明论一十三部。这次游行整整持续了一天，可以说这次盛会是我国第一次介绍外国佛经的展览会。历来西域求法的僧人虽然不少，但是成绩都没有玄奘这样显著，气魄也没有玄奘这样伟大。

・・・

［接下来，玄奘辞别房玄龄，急急赶赴洛阳，面见唐太宗，这次和唐代一代名君见面，会是怎样的一种情况呢？此讲先按下不表，让我们从头说起，下一讲从"真真假假话玄奘"说开去。］

第二讲
真真假假话玄奘

（字幕·旁白）

古典小说《西游记》中唐僧是不是就是唐代历史上的玄奘大师，他们之间应该怎样辨清真假？《西游记》和玄奘到底有哪些因果关系，当年吴承恩成书《西游记》时，是凭空杜撰还是有所依据？历史上真实的玄奘有着什么样的人生经历，使他敢于万里孤征，远去西天取经？

古典小说《西游记》中唐僧师徒西天取经的故事，几百年来妇孺皆知，家喻户晓。唐僧的徒弟孙悟空、猪八戒、沙僧和坐骑白龙马，保护唐僧一路西行降妖除魔的传奇故事更是脍炙人口。《西游记》里的唐僧历史上确有此人，他是唐朝一个伟大的僧人，俗名陈祎，出家后法号玄奘。他孤身一人，历尽艰险，远赴印度取经求法，历时17年，独行五万里，遍游西域、中亚和印度，回国后又用了19年的时间，夜以继日翻译佛教经典，无论是数量还是质量在我国古代翻译史上都堪称空前。他著述的《大唐西域记》至今是研究中亚和印度中古历史无可替代的历史证据，今天玄奘在印度还享有很高的知名度。舍身求法的精神、九死一生的经历以及不平凡的业绩，使他成为中国乃至世界历史上一位伟大的旅行家、翻译家、哲学家、佛学家和世界历史文化名人。玄奘的事迹与精神鼓舞着一代又一代中国人，人们传诵着他那传奇般的故事，把他作为唐朝和尚的代表，众多的人就干脆称他为唐僧。

唐僧取经，从唐代起就在民间广泛流传，经宋元至明代中叶，吴承恩最终写就了《西游记》这部伟大小说。然而小说不是历史，也不是传记，观众当然可以把文学作品做各种解读。因此，我们在话说玄奘时，首先要弄清"唐僧"和玄奘。何为"唐僧"？我们说唐僧泛指唐代的僧人，如慧立、道宣、神昉、嘉尚都可称为唐僧。玄奘是个历史人物，是唐代僧人的杰出代表，但不能说"唐僧"就是玄奘，人们想通俗地把"唐僧"等同于玄奘，这是个误区。正是吴承恩在《西游记》里塑造的"唐僧"是非不分、真假不辨、迂腐无能的形象，彻底颠覆了玄奘的真实面目，全面误读了玄奘。当然，对这个流传也应有个认识过程，主要是过去我们对玄奘宣传得还不够。

在我们弄清"唐僧"与玄奘的关系后，就会明确地认识到，如果没有玄奘，没有玄奘西行的启发，我们今天所拥有的四大古典小说名著中，大概不会有《西游记》。因为玄奘确实是《西游记》中唐僧的原型人物。正是玄奘的神奇经历，才使吴承恩这位神话天才锻造出《西游记》这部中国古代文学宝库中的惊世之作。从明代中叶至今，四百多年来这部小说成了中国人的大众文学读本，其间，玄奘当然应该是影响重大的人物。

历史上玄奘的伟大成就和神奇的一生，因为适应了大众崇拜英雄的心理，突出于其他西游求法高僧之上。于是在大师圆寂约三个世纪，北宋初期辑成的《太平广记》就有把玄奘经历神化的记载，而南宋临安府（今杭州）瓦子街的剧场就已出现叫《大唐三藏取经诗话》的唱本；到了元朝又有吴昌龄的杂剧《唐三藏西天取经》；到明朝中叶，吴承恩的长篇神话小说《西游记》问世，其间，还有杨致和编写的《西游记传》，明末清初又有董说的长篇小说《西游补》。到了近代，通过《西游记》等文艺作品的传播，唐僧的形象几乎家喻户晓，但掩盖了玄奘的真实面目。

人们只知道唐僧，而知道玄奘者甚少，或者人们一提起唐僧，就说是玄奘。但有个事实，许多人是通过唐僧的宣传才认识玄奘的。说起来是好事，但实在留有遗憾。无怪近代学者胡适先生说："这种变化乃是一切大故事流传时的自然命运，逃不了的，何况这个故事本是一个宗教的故事呢？"

试想，如果没有玄奘大师西天取经的传奇故事，就没有《西游记》这部伟大的世界名著，也就不会有名扬世界的伟大文学家吴承恩。

《西游记》中的唐僧是吴承恩根据历史上玄奘的原型写的。吴承恩成书《西游记》，是以《大唐西域记》和《大慈恩寺三藏法师传》为素材，加之他几十年熟读野史奇闻的积累，更是他沿着玄奘生活的足迹，采集素材写成的。吴承恩到没到过洛州缑氏县（今洛阳偃师区缑氏镇），史书尚未记载，但作为玄奘的故里，吴承恩是一定会来过的。因为，这里留有《西游记》大量的人文史实，在玄奘故里方圆三十公里范围内，就有多个景点、地名与《西游记》相同。玄奘故里南临嵩山，嵩山北麓有个大豁口（俗称口孜）。传说是当年猪八戒在这里与妖魔鏖战，用钉耙将山扒了个豁口，这堆土留下成了缑氏山，钉耙头掉了，在山前就有个"扒头"村（是个行政村）。传说猪八戒一气之下把钉耙把也随手扔了，扔在了夹河滩，那里现在有个"立木头"村。在玄奘故里西的宜阳县境内，有花果山景区，花果山有水帘洞，有猴王点将台、八戒石、沙僧岭等。这些传说和现实中的村名、地名、景区名一致，应该是吴承恩西游文化的结晶。

吴承恩用神话演绎玄奘取经的故事，使神通广大、法力无边、嫉恶如仇的美猴王成了人们崇拜的偶像。也许有人会认可这样的观点：《西游记》中唐僧的善良、友好，以普度众生为己任的美德，加上孙悟空的艺术形象，也从某些方面丰富了玄奘的形象。但它并不等同于真实的玄奘，等同的是留给后人的玄奘精神。

西游文化、玄奘文化是两种不同概念的文化体系，它们是"根"与"果"的关系，但存在着多种内在联系。西游文化中的唐僧师徒在西天取经路上用神话教化人类要与人为善，普度众生，放下屠刀，立地成佛，以到来世的极乐世界；玄奘文化用史实在教化人类要胸怀大志，坚定信念，百折不挠，舍身求法，以人人皆有佛性，皆能成佛作为最高目标。两者的共同点都是利用佛教教育人类，两者的不同点则差异极大：西游文化以唐僧取经为主线，利用神话、鬼魔、离奇等故事情节去刻画人物形象，去满足人们空前的想象空间，去宣示真善美，揭示伪恶丑；玄奘文化则以真实的玄奘西游，记载了玄奘在佛学、翻译、史学、地理学、交通学、哲学、文学、中外文化交流等各个领域的丰功伟业，去展示一个唐代留学生前无古人、后无来者的光辉形象。

玄奘那精湛的学识、高尚的人品、炽热的爱国情怀以及留给后人丰厚的文化遗产，一千三百多年来，受到世界各国人民的普遍敬仰和爱戴。人们以不同形式去纪念玄奘，去研究玄奘，去学习玄奘。

西游文化与玄奘文化两种不同文化的传播宣示，留给人们无尽的思考和启迪。这是一个奇迹，这是一种精神，在改造着社会，昭示着真理，推动着历史前进。这是什么精神，是玄奘精神，是中华民族的精神。

中国社会科学院荣誉学部委员、著名学者黄心川先生将玄奘精神概括为："玄奘那种真诚向外国学习，勇于开拓的精神；那种历尽千难万险，百折不挠的顽强奋斗精神；那种虔虔不懈，寻求真理，攀登学术高峰的精神；那种不慕名利，返回祖国，造福人民的爱国主义与国际主义的精神；那种工作作风踏实，计时分业的严谨精神；那种融汇教内外各派理论的认同、宽容精神，永远值得我们学习，激励着我们前进。"

也正因为如此，古往今来，古今中外，很多人都对玄奘有着极高的评价。杰出帝王唐太宗曾经说，"有玄奘法师者，法门之领袖也"，并形容他为"只千古而无对"，也就是说千古无双，像他这样的人物千年只有这么一个。鲁迅先生在《中国人失掉自信力了吗》这篇重要的文章当中也曾经称赞玄奘为中国的脊梁。在国际上，对玄奘的评价同样也是非常崇高的。有些学者说，印度历史欠玄奘的账，是怎么算、怎么估量都不会过分的；有些学者更明确表示，如果没有晋代的法显、唐代的玄奘、明代的马欢，印度的历史是无法重建的。

这就是历史上真实的玄奘，一个为了信仰、为了求真，顽强执着、舍生忘死走向西方的取经之路，走向那条被后世称为"丝绸之路"的路上，走得比任何人都更远、更久，成就也更辉煌。这就是那个从凤凰谷走出来的玄奘。

• • •

〔历史上的玄奘大师身世、家世是个什么样？在他的祖籍地、出生地都留有什么传说逸事？玄奘故里在哪里？请看下一讲"凤凰谷里出玄奘"。〕

第三讲
凤凰谷里出玄奘

　　玄奘大师的生平身世,历史上多有记载,唐代就有玄奘的弟子慧立、彦悰撰写的《大慈恩寺三藏法师传》、道宣的《续高僧传·玄奘传》、刘轲的《大唐三藏大遍觉法师塔铭》、智昇的《开元释教录》、冥祥的《大唐故三藏玄奘法师行状》等都作了较详细的记载,其他多种古代典籍杂著都有零星记载。因此,弄清楚玄奘的生平身世是没有问题的。在这些为玄奘大师作传记的典籍中,梁启超先生亦有评价,他说《大慈恩寺三藏法师传》:"此书在古今所有名人谱传中,价值应推第一。"肯定了此书在玄奘传记中的重要性。

　　本书的讲述就以《大慈恩寺三藏法师传》和玄奘口述、弟子辩机笔录的《大唐西域记》为基本资料,参阅其他史料的异同详略,加以比对,去展示玄奘平凡而伟大的人生。

　　根据中国历代人类播迁史记载,人们的生平籍贯都有祖籍地、诞生地,玄奘也不例外。

　　玄奘的祖籍地在哪里呢?《大慈恩寺三藏法师传》记载:

法师讳玄奘，俗姓陈，陈留人也。汉太丘长仲弓之后。

　　这里说的陈留，冥祥的《行状》作颍川，系指玄奘的陈氏古代郡望而言。汉代太丘在今河南永城一带，太丘长即古时的县级官吏。仲弓则是陈寔的字，《后汉书·陈寔传》有专门记载，玄奘是汉代陈寔的后代。这个关系理顺后得到一个玄奘身世的重要依据，那就是玄奘出身于名门望族。

　　据考：玄奘祖籍地颍川，在今河南省禹州市长葛、许昌一带，历史上称颍川郡。颍川因颍河而得名，颍河流域泛称颍川。颍河发源于河南省中岳嵩山，由安徽省正阳关注入淮河，为淮河最大的支流。颍河一带地处中华文明历史发祥地，是哺育中华望族颍川陈氏五千多万人的母亲河。

　　那么，陈寔是何许人也？

　　据《后汉书·陈寔传》记载：陈寔（104－187年），字仲弓，颍川许（今河南长葛市古桥镇陈故村）人，曾任东汉太丘长。在陈氏世系源流中，陈寔是东汉颍川的重量级人物。说陈寔少时家境贫寒，曾在县里做小吏，任劳任怨，又有志好学，受到县令的赏识，让他去太学读书。后来陈寔先后任颍川郡督邮、功曹，其高尚的德行为远近所叹服。东汉桓帝元嘉元年（151年），司空黄琼推选陈寔为闻喜长，后又改任太丘长，也就是县一级的行政官吏。他以德治政，关心爱护百姓，以至邻县不少人要迁居到他的辖区。后来长官违法赋敛，加重百姓负担，陈寔无法阻止，便辞官归里。

　　陈寔德冠当时，成为东汉远近宗师的名士之首，荀爽、贾彪、李膺、韩融、王烈、管宁、华歆、邴原等曾向他问学。陈寔作为名士领袖,他当时的活动亦为各方关注。按照"贤人上应星象"的说法,据说,当时掌管天文历法的太史,从观测德星(即木星,旧谓主祥瑞之星)的出现上,就能看出陈寔的出行。

东汉末年,宦官弄权,大兴"党锢之祸",对士族名士大肆进行迫害。延熹九年(166年)李膺等二百余人被诬为党人,陈寔也在其中。其他人大多逃避求免,但陈寔却说:"吾不就狱,众无所恃。"大义凛然地自请入狱,第二年才遇赦出狱。建宁元年(168年),灵帝即位,大将军窦武谋除宦官,征召陈寔为掾属,参与制定计策。但不久事败,窦武被杀,宦官更大规模地缉捕党人,陈寔再受党锢,隐居家乡。

党锢解除后,人臣们纷纷推荐陈寔,朝廷也多次以公相之位相召,但他都推辞了。中平四年(187年),陈寔病逝于家中,享年84岁。各地赶来吊唁的有三万多人,送殡的车子千辆,披麻戴孝者五百多人,大将军何进也遣使出席。公元188年,豫州刺史为陈寔褒功,建庙立碑,谥为"文范先生",并将他的图像传贴百城,树为朝野吏民的道德典范;后又追封为颍川侯,钦赐龙牌。

陈寔辞世后,葬于故乡陈故村。东汉大文学家蔡邕为其墓碑撰文,评价陈寔具有"忠、信、敬、刚、柔、和、固、贞、顺"九种品德,说他"文为德表,范为士则""光明配于日月,广大咨乎天地"。

说到玄奘的远祖陈寔,人们自然会想到"梁上君子"这一成语。成语说的是陈寔在乡里威信很高,人们都很重视他的建议,认为"宁为刑罚所加,不为陈君所短"。一次有一小偷躲在他家房屋的梁上，准备夜里行窃。陈寔发现后，不动声色地把儿孙们叫到屋里，教育他们要努力上进，正正当当做人，不要像梁上君子那样养成坏习惯。伏在梁上的小偷听了很受感动，跳下来向他请罪。此事传开后，其他人也都受到了教育，盗窃案随之减少。这便是"梁上君子"的由来。

陈寔共有六个儿子，其中陈纪、陈谌最有贤名，当时人们把他们父子三人并称为"三君"。颍川陈氏由汉末入魏晋，成为当时的一流高门，子孙历十余世冠冕相承，家庭地位历三百年而不坠，是魏晋时历史最为悠远的世家大族之一。颍川陈氏成为中华望族，天下陈氏也共以颍川陈寔为祖。陈氏家祖从东汉太丘长陈寔起，在许昌、长葛一带度过了一个半世纪的安定生活，到西晋末年"八王之乱"和"永嘉之乱"，为避战乱陈姓才和林、郑、黄等姓族越山渡水，开始向南分化播迁。

玄奘的高祖陈谌（陈寔之子），北魏时，官居清河太守，据《高僧传》记载："由于家风纯正，陈谌为官克勤克俭、清正廉洁，其贤德自是盛传一方。"

玄奘的曾祖父陈钦，武将加封，《慈恩传》卷一载："曾祖钦，后魏上党太守。"祖父陈康，以"学优仕齐，任国子博士（国家教育机构国子监中负责教授儒家经典的官员），食邑周南，子孙因家，又为缑氏人也"。也就是说，其祖父陈康在北齐任职时，调动工作到周南（古洛州缑氏县一带），陈家这一祖系，才从祖籍地颍川迁到了偃师缑氏，以后就定居缑氏县的陈河村。

据文献记载：玄奘的祖父陈康，幼年好学，遵祖训"积德百年元气厚，读书三代雅人多"，从小就通读《论语》《老子》《孝经》；到了青年，更是崇尚儒学，《春秋》《左传》，经、子、

图3-1 据传，凤凰鸣叫，玄奘诞生

史学无不遍览，并精于北魏时盛行的《九章算术》和《说文解字》；后又研究《神农本草经》，同时擅长医道，是当时洛阳一代有名的大儒。据陈氏后人传承，晚年陈康归隐故里后，为民行医，兴办教育，在缑氏县一带创"仁和堂"坐堂行医，救死扶伤，他传下的《温病良方》《伤寒杂方》成了四方乡亲疗疾的百代良方。

尔后，陈康为培养后代，又在陈家大院临街处开办私塾学堂，名曰"明伦堂"，私塾除开设诗文、历算课外，还开设书法、礼仪、识农、武功等课程。这个私塾学堂，从玄奘的祖父陈康起，历百年不衰。据陈氏后裔回忆，从"明伦堂"走出来的学子秀才、举人多达十几人，其中一位薛姓的学生薛耀曾官居南宋福建刺史，他家门前有朝廷敕匾。

玄奘的祖系，从远祖陈寔、高祖陈谌、曾祖陈钦到祖父陈康，一脉相承，造就了陈氏家族世代为官的辉煌历史。

玄奘的父亲陈慧，《大慈恩寺三藏法师传》记载："英洁有雅操，早通经术，形长八尺，美眉明目，褒衣博带，好儒者之容……"说他父亲是一个身材高大，品貌端庄，非常有学问的一个大儒。时人都把他比作东汉的郭有道，曾被举为孝廉，做过陈留令和江陵令。鉴于隋末政治败坏，隋炀帝荒淫无道，遂无意于仕途，于是挂冠返里，隐居以终。陈家到了玄奘父亲这一辈，由于陈慧不擅生产的个性，家道已开始中落。玄奘的母亲姓宋，隋洛州长史宋钦之女。宋钦属州官编制，州设刺史，长史为副职，有时长史就是正职。也就是说，玄奘的母亲是州官的千金小姐，出身也是相当高贵的。宋钦只有这一个女儿，爱如掌中明珠，自小就受过很好的教育，诗书礼仪、琴棋书画无所不会，并特爱佛学。受其父宋钦的教诲，这位大家闺秀，自进入陈家大院后，自是贤德著称。和陈慧成亲后，陈家这个官宦世家已逐渐衰落，今非昔比。然而，宋氏认命，无怨无悔，十余年相夫教子，无不含辛茹苦。当时陈慧还在江陵任上，家中之事全凭宋氏操持，除了支持这个家庭，每天还要到东院佛堂念经习佛，修身养性。这时的宋氏已有三子一女，日子过得拮据，但还算平和。

在玄奘故里，流传着一个传说，后来这个传说又多见于史端。

话说，有天夜里，宋氏夜半做了一个梦，梦见一团白光耀眼夺目，在雷鸣电闪中，从半空破窗而入进入房中，在绕室三周之后直入腹中。只觉一阵疼痛，宋氏惊呼救命，但苦于无助。这时只见云端上观音菩萨现形，她对宋氏示教："宋氏莫惊，这是上天安排的，日后你自然会知道！"一觉醒来，浑身大汗，原是南柯一梦。

从这天起，宋氏自觉身体已有异样，饮食起居似有病态。三月过后，家人请缑氏县城郎中到家看病，望、闻、问、切诊断病情之后，郎中双手抱拳说："恭喜夫人，病无大碍，你有喜了，注意调养身体就行！"

说来也快，转眼到了隋文帝开皇二十年（600年），这年的农历三月初九，宋氏十月怀胎，接近生产。就在这一天傍晚，陈河村发生了一件奇事。陈家大院南面的屏山凤凰台上，百鸟聚会，休水河谷祥光普照，大地普降温馨，自东南方飞来一只凤凰，在空中盘旋鸣叫，这天夜半陈家大院一个男孩降生了。村里人都说："凤凰五百年才叫一次，陈家老四将来必为大用。"传说，宋氏生下玄奘后，曾梦见玄奘穿了一身白衣向西方而去。她诧异地问道："你是我儿，你想到哪里去？"玄奘回答说："为了求法，我必须去。"宋氏大为不解梦中情景。

玄奘满月时，陈慧为给小儿起个好名，特地请来缑氏县城三位知名先生：一位是才高八斗的私塾先生，一位人称神算的推卦先生，一位是专擅相术的民间高人。酒过三巡，三位先生分别为陈家小公子看相、卜卦，经过一阵推算品评，推卦先生曰："子生于午时谓之武，生于子时谓之文，卦上说此儿有'文曲星'降世之说。"相术先生曰："此儿天庭饱而双耳垂，面阔鼻隆，谓贵人相，尔后可为国之栋梁。"根据生辰八字，最后私塾先生对文词细细推敲，然后和陈慧商量说："吾儿上天有宿星，人间有福相，起名为'祎'，兆示美好。这样你的四个儿子长子陈霖、次子陈素、三子陈佑、四子陈祎最为完好。"陈慧和三位先生齐声合掌："就叫陈祎吧！"至于人们常说的玄奘，是陈祎十三岁出家后的法名。

陈慧夫妇生有四子一女，玄奘最小，在诸子中排行老末，一个姐姐，长大后适嫁河北瀛州（河北省河间市）一个张姓的人家。

图 3-2　玄奘自小就很有教养，心无旁骛，笃信好学

讲清楚了玄奘的祖籍地在颍川，他又是颍川陈氏望族仲弓之后，从他祖父陈康起迁居洛州缑氏县。那么，玄奘的诞生地究竟在哪里？

隋文帝开皇二十年（600 年），农历三月初九，玄奘诞生。《大慈恩寺三藏法师传》卷九载："寺西北岭下缑氏县之东南凤凰谷陈村，亦名'陈堡谷'，即法师所生地也。"故居在今河南省洛阳市偃师区的陈河村。《续高僧传》卷四载："汉太丘仲弓之后也，子孙徙于河南，故今为洛州缑氏人焉。"《大唐故三藏玄奘法师行状》曰："本居颍川，后徙河南。"《开元释教录》卷八载："陈留人也……又为缑氏人也。"近代研究玄奘的学术权威、北京大学著名教授季羡林先生在《大唐西域记校注》一书的开篇载："《大唐西域记》的作者玄奘（600-664 年），俗姓陈，名祎，是唐代洛州缑氏人（在今河南偃师县陈河村附近）。"

古今所有历史典籍非常明确地记载了玄奘的故里在今河南省

洛阳市偃师区缑氏镇的陈河村。

玄奘故里地处中岳嵩山北麓，紧邻九朝古都洛阳，所处的偃师区缑氏镇，历史上多次建立县制，入围中国历史文化名城。在缑氏方圆近一百平方公里地域内，东与名刹少林寺为邻，西连龙门石窟、白马寺，国道207、310贯南北、穿东西在此交会。这里原野坦荡，河谷纵横，山川秀美，人杰地灵，自古为历代帝王朝顶中岳的必经之地。缑氏镇东北约一公里处，有一条树茂谷幽的河谷，俗称凤凰谷，河谷东岸的陈河村就是驰名中外的玄奘法师出家前生活和学习的地方。

在玄奘故里陈河村村头，竖立有一方高大的石碑，正面"玄奘故里"四个大字潇洒劲秀，为全国政协前副主席、中国佛教协会原会长赵朴初亲笔题写。在玄奘故里，现保存着大量的遗迹遗物，有陈家古井、石屏风、千年古槐、玄奘诞生地等。在故居对面保存有陈家花园遗址、凤凰台、凤凰谷、马蹄泉、晾经台和玄奘父母合葬墓——西原墓地。

在玄奘故里不仅可领略景山秀色、休水风姿、名人风采、故地奇观，而且这里的唐文化和佛教人文资源也极有价值。单在玄奘故里半径五公里的区域内，文物及古迹名胜就有数十处之多，择其要者，唐恭陵、唐僧寺、玄奘灵苑、缑山、蔡伦造纸遗址、永庆寺遗址、柏谷坞古战场、程震墓、春秋滑国故城、春秋刘国故城、灰嘴遗址、缑氏县故城等，这些都足以令人心驰神往。

陈河村略呈东西走向，紧临休水河畔。在繁树浓荫环抱之中，现出一处雄伟壮观的古代建筑群，这就是举世闻名的玄奘故居。

玄奘故居坐北向南，居陈河村中部。经过1992年和2008年的两次修复，根据"修旧如旧"的原则，已建成三进六院的仿唐建筑格局。故居门前首先映入眼帘的是标志着玄奘出身于宦门世家的汉白玉乌头门，门柱上方镌刻着这样一副楹联，上联写"观易读经经论玄奥图社稷"，下联写"谈诗咏词词海漠迹渡苍生"，横批为"竭忠尽智"，这是玄奘祖父陈康任北齐国子博士时建造的。故居大门呈隋唐建筑格局，灰瓦、白墙、红柱、彩画，古朴端庄。正中为门楼，两边配以门廊，朱漆大门上方悬挂着由北京大学教授、著名学者季羡林先生题写的"玄奘故居"四个大字。

玄奘故居始建于北齐年间，一千三百余年间历经世事变革和战乱兵火，昔日景象已不复存在，只留下当年的遗址。1992年玄奘故居修复时，根据《大唐内典录》等有关资料，建筑设计为三进六院。前院共由六组建筑物构成，即门楼、门廊、东西厢房、慧泉亭、照壁、厅堂。前院左边为一大片苍翠欲滴的竹林，右边为"陈家古井"，井上有亭，名曰"慧泉亭"。亭柱上镌刻有一副木制楹联，上联是"儒释济世净水养四海慧根"，下联是"梵音流韵灵泉育九天众生"。据传陈家古井开凿于北齐年间，井深二十五米，水质清澈透碧，甘甜宜人。相传玄奘自幼饮此井水，聪颖早慧，终成一代伟人。据有关部门化验，此井之水富含多种矿物质，为优质矿泉水，久饮此水可延年益寿。有趣的是当地群众都把它誉为"神水"，传说可医治百病。现在凡来此旅游者，都要喝一口井中之水，以求灵验。

陈家古井旁有一奇景，是一棵千载古槐与一皂角树相抱生长。相传，这棵古槐树围是三人合抱，玄奘七岁时，上树玩耍，曾从树顶落入井中,当家人将其救上来时,他竟衣履完整,滴水未湿,村中人都说陈家老四有神人相救,将来必成大器。玄奘西行时,曾回家与亲人告别。临出门时,他抚摸着井旁的老槐树说:"吾今此去西天,汝可向西长,吾如东归,汝可东长,以使家人知吾归也!"后来老槐树果然应验,树冠可东西转向,人们就叫它"摩头槐"。唐高宗麟德元年(664年),玄奘病逝于玉华寺,就在这天深夜雷电交加,老槐树骤然倒下。庆幸的是,后来在古槐的残根中又长出一株枝繁叶茂的皂角树和一株幼槐树,而且相抱生长,浓荫如盖,人称"皂抱槐",给人们留下了无尽的情思。

东厢房原为玄奘大哥陈霖夫妇的生活起居室,现辟为少年玄奘读书学习的地方。

西厢房原是陈家管家的住所,现在辟作纪念性空间。房内陈列着用大型绘画组版的玄奘生平,柜中存放着玄奘19年呕心沥血主持翻译的著作全集。在厢房正中间还陈列有释迦佛莲花宝座,上有铭文"大唐龙朔二年三藏法师玄奘敬造释伽佛像供养",这是中国历史博物馆赠献给玄奘故里的珍贵文物。据史载:这则铭文是玄奘亲笔题写,也是玄奘留于世间的唯一珍贵手迹。

与厢房相连接的是故居主体建筑之一——厅堂,突出了唐代官宅建筑"出檐深远,举折平缓,斗拱硕大,稳重大方"的特点。厅堂原是玄奘的祖父陈康接见达官贵人及皇室宾客的地方,到其父陈慧时,这里更是谈儒论经、文人墨客相聚谈古论今的客堂,现辟为玄奘生平展览及纪念玄奘师徒的地方。

在厅堂正门的朱漆门柱上,有一副楹联格外引人注目,上联写"乘危远迈十七载,独行五万里,求大乘贝叶真经,名震五竺,巍巍法门领袖",下联写"杖策孤征超百国,译经逾千卷,创法相唯识正教,范垂三界,佼佼民族脊梁"。楹联从多角度全方位评价了玄奘辉煌的人生轨迹。

厅堂正中为玄奘晚年的译经塑像,左边的雕像是和玄奘共同创立唯识宗(也称法相宗)译经的主要助手窥基,右边的则是译经弟子之一圆测。

前院东西还各有一跨院连通,东跨院为陈家内宅花院,名曰"静怡园",西跨院地方较大,原为陈家佣人住房,后扩建为"躬耕园"。内由打谷场、磨房、碾房、粮库、农具房、仆人住室、草料间、牛马棚、管家住房等九部分组成,农耕文化出现的家具、农具陈家一应俱全。这说明陈家尽管几代为官,但耕读传家仍然是陈家的本源。

玄奘故居后院呈二进三院,后院东院名曰"薰风园",系玄奘父母及兄姊的居所,院后设有佛堂。

后院中院名为"仁和园",是玄奘祖父陈康的起居地方,建筑格局为正堂,由后厅堂、堂屋、书房和卧室组成。三跨院全部有廊坊连接,其间还有陈康的行医堂、陈家库房、厨房等。后院西院为"明伦园",由前后两部分组成。前面为陈家私塾学堂,让本村孩子就近读书;后面为陈家祠堂,其功能除"崇宗敬祖"外,还兼承陈氏家族子孙的婚、丧、寿、喜等办事场所,族亲们也在这里商议族内的重要事务。

在玄奘故里目前留下的历史遗迹遗存还有陈家花园故址、凤凰谷、晾经台、马蹄泉和玄奘父母的合葬地西原墓地。

讲到这里,玄奘的祖籍地、出生地、生平家世以及玄奘故里我们已做好较为翔实的介绍，这里已明确给我们传递了这样几个信息：

第一，玄奘是个真实的历史人物，是唐代伟大的旅行家、翻译家、哲学家、佛教理论家、外交家，世界历史文化名人。《西游记》的唐僧是一个虚构的小说人物。

第二，玄奘祖籍清楚，履历分明，出身于官宦世家。祖居颍川，后徙缑氏，其故里在今河南省洛阳市偃师区缑氏镇的陈河村。

第三，玄奘姊妹五人、兄弟四人他最小，一个姐姐长大后适嫁河北省河间市一户姓张的人家。玄奘故里的陈氏后裔是玄奘大哥的后代，目前已有四百三十多口人。

・・・

［玄奘出身于官宦家庭，少年玄奘究竟经历了什么苦难，他为什么少年时就剃度出家了？请看下一讲"玄奘的少年时代"。］

第四讲
玄奘的少年时代

（字幕·旁白）

　　少年玄奘尽管出身于官宦世家，但到他父亲时已经家道中落。加上玄奘五岁丧母，十岁丧父，坎坷的命运使少年玄奘雪上加霜。他为什么会年少出家？是什么环境、什么机缘使他执着于佛门求学？又是在怎样的情景下剃度的呢？

玄奘的少年时代在中国历史上，是佛教较为发达的历史时期，河洛地区浓厚的佛教文化氛围，作为故乡偃师无疑是佛教传播的中心区域。隋文帝代周称帝后，在东京洛阳建都，即后世所称的汉魏洛阳故城，在今偃师地域的南蔡庄一带，距玄奘故里陈河村仅十五公里。据《洛阳伽蓝记》记载：北魏孝文帝时，大兴佛寺，时洛阳"招提栉比，宝塔骈罗"，佛寺竟多达一千三百六十七所。到隋文帝杨坚开皇年间（581—600年），兴佛之风仍有增无减，他在位的二十四年里，全国修建寺院大约四五千所。同时他曾下诏听任百姓出家为僧，一时受度者多达五十余万人。隋炀帝杨广即位后，佛教以洛阳为中心向更广阔的地区推广。他效仿父亲文帝的做法，到寺院受戒，聆听梵音，请名僧讲法，在洛阳的上林苑内创设翻经馆，继续开展译经事业。由于皇帝的崇佛信佛，又影响到官僚贵族，影响到整个社会，推动了佛教在隋代的发展。

玄奘的少年时代经历了隋文帝的兴佛、隋炀帝的亡祚，以都城洛阳为中心，发生过许多重大事件。生活在天子脚下的玄奘也从五六岁的儿童成长为十三四岁的沙门，除了家庭环境外，当时洛阳的社会环境，无疑对一代佛学大师的成长产生了重大的影响。

隋文帝仁寿四年（604年），玄奘五岁。隋炀帝趁文帝病重，派人杀死文帝，又杀其兄杨勇，登上皇帝宝座。当年十一月他驾幸洛阳，以为"洛邑自古之都，王畿之内，天地之所合，阴阳之所和。控以三河，固以四塞，水陆通，贡赋等"，下诏营建东京，准备迁都洛阳。隋炀帝所建的洛阳城，距偃师地域的汉魏洛阳故城以西十八里，即后世统称的隋唐东都洛阳城，在今洛阳城南一带。

这一年，玄奘的父亲陈慧还在江陵县任上，儿时玄奘的启蒙教育则落在了母亲宋氏的肩上。当时爷爷陈康因年迈多病，家中事无巨细也皆交由宋氏料理。

母亲宋氏笃信佛教，每到初一、十五总在佛堂烧香念经。玄奘每到这天放学回家，便跟着母亲跪在佛堂听母亲读佛教经典。夜里玄奘倒在母亲怀里，听宋氏讲佛陀前世的故事，《佛本生故事》中的"六牙白象"和"九色鹿"，教儿童心向善，胸怀众生，玄奘听得津津有味。少年玄奘记忆特好，待到第二天就能在村西大槐树下为小伙伴们复讲母亲讲述的这些听上去神奇遥远的故事。

玄奘故居的对面,背靠凤凰台,西临休水河,是北齐时爷爷陈康修建的陈家花园。说是花园,实际是利用荒地和休水河滩改造而成的休闲去处,占地面积三顷有余。园内原建筑较为自然简单,主要以自然山石、水体为骨架,以花卉、树木配置组景造园,经数十年不断完善,园内建筑到玄奘五岁时已有照壁、慈恩榭、曲廊、桥亭、汉塔、佛苑、大理石雕塑、放生池等。这里山石玲珑,流水淙淙,曲径迂回,别有洞天。其中放生池面积较大,因为玄奘的母亲信奉佛教,所以这里为陈家当时的放生之处。这放生池十余亩大,和休水河相互连接。陈家在休水河上游拦起漫水坝,溢洪道设放水闸,能根据放生池需求供水排水。池内植满荷花、睡莲,放养有观赏红鱼,玄奘在此度过了金色的童年。

唐初时玄奘故里陈河村居住人家不多,且散居在徐圪垱、后窑和寨里三片地方。据说住有几十户二百多口人家。陈家在临街西院设有私塾学堂,玄奘的祖父陈康原来兼任先生,祖父去世后,陈家只得请来私塾先生,全村的二十多个孩子依旧去私塾读书。这些孩子皆家境贫寒,父辈们皆守着景山岭上几亩薄地勉强糊口度日,供孩子上学本来就困难很多,每到春秋两季,有的学友因交不起私塾学费而中途辍学。陈祎看在眼里,记在心上,暗忖要想法接济这些儿时学友重返学堂。于是,五岁的陈祎便和这些孩子私下商议,让他们到休水河里捉小鱼小蟹,然后用自家铜板收买,拿回陈家花园放生,这样的接济方法使四五个孩子回到私塾读书。乡亲们对小陈祎的慈善童心无不交口称赞。此事原是瞒着家人们干的,后来母亲知道后,竟高兴得合不拢嘴。她拉住陈祎说:"好孩子,向善之心人皆有之,你小小年纪,竟有此善举,母亲深感欣慰!"玄奘腼腆地一笑说:"母亲,这怎么和六牙白象王比呢?"后来,玄奘的父亲陈慧和宋氏商量,尽管自家困难日增,但为此形成了一个规矩,在每年农历正月和六月学童开学期,由陈家掏钱买回鱼蟹,由各家自己到放生池放生。这样做,一是弘扬佛门普度众生的理念;二是资助穷苦人家的孩子上学。村里的孩子们知道自己上学不易,为报答陈祎一家的资助,都发奋读书,力争科举题名。

图 4-1 放生池逸事

斗转星移,据传,尔后数十年间,在唐朝的科举制度中,十年寒窗过后,杨姓、薛性、陈姓竟有几位学子在殿试中考中进士及第,还有两位学子在府试中考中文举、武举,引起缑氏县周边村镇极大轰动。他们回乡省亲,对陈家的善举念念不忘。当时的陈祎已出家为僧,踏上了西天取经的征程。这些衣锦还乡的陈河村子弟,为表其心愿,都到陈家花园的放生池旁焚香祈祷，祝愿玄奘西行一路平安。

再后来，村人在放生池东边的凤凰台上盖了一座"魁星楼"，据说魁星是天庭上"文曲星"，直到近代，此庙几经修缮还香火很盛。当时，每逢初一、十五，四乡村民都到这里祈求孩子学业有成，好来年金榜题名。

玄奘五岁的这年冬天，母亲宋氏无疾而终，这突然的灾难对还在孩童的玄奘，是个致命的打击，丧母之痛使幼小的玄奘更加思念母亲。五年来母亲对玄奘的点滴教诲在玄奘脑海中挥之不去。

隋炀帝大业元年（605年），玄奘六岁。父亲陈慧因不满隋朝的苛政腐败，辞去江陵县令，挂官返里。陈慧尊儒重道，是当时的一位大儒，他对玄奘的言传身教，使少年玄奘开始接受崭新的知识。除每日在私塾上课外，父亲还在家中安排小儿的必修课程。从儒学起步，由浅入深让玄奘系统地学习儒家的经典著作、孔孟之道，道家老子的《道德经》，并将《诗经》逐首批解给玄奘听。这些古代典籍，使少年玄奘渐渐对儒家的为人之道、道家的哲学思想产生兴趣，在传统文化中吸取了广泛而有益的精神营养。

大业元年（605年）三月，隋炀帝为迁都洛阳，诏尚书令杨素、纳言杨达、将作大匠宇文恺营建东京。每月役使男丁二百万人，将近一年，至大业二年（606年）正月完工。当年四月炀帝自江都（今江苏扬州）返回洛阳，过伊阙，"陈法驾，备千乘万骑，入于东京"。

同年，隋炀帝还下令开凿大运河，以洛阳为中心，南达余杭（今杭州），北通涿郡（今北京），贯通钱塘江、长江、淮河、黄河、海河五大水系，南北纵贯四五千里。它是世界上最长的人工河，也是我国腹地唯一一条南北走向的长河，它和长城同为中国古代创建的两大奇迹。

隋炀帝修建大运河时，征调河南、淮北诸郡一百余万名民工，首先开挖"通济渠"，从洛阳西苑，引谷水、洛水入黄河，再引黄河入汴水，复引汴水入泗水，通达淮水边的山阳（今江苏淮安）；又遣人去江南采集木料，造龙舟、凤䑠、黄龙、赤舰、楼船等数万艘。同年，征调淮南十余万民工重开邗沟，自山阳至扬子（今江苏扬州南）入长江。到大业四年（608年）又征调河北诸郡男女一百余万人，开挖"永济渠"，引沁水，南通黄河，北接卫河对涿郡。到大业六年（610年），在长江以南开"江南河"，从京口（今江苏镇江）引江水，穿越太湖流域，直达钱塘江边的余杭。至此，这个工程浩大且复杂的大运河全线告竣。大运河的开通，对沟通南北大动脉，加强南北经济、文化的联系和发展，对国家的统一，发挥了重大的历史作用。

开挖大运河亦使得千百万人妻离子散、家破人亡，无数民夫死于挖河工地，劳动人民付出了巨大的代价。

大业元年（605年）秋天，隋炀帝第一次游幸江都（今江苏扬州），百姓们倾城出动，齐奔洛河边，争睹隋炀帝出巡的场面。玄奘的二哥陈素，建议父亲去洛河观看龙舟，陈慧本不满意炀帝的暴政，但为满足孩子们的好奇心，就乘一辆马车带着玄奘和二哥陈素一同前往。只见河两岸人山人海，车马如潮，陈慧带他们刚找到一处土岸站定，只听礼炮九响，炀帝的龙舟沿运河"通济渠"段进入偃师境。只见洛河两岸骑兵夹河护送，地方官员岸边相迎，前边是数千艘护卫兵卒分乘平乘、青龙等大小不同的船开道护航，紧接着是礼仪方队，可见彩旗飘舞，幢幡幢盖，鼓乐笙箫，画舫罗列，达百多只船只。隋炀帝所乘的龙舟，高大威武、富丽堂皇，高有四十五尺、宽五十尺，长约二百尺。只见此龙舟上下分四层：顶层设正殿、内殿、左右朝堂；中间两层设一百二十间房舍，皆饰以金玉；下层为官宦内侍居处。隋炀帝这次巡幸江都率萧皇后及后宫三千粉黛，是从洛阳显仁宫（在宜阳县境内）出发的，萧皇后所乘的"翔螭舟"，同样装饰华丽，只是船略小一点，嫔妃所乘称为"浮景"的水殿，三层，共九艘。炀帝及皇后、嫔妃的船队过后，只见标有朱鸟、苍螭、玄武、飞羽、青凫、五楼、道场、玄坛等不同名号的船共有几千艘，由后宫、诸王、公主、百官、僧尼、道士等各依品位分别乘坐。拉纤的水工壮丁多达八万人，其中挽拉龙舟、翔螭舟、浮景水殿等船者，计有九千人，称为"殿脚"。皆锦彩为袍，并用青丝缆绳挽船。隋炀帝的船队"舳舻相连，二百余里"，何等威风壮观！据史载，船队所经州县，五百里内，民众皆需进献精美食品，一州往往送达数百车。这一段历史记载，充分显示了隋炀帝荒淫奢侈的一面。

至夜，船队灯火通明，鼓乐喧天，声闻数十里！玄奘的父亲陈慧带领一家人从临近中午一直观至日薄西山，方送走这庞大的船队，夜半赶回陈河村。

大业二年（606年）玄奘七岁。自打母亲宋氏去世之后，陈家的佛堂便由玄奘的二哥陈素每日打理，每当初一、十五做佛事之日，二哥陈素便和玄奘一起焚香诵经。这一年，陈素在缑氏县北郊永庆寺也跟大僧学过不少典籍，特别是《摄大乘论》

尤为精通，每逢永庆寺法会陈素从不间断，有时还被推举作为大会主讲，赢得寺院上下一阵好评。

图 4-2　寺门厚重侧耳听，深墙能言向佛心

说起永庆寺，史书早有记载。永庆寺在隋缑氏县城北门里，唐时称"北大寺"，始建于东汉末年，鼎盛于隋唐，历经战乱，历代几经维修，现还保存有《清乾隆年间重修大雄宝殿碑记》。古时称"先有永庆，后有少林"。永庆寺地域八顷，北抵休水之滨，南临古嵩洛大道，联结周边四个村寨。寺内分三进大院，有寺门、钟鼓楼、大殿、后殿、东西廊房数十间，东院有僧房、水井，西院有练武场，前院有佛舍利石塔，寺后北沟建有塔林，占地百余亩。

永庆寺和嵩山少林寺僧侣往来频繁。20世纪90年代文物勘探曾在永庆寺遗址发现一方形石碑，上刻"少林寺祖庭下院永庆寺"的字样，此碑尚在缑氏的民间保存。据传，永庆寺鼎盛时期，古柏参天，松槐蔽日，住寺僧众数百，钟磬之声响遏行云，三十里之遥的轘辕关可闻。寺内碑碣遍布，有文人墨客赋词、帝王将相咏诗，多为即兴感叹之作。武则天朝嵩岳时曾在此写下篆书诗句："秋风寂寞秋云轻，缑氏山头月正明。帝子西飞仙驭远，不知何处夜吹笙。"（《宿永庆寺》）其上半部的残片就保存于原来的寺西北角；她还写过《宿缑城》："夜宿菩提寺，菩提尚未荣。借它一勺水，洒作天蒙蒙。"惜此碑已失。寺中几处独体石塔上镌佛像，为后唐时期的石刻珍品。永庆寺现保存完好的《永泰陵采石记》等碑六方，是研究巩义宋陵修建史和书法艺术的珍贵文物。还有许多碑记经幢散见于寺院的各个角落，其雕刻之物举目可见。

永庆寺直到民国初期才毁神像，逐沙弥，变为缑氏学堂，但其前殿遗址、石塔、台阶仍历历在目，可见当年规模之一斑。

少年玄奘跟二哥陈素不断在永庆寺学经，不时还到离玄奘故里八里许的灵岩寺学经，于是他自小就懂得了许多佛学知识。玄奘七岁这年，二哥陈素在净土寺出家，成了一位正式僧人，法名长捷。

史书记载，少年玄奘"幼而圭璋特达，聪悟不群"。说玄奘幼年就具有高尚的品格，聪明而有悟性，他和其他同龄的小朋友不一样，特别喜欢看书。虽然年纪小看不懂，但是常常会缠着父亲问个不停。陈慧没想到小儿子这样聪明，于是也乐得教他读书识字。到了七八岁时，玄奘已经跟着父亲读了不少书。

> 年八岁，父坐于几侧口授《孝经》，至曾子避席，忽整襟而起。问其故，对曰："曾子闻师命避席。某今奉慈训，岂宜安坐？"

意思是玄奘八岁的时候，父亲开始教他读《孝经》，有一天当父亲讲到"曾子避席"时，玄奘忽然整衣而起，父亲问他为何起立？他说："曾子闻师命而避席，我做儿子的今奉慈命，又怎么坐着不动呢？"父亲听了很高兴，知其日后必成大器，召集族人和亲戚，表扬了儿子。家族人无不赞叹，并道贺陈慧说，这是光大了你的美德与才智，小小年纪如此贤慧明达，将来一定能有大出息。

> 自后备通经典，而爱古尚贤，非雅正之籍不观，非圣哲之风不习；不交童幼之党，无涉阛阓之门；虽钟鼓嘈𠴨于通衢，百戏叫歌于间巷，士女云萃，亦未尝出也。

说玄奘在父亲的教导下，崇尚古圣先贤，如果不是雅正的典籍不看，不是圣哲的风度不习，更不喜欢结交爱嬉戏的童友逛游街市，即使门外锣鼓喧哗，百戏杂技，男女云集，热闹非常，他也能毫不动心，一心用功在书本上，埋头攻读。

玄奘从小的这些良好的修养，成就了他日后成为一个伟人的基本条件。

然而，玄奘自小就命运极苦，继五岁母亲亡故，十岁那年父亲也因病去世。二哥长捷法师看到家中发生的巨变，又眼见陈祎从小就聪颖过人，而且还是一个对佛性有潜质的好材料，就把玄奘带到洛阳净土寺随行吃住。此时的玄奘虽然刚满十岁,但因跟随二哥一起住在净土寺,早晚诵习佛经,所以玄奘有机会更深层次地了解更多的佛理知识。

隋炀帝大业八年(612年),玄奘十三岁,朝廷派大理寺卿郑善果到洛阳剃度二十七名和尚,玄奘听到这个消息,立即跑去报名。谁知闻讯赶来报名的已有几百人,其中不少是熟读经书、对佛学很有研究的人,因此年纪太小、读经不多的玄奘不在备取之列。玄奘心中怏怏,不时在公门之侧徘徊,注视着考场内发生的一切。

图4-3 年八岁,父口授《孝经》,至曾子避席,玄奘整襟而起

魏晋风度,千百年来一直为人所津津乐道,这当中就包括了"品人"一说。所谓品人,就是从一个人的外形、谈吐、举止、气度上来鉴别其品性和前途,这个风气随着门阀制度的延续保留到了隋唐时期,它不但是士人博取名望的捷径,也是当时社会判断一个人资质的重要依据。巧合的是,负责主持度僧的官员郑善果就是以"品人"闻名的一个人;更巧的是,偏偏有一天,让他看见了昂首挺胸、"气度不凡"的玄奘。

如果用今天的话来说,郑善果看见少年玄奘时的感觉一定是"眼前一亮",觉得这个小孩不一般,于是来了兴趣,便走上前问他为什么在这里。玄奘一看来者是个"气度不凡"的大官,当即就把因为年纪太小而没被推荐的实情告诉了他。郑善果觉得小玄奘很可怜，就试着同玄奘谈论佛经，不料玄奘对答如流。郑善果问："童子出家，意欲何为？"

意欲远绍如来，近光遗法。

意思是，我出家的目的是继承佛祖如来的志向，要将佛法弘扬光大。

"这样的人才，这样的资质，岂能因为年纪太小而被剥夺考试的资格呢？"郑善果深嘉其志，又看他仪表非凡，便破格录取，并为他取法名"玄奘"。

后来郑善果感慨地对同僚说："一般出家的人，念经拜佛容易，独有风骨最是难得，若得此子，必定能成为佛门栋梁，可惜我与诸公都年事已高，看不到他成才的那一天了！"

如果不是郑善果的慧眼识人，玄奘的一生恐怕都不会发生改变，历史上会不会有玄奘西行，四大名著中还会不会有《西游记》，都将打上一个大大的问号。

玄奘为什么要出家为僧？这是由他的家庭背景和社会背景所决定的，更重要的是由当时的中国社会背景所决定的。自东晋十六国以至南北朝三百年间，经过长时间战乱，人们走投无路，朝不保夕，佛教用美好的来世安慰人们，使他们忍受着现实中的一切痛苦，加之隋文帝即位后，他曾下诏准许臣僚庶民随意出家，一年之间度僧五十万人。封建帝王的提倡，遂使出家成为一时的风尚。隋炀帝虽然荒淫无道，但对佛教却非常崇敬，他和父亲文帝，尽力扶持佛教，使佛教在经过北周皇帝的禁断之后得以迅速恢复，少年时期的玄奘就是在这种环境之下皈依佛门的。

出家后玄奘便在净土寺当了少年行者,和二哥长捷仍旧住在净土寺,听很有学问的景法师讲《涅槃经》。所谓"涅槃"意即大灭度、大圆寂,是指人的整个生命历程中,在世俗间所受的苦难像油尽的灯草一样熄灭,并随之得度,到达另外一个世界,摆脱了此生的苦难,达到一种非常圆满、内心非常平静的境界。

图 4-4　十三岁的玄奘被破格录取,剃度出家

这部《涅槃经》便是讨论佛应该具备哪些品质,什么样的人才能具备成佛的品质。它是玄奘正式拜师学习的第一部经,因此对他的影响非常之大。玄奘后来西游的目的之一,就是探究佛性问题、探究涅槃的可能性,也就是说,他出家之后正式从师学习的第一部经典,就为他日后西游种下了一颗求知的种子。

紧接着,玄奘又跟从严法师学习《摄大乘论》,这是一部把大乘佛教所有经义汇集起来的重要佛典,也就是通过这部佛典,玄奘开始初步而又比较全面地学习了大乘经义。而他在佛学领域正式拜师获得启蒙，也恰是通过景法师与严法师。

玄奘对最早在净土寺接触的这两部经论，非常爱好，兴致极高，他听了一遍之后，又读了一遍，便过目不忘。大家都很惊讶，叫他升座复述，他讲得抑扬顿挫，解析详尽，说来头头是道，竟把老师讲的原意完全复述出来。这一年他才不过十三岁，从此他声名远播，洛阳僧俗两界都在谈论这位十三岁小沙门的惊人才智。

史书上对玄奘个人生平中的青少年时期记载甚少，只是寥寥数语。但事实上，玄奘的青少年时期是影响他一生的重要时期。他在一个饱含儒学的家庭出生，到八岁能背《孝经》，十一岁诵《维摩经》《法华经》；从一个少年到十三岁在净土寺出家，父兄的熏陶，家庭的影响，为他日后成为一代佛学大师打下了坚实的基础。

· · ·

［少年玄奘在净土寺被破格录取为僧人后，更加刻苦努力，很快在洛阳佛学圈里名声大起，整个洛阳都知道有个非常有天才的少年僧人。他又如何想到向国内各地名师求教呢？请看下一讲"国内漫漫求学路"。］

第五讲
国内漫漫求学路

（字幕·旁白）

　　出家后玄奘便在洛阳净土寺当了少年行者，和二哥仍住在净土寺，由于他刻苦学习，十几岁时就在佛学上取得了显著的成就，洛阳僧俗两界都在谈论这位十三岁小沙门的惊人才智。但他为了求得佛学的真谛，下四川，走江汉，奔河北，开始了长达9年的漫漫国内求学路。这辗转求学给玄奘以什么样的启迪呢？

～～～～

　　隋炀帝大业八年（612年），十三岁的陈祎被郑善果破格录为僧人，从此改法号为玄奘，成了洛阳净土寺一名少年沙门，和二哥长捷仍旧住在净土寺，听高僧讲经。他执经问难，至忘寝食，学习特别刻苦，玄奘在这个环境中生活、修学达6年之久。

　　玄奘出家的这个净土寺在哪里？至今仍有多个传说，为了弄清真伪，我们不妨打开尘封的历史去梳理一下。据《大慈恩寺三藏法师传》《唐两京城坊考》等有关文献可知，东都洛阳净土寺原本是北魏时的洛阳净土寺，其位置在北魏洛阳城（汉魏故城）。至隋炀帝大业四年（608年），从北魏洛阳城迁建于新修的洛阳城。新修的洛阳城，即隋唐洛阳城，东垣有三门，自北向南依次为上春门（唐曰上东门）、建阳门（唐曰建春门）、永通门（唐亦曰永通门）。迁建后的净土寺，位置在东垣中门建阳门内。建阳门遗址位于今洛龙区李楼乡楼子村东，据勘探，为一门三道。玄奘生活、学习的净土寺，即迁建在这里的净土寺。

唐太宗贞观三年（629年），净土寺又被迁建于东垣北门上东门内毓材坊（上东门街南侧东数第二坊）。上东门遗址位于今瀍河区塔湾街道，亦一门三道。而早在这次迁建之前，玄奘已离开东都洛阳净土寺赴长安了。

一个时期以来，在洛阳一带，一些人出于对玄奘大师的仰慕和怀念，对玄奘出家的净土寺究竟在哪里提出了新的看法。其一，有人认为在巩义石窟寺（该寺初建于北魏，本来为卧龙、普净、莲花三寺，唐时改莲花寺为净土寺，清时改称巩县石窟寺，巩县即今巩义市）；其二，有人认为在伊川净土寺（位于今伊川县白元镇水牛沟村。据有关地方志称，初建于唐代）。这种附会是不符合历史事实的。显然和远在洛阳城外几十里上百里的净土寺相比，都城之内的净土寺对于玄奘的成长，其意义和影响要大得多。

东都洛阳佛寺众多，所以据历史记载，玄奘十三岁出家，一直到十九岁之前，都完全生活在洛阳非常浓郁的佛教氛围中，没有离开过一步。当时洛阳每个寺庙都有不同的著名法师登坛讲法，玄奘便置身其间，往来求学，到十九岁时已经小有名声。

公元618年至619年间，隋朝的暴政引发了大规模农民起义，东都洛阳为兵乱蹂躏，天下动乱，凋零破败，民不聊生，大师星散，就连和尚也吃不饱肚子，更谈不上说法讲学论道了。玄奘虽然年少，但能洞察时局，权衡利弊，他找到哥哥商量说："洛阳虽是父母之邦，怎奈时势混乱，常闹饥荒，与其守而待毙，不如走而求生。现在只有长安比较安定，听说唐王从晋阳起兵，已经占领了长安，你我到长安先找个寺院安身如何？"他哥哥一向爱护玄奘，于是接受玄奘的意见，和他一起于公元618年到达长安。临行前，因是第一次离开故土，他们回故里老家陈河村看上一看。据传，玄奘和二哥长捷是星夜赶回家的，一夜赶路六十余里至天亮方才到家。这是出家六年后的第一次探亲，谁知故里也深受兵祸之害。他俩找到了大哥，弟兄三人抱头痛哭，然后和陈家至亲一一见面。当问起三哥时，大哥说他于三年前一病不起，已离开了人间，玄奘兄弟更是泣不成声。据陈氏后人传承，临行前，玄奘和二哥向大哥互道珍重，然后，走到故宅慧泉井旁的老槐树前，手扶古槐说道："老槐树呀老槐树，我和二哥要西行求学，吾若向西行，尔树可向西转，吾如东归，树头可东行，使家人知我归也！"后来老槐树果然灵验，成了有灵性的"摩头槐"。

玄奘和二哥陈素这次离开故乡，一别就是二十余载，直到贞观十九年（645年）玄奘从印度取经回国，唐太宗在洛阳东都接见后才抽空返回故里探亲。玄奘和二哥抵达长安后，暂住庄严寺。这时唐室草创，四方正在用兵，李渊、李世民父子忙于争夺政权，还顾不上佛教。所以偌大京城里面，竟然连一个佛学讲席都没有。玄奘本意是来长安求师问道，到此以后未免大失所望。他们得知，曾在东都洛阳四个道场研究佛法的慧景、智脱、道基、宝暹四位法师率领不少僧侣已跑到较为安全宁静的四川，一时四川便成为西南方面的佛法中心。

图 5-1　玄奘兄弟二人为躲避战乱，先赴长安，后至成都

玄奘便再度向哥哥建议："此地无法事，不能再虚度，我们不如入蜀一遭，就在那里访问名师。"长捷同意，两人遂又从长安出发，经过长安西南的子午谷，翻过天险秦岭，来到汉中。途中恰好遇着洛阳讲过经的空、景二法师，他们都是道场的大德，师徒相见格外高兴，就一同在汉中停留一月有余。玄奘虽在旅途中，也不肯放过机会，天天从二人受学问道，最后结伴一起往成都行进。

这时，国内各地大德高僧云集成都，一座道场聚集数百名高僧，于是大开法筵。玄奘和二哥同住空慧寺，并在此潜修学问，他们有机会听国内众多有名的高僧讲学。玄奘从宝暹听讲《摄大乘论》，又向道基学《阿毗昙论》，还从道振法师听讲《迦延经》。玄奘学习异常刻苦，《慈恩传》称他"敬惜寸阴，励精无怠，二三年间，究通诸部"。这时天下饥乱，蜀中尚称丰乐，四方僧众远来挂单的日多，经常听讲的总达数百人，其通才博学，超群出众，以玄奘最为特殊，竟然超越众僧，很快成为年轻僧人中的佼佼者，声名远播吴、蜀、荆、楚各地，无人不知有玄奘其人。

玄奘的二哥长捷法师在成都时也颇负盛名，善讲《涅槃经》《摄大乘论》等，兼善《书传》，尤其对《老子》《庄子》的哲学有独到的研究，颇有大师的气势，蜀中各界人士对他都十分敬重。

时人给玄奘、长捷两个佛门兄弟极高的声誉，称他俩为"陈门两骥"。

▼

　　玄奘十三岁剃度，但那只是走入佛门的第一步，要成为一个高僧，还有更重要、更难过的第二关：受戒。那么受戒都有着哪些严格的要求和复杂的程序呢？

▼

玄奘出家八年以后，到了二十一岁才正式受戒，受"具足戒"。一个出家僧人只有通过受"具足戒"，才算成为一个正式的僧人。所谓"具足戒"，是指使一个人完全具备成为"比丘"的资格和条件，这是一个非常繁复的戒律，有一定的仪式。我们通常知道的，俗家弟子出家要受五戒、八戒、十戒，还有这最难通过的"具足戒"。

何为五戒？五戒指印度耆那教规定的五条戒条，是舶来品，因为佛教就是从印度流传过来的，到我国后有些戒条就是照搬。

五戒是对在家的男女佛教徒制定的应终身遵守的戒条。

五戒：（1）不杀生；（2）不偷盗；（3）不邪淫；（4）不妄语；（5）不饮酒。这五戒看起来简单，身体力行去做也并不容易。那么"八戒"则要求更为严格。

何为八戒？八戒也是针对在家的男女佛教徒制定的应遵守的戒条。

八戒：（1）不杀生；（2）不偷盗；（3）不邪淫；（4）不妄语；（5）不饮酒；（6）不眠坐高广华丽之床；（7）不装饰打扮及观听歌舞；（8）不食非时食（正午过后不吃饭）。前七条为戒，后一条为斋。五戒为终身受戒，八戒则是临时奉行。多则几天、几周，最少者一昼夜。受戒期间过一种近似僧人的生活。

何为十戒？指佛教沙弥和沙弥尼所受的十条戒条。

十戒：（1）不杀生；（2）不偷盗；（3）不淫；（4）不妄语；（5）不饮酒；（6）不涂饰香鬘；（7）不听视歌舞；（8）不坐高广大床；（9）不非时食；（10）不蓄金银财宝。

玄奘已经是修行八年的沙弥了，他要接受的是"具足戒"。"具足戒"别称"大戒"，指佛教对比丘、比丘尼的戒律。因为与比丘、比丘尼所受的十戒相比，戒品具足，故称"具足戒"。戒条数目说法不一，中国僧尼隋唐以后都依《四分律》受戒，比丘戒二百五十条，比丘尼戒三百四十八条。出家人依戒法规定受持此戒，才能取得正式僧尼资格。所以俗家子弟想出家较容易，但要持佛教的"戒律"去要求自己就非常之难。

目前如果哪位到寺庙去参观或到某个法物流通处，想要请两部佛经带回家去阅读修行，便会发现有些书是不能"请"的，这些不能"请"的佛经就是"戒"。各种戒本下面都会注明"在家人勿看"五个字。也就是如果你不出家,这个戒律是不能"请"回家去看的。其中有些戒条之严酷、对僧人的要求之高、对其修行的规定之严格,是匪夷所思的。尤其对比丘尼而言,戒律规定之严密,完全不是我们所能想象的。这些戒律从佛教学养、僧人间的日常团体生活、个人修行、生活细节,乃至于细到如何喝水,都作了严格规定。

唐武德三年(620年),玄奘在成都受了"具足戒",便也从那一刻开始,发誓遵守二百五十条戒律。直到这一天,他才被国家作为僧人登记在册,获发正式的度牒(即当和尚的凭证),成为一名官方认可的僧人。在唐代的均田制没有崩毁之前,每个登记在册的僧人,还可以获得国家分配给的三十亩地。

在成都的四五年里,玄奘对当地佛寺所存的各种经论均已研习穷尽,他感到四川这个地方已无经可读,不能满足他的求知欲望了。

经过三四年的战乱,天下局势虽未完全平定,但几股主要的反唐势力已被消灭,长安已基本趋于安定,部分僧侣已经返回原籍。玄奘打算再入长安访问其他名师,但这一次和二哥商量时却遭到反对。

长捷法师在蜀中已经很有声望,又留恋成都的宁静生活,比较满足现状,所以他坚持要弟弟留蜀。玄奘是有大志气的人,两人似乎早就注定无法齐头并进。玄奘趁哥哥不备,私自和商人结伴,从岷江泛舟而下,穿峨眉,渡三峡,直到湖北荆州,住在了天皇寺。他这一走,兄弟两人从此分道扬镳,再也没有见过面。一直到麟德元年(664年)玄奘圆寂后,才与二哥以坟为邻,前后葬在长安东的浐水东原。

图 5-2　玄奘趁二哥不备，与商人结伴，渡三峡，至荆州

在历史上，佛教与商人的关系是非常微妙和复杂的，这不仅限于中国。首先，佛教基本上是依循商路传播的；其次，佛教徒也非常愿意和商人结伴而行，因为商人往往是以商队方式行进，在长途跋涉中，不但带有较为充足的给养，例如粮食、水、钱财等，还会带有一定的自卫武装，所以佛教徒出于便利和安全的考虑，往往喜欢与商队结伴而行。

在佛教的律藏当中，还留下了许多类似的记载。例如，因为僧人享有免税指标，所以结伴旅行的时候，僧人甚至会帮着商人来做一些越关的事，比如过关的时候商人会将两匹缎子交给僧人来背，算是僧人自用的，便可免去关税。总之，从佛教史来看，僧人和商人的关系是非常复杂的，与我们日常的想象迥然不同。

天皇寺是荆州第一大寺，这里的僧众早就听说过玄奘大名，都来请玄奘讲经说法。玄奘在天皇寺开讲《摄大乘论》和《阿毗昙论》，自夏至冬一连讲了三遍。时汉阳王李瓌镇守荆州，闻法师来此，深表欢迎，带领群僚及僧侣前来听讲。一时质难问疑，层出不穷，玄奘酬答如流，随加开发，汉阳王赞叹不已，施送许多礼物，玄奘一毫不取。

图 5-3　玄奘在扬州、吴会，求教于名僧智琰

武德七年（624年）冬末，玄奘沿江东下到扬州、吴会等地，与名僧智琰相晤求教。智琰乃江汉英灵，解穷三藏，年逾六十，但对玄奘执礼甚恭。之后玄奘又北上中原到相州（今河南安阳）住慈润寺，向慧休法师学《杂心论》计八个月，又到赵州（今河北赵县）从道深法师学《成实论》十个月。两法师对玄奘的才学和领悟力深感惊叹。

玄奘在国内游学期间，北行的具体路线难以悉知，有可能从江南渡江到彭城，渐次向北，经山东到达河北。大概于武德八年（625年）末或九年（626年）初到达赵州。依道宣之说，是先到赵州从学道深，然后南下到邺，再从学于慧休。依《行状》和《慈恩传》，则是先到相州，后到赵州。这可能是由于所述行程路线不同，若自荆州北游，必先从河南到河北，则相州是必经之路，不可能绕过慧休北上；若是自扬州而北，则可能经山东到河北，不必路过相州。《行状》和《慈恩传》记事过简，应从《续高僧传》说：玄奘以武德八年（625年）末或九年（626年）初到达赵州（今河北赵县），从道深学经十月，则已到了武德九年末，又闻慧休之名，南下相州（今河南安阳）从学八月，则应是贞观元年（627年）秋天。但不管玄奘当年北上求学是怎么走的，最终又返回了长安。

武德八年（625年），玄奘返回长安住大觉寺，先跟道岳法师学《俱舍论》，能一遍而尽其旨，经目记于心，至于钩深致远，开微发伏，众多高僧所不达，而玄奘独能悟于幽奥，又何止一义。

玄奘自武德元年（618年）和其兄长捷离开故乡洛阳，到贞观元年（627年）回到长安，在国内游学长达9年之久。回过头来，我们将这9年中玄奘在国内的师承整理一下，好对玄奘的青年时代有个整体认识与评价。

大业六年至八年（610—612年），在洛阳东都净土寺，随仲兄长捷法师学习《法华经》《维摩经》等。

大业八年（612年）以后，在东都净土寺从景法师学《涅槃经》，从严法师学《摄大乘论》等。

武德元年（618年），入川途中，从空法师、景法师随侍从问。

武德二年至五年（619—622年），三四年间，在成都，跟道基学《毗昙》，跟道因、宝暹学习《摄论》，跟道振学《迦延》。

武德六年（623年），"步三蜀而抵吴会"，在苏州跟智琰学

《成实论》三个月。

武德七年（624年），在相州跟慧休学《杂心》《摄论》八个月。

武德八年（625年），在赵州从道深法师学《成实论》十个月。

武德九年（626年），在长安大觉寺从道岳学《俱舍论》。

武德九年至贞观元年（626－627年），在长安从玄会学习《涅槃经》，从法常学《摄大乘论》，从道岳、僧辩学习《俱舍论》。

玄奘9年的国内游学，历经十四师，经历了国内所有的高僧大德的教诲，详研各宗学说，精通多部佛教经典，所获颇多。在国内，玄奘誉满长安，已是无人不晓。

当时长安有法常、僧辩两大师，解究二乘，行穷三学，一时号称佛学权威，来向他们求学的人四方云集，何止千人。玄奘跟法常法师学《摄大乘论》，跟僧辩法师学《俱舍论》。对两位大师的高深理论，玄奘不仅触类旁通，而且能举一反三。两位高僧被他超人的记忆力和惊人的理解力深深打动，赞扬他说："真可谓佛门之千里驹，我佛的再获弘扬就全靠你了，只遗憾吾辈老朽，恐无法目睹矣！"

自玄奘十三岁出家，十多年来，遍访国内名师，详研各宗学说，虽已精通多部重要佛教经典，但精进不息，并不满足，学问越广博，疑问也越多。他发现流传在各地的各种佛经教义各持己见，互不相同，教理分歧很大，既不系统，数量又少，诸如此类问题，玄奘粗略统计，竟达一百余条，其中很多问题都涉及被称为佛教大百科全书的《瑜伽师地论》。

诸多疑问使玄奘简直理不清究竟佛陀的本意如何,使得喜爱探本究源的他郁闷不安。玄奘就教于许多名师高僧,往往令对方无言以对,靠自己查阅经典或论著,苦于传来东土的佛经尚多缺失。

就在这种"问人人不懂,找书书不够"的情况下,迫使他痛下决心到佛教的发源地走一趟。一方面向印度西域的学者请教,一方面把中国还没有的典籍带回来,这就是玄奘西行的动机。

可巧在武德九年(626年),中印度学者波颇密多罗从海道来到中国,适抵长安。他是中印度权威学者那烂陀寺戒贤三藏的弟子,传"瑜伽学",能记诵大小乘经典各十万颂,长安诸大德都出其门下。玄奘得有机会,向他请教,叹为稀有;并询问印度目前佛学情况,知道有一位深通瑜伽论、兼谙百家的戒贤法师在那烂陀寺讲学,遂决志西行到佛教发源地印度,解开心中诸多疑团。当想起前代高僧法显、智严曾舍身求法,传播东土,为什么自己就去不得?前代圣贤的壮举在当时尤其鼓舞玄奘。

玄奘主意已定,遂告诉一些同伴及志同道合的僧侣向朝廷上表,陈述西行求法的理由,申请出国。

但玄奘和他的同伴们得到朝廷的回答是四个字"有诏不许"。就是说不同意,不批准。

▼

在《西游记》中我们看到,唐僧是受到唐太宗的赏识被特意派往西天去取经的,而历史上的真实情况却是,玄奘根本得不到西行的批准,当时的唐王朝为什么不允许一个僧人西行取经呢?

▼

这是因为前一年发生玄武门之变，李世民射杀太子李建成及弟弟元吉，高祖传位于世民，加上突厥不时入侵河西走廊，唐朝国基初创，国内外局势均不安定，所以朝廷以玉门关为界，禁止百姓出关。玄奘西行求法的请求没有得到官方的许可，也没有得到"过所"（即今日之护照，古称"过所"，在敦煌、吐鲁番等地均有实物出土）。当时没有官家公文出境就等于是偷渡，因此在得不到"过所"的情况下，玄奘的旅伴都退缩了，唯独他不屈不挠，仍然准备西行求法，到遥远的印度去探求佛学的真谛。

玄奘开始有意识地到处去找老师学习梵文。当时从长安去印度，途经我国新疆及中亚、西亚。途中的于阗（今新疆和田县）有于阗语，焉耆（今新疆焉耆）有焉耆语，楼兰（今新疆巴音郭楞蒙古自治州境内）、尼雅（今新疆维吾尔自治区和田地区）讲的又是另外一种语言，无法沟通，而当时的梵文则有点像后来中世纪欧洲的拉丁文，实际上是某种通行语言。所以，玄奘在长安四处找梵文老师学习梵文。

与此同时，玄奘也非常清楚，西行之路充满艰险，对西行者的体力乃至精神都有严酷的考验，因此他也开始有意识地加强自身体力锻炼，跑步、登高、骑马。其次，还要尽量开始少喝水，因为他知道，西行一路都是沙漠，找水非常困难，必须要事先调整好自己的身体状况。我们现在所见到的玄奘西行的形象，大多是他身背一个类似登山包的样子，而并非手持锡杖。那个登山包中便存放着他沿途的生活必需品，包括露营用具和种种琐碎的东西。例如，僧人为了防止喝水时将水中微生物一并喝进肚子造成无意间的杀生，必须随身携带过滤网，按佛教戒律，僧人不带滤网不得离开居住地超过二十里。而这样的滤网制作起来也并不简单，要用五尺的绢，将两头折叠，再在中间加上撑架。这时的玄奘无论是精神还是肉体，都开始做各种各样的准备。他下定决心，即使"有诏不许"，没有同行的旅伴，孤身一人也要远行万里到印度去，只是苦于一直找不到合适的机会离开长安。

终于，在玄奘二十八岁那年，即唐太宗贞观元年（627年）农历八月，长安周围霜降秋害，庄稼歉收。眼看明年首都便将有饥荒发生，皇帝便下了一道诏令，让聚集首都的众多人口四散各地，"随丰就食"，自由行走。玄奘便混在了离开长安四处就食的队伍之中，走上了他的西行求法之路。

· · ·

[玄奘到底能不能顺利地离开长安？在他离开长安以后，一路上又遇到了哪些困难？经历了哪些风波？请看下一讲"求大乘矢志西行"。]

第六讲
求大乘矢志西行

（字幕·旁白）

在《西游记》中，唐僧是唐太宗的"御弟"，奉旨前去西天取经。然而，在真实的历史中，玄奘却是偷偷混在逃荒的人群中离开长安的。但还未走出国门，便被官方勒令返回。矢志求法的玄奘，竟摆脱官方冒着生命危险，昼伏夜出继续西行，准备偷渡边关。

命运总是垂青有准备的人，灾荒的到来和政策的放宽终于让这个执着的僧人等到了离开长安的机会。

从混进难民队伍的那一刻起，玄奘的身份就从一位颇有名气的僧人变成了一位偷渡者，在茫茫人流中踏上了前往河西（甘肃）的大道。当时从长安前往西域，一路上要经过秦州（今甘肃天水）、兰州、凉州（今甘肃武威）、甘州（今甘肃张掖）、肃州（今甘肃酒泉）、瓜州（今甘肃瓜州县）、玉门关等地，这是一段漫长而艰险的旅程。

离开长安开始西行不久，有一位秦州僧徒孝达，在长安学习

《涅槃经》刚好课毕还乡，玄奘就和他一起先到秦州，并在此住了一宿。唐代秦州即今甘肃天水。汉武帝时，置天水郡，一说因地裂成湖，天河注水的传说而得名。其地跨长江、黄河两大水系，冬无严寒，夏无酷暑，四季分明，物产丰饶，历来被誉为"陇上江南"。这是玄奘离开西安后的第一站，因为赶路心切，第二天就又随行客人赶往兰州。在兰州时，正遇凉州人送官马归来，他们便一起渡过黄河到达凉州。

古代从长安去西域，要渡过黄河才可进入河西走廊。史书上虽然没有记载玄奘是如何渡过黄河的，但据今学者推断，玄奘肯定是从兰州渡过黄河西行而去的。而且应该是乘羊皮筏渡过黄河的，因为那是古代唯一的渡河工具。

凉州地处交通要冲，是唐朝的西北边防重镇，也是西域各国商贾往来的必经之地，都督李大亮在这里驻有重兵，防止人们西行。这里汉代时始建山丹军马场，至唐初，养军马达十万多匹。现在中国旅游标志——马踏飞燕，就是20世纪70年代在这里的汉墓中出土的。

古时的凉州已是一个有两万多人口的繁华城市，不但是河西地区的首府，也是西北进入关中的要冲，是中原和西域通商以及使节往来的必经之地，战略位置十分重要，唐朝政府也在此驻扎了大量的军队。从凉州出发，沿着祁连山下的河西走廊一路往西，便是连接东西方、沟通亚欧两大洲的"丝绸之路"。

然而在贞观初年，这条曾经让"大汉"威名远播欧亚的丝绸之路却被突厥人所占据，他们趁隋末天下大乱汉人忙着争夺中原之际，夺取了丝绸之路的控制权，使得唐王朝在建国之初便断绝了与西域各国的外交关系，并且它还时刻威胁着帝都长安的侧后方。当时，突厥分裂成东西两部，西突厥主要在中亚一带，东突厥的统治范围则在今天的内蒙古一带，正好与唐朝接壤，因此成为威胁唐朝边疆安全的最大隐患。

玄奘离开长安前，刚刚在玄武门之变中夺得皇位而登基还不满二十天的唐太宗，就接到了东突厥颉利可汗率领十多万人马直扑渭水的消息。颉利认为，唐太宗刚刚即位，国内局势不稳，很可能像李渊那样派人求和，于是先派出使者前往长安城去见唐太宗，扬言突厥百万骑兵已经杀到渭水四十里外。

唐太宗在这时表现出了过人的魄力和胆识，他毫不理会颉利的威胁，直接将使者拘押，然后亲自带领六员大将骑马来到渭水桥头，指名要与颉利隔河对话。颉利听说使者被扣，很是吃惊！当他看到顶盔掼甲、跃马横刀的唐太宗和南岸军容整齐、杀气腾腾的唐军后，不禁害怕起来，竟带着一班将领在北岸下马拜见唐太宗。双方很快在桥上签订盟约，颉利没占到什么便宜，就此退兵了。从此以后，唐太宗就把东突厥看成是心腹大患，一边励精图治、休养生息、积聚国力，一边厉兵秣马，用外交分化和封锁边关的手段削弱东突厥。

玄奘来到凉州时，大唐和西域的边界可谓战云密布：西南面的吐蕃实力强大，对河西和关陇地区虎视眈眈；西北面，颉利可汗虽然退兵了，但其他突厥部落的骑兵还是经常越边骚扰、掠夺财物和人口。再过几个月，唐军就要发动一次针对东突厥的大规模军事行动。为了防止国内的壮丁和人口因为战乱流失到境外，唐朝政府颁布了严格的"禁边令"，禁止没有"过所"（相当于今天的护照）之人非法出境。

玄奘虽然年轻，却非轻举妄动之人，他当然不会像游侠豪士

一样去"顶风作案",他选择先在凉州停留一段时间,然后寻找继续西行的机会。他这样做可能是出于以下几点考虑:

一是,玄奘在秋天离开长安,到达凉州时天气已经转冷,西北气候与关中大相径庭,前方西域的环境还会更加恶劣,所以他需要一段时间来适应气候和调节身体状态。

二是,跟随难民来到河西的玄奘身无长物,他可以在逗留凉州期间讲经说法,靠布施补充物资,为西行做好物质准备。

三是,凉州离西域不远,风俗接近,还能从城中往来河西与西域的客商口中获得很多对西行有帮助的信息。

四是,玄奘倾向于找一支商队一起上路,这样不但能有一定的物质保障,还能确保安全。同时,从凉州出境需要有官府发放的"过所",而玄奘身上恰好没有这个官方的重要文件。

唐朝初年,按照律令,私自出关者判处一年牢狱,偷渡成功者则罪加一等。之所以颁布如此严格的法律,是为了控制民间和境外私下接触;而获得官府允许出关的人,往往又肩负着刺探敌情的使命,这个手段在随后唐朝对东突厥的战争中发挥了巨大作用。玄奘离开长安前往河西期间,唐朝与突厥的战争一触即发,官府更加不会随便发放"过所",这直接导致了玄奘无法正常出关。

玄奘在凉州一待就是一个多月,在这里他巡礼了凉州城北的鸠摩罗什塔。此塔呈八角形,共十二层,每层悬有铜铃八枚,甚是壮观。

由于玄奘在当时已经是一位颇有名望的僧人,离开京城长安来到凉州的消息也不胫而走,因此收到了不少请玄奘讲经的邀请。利用这个空闲,玄奘为道俗开讲《涅槃》《般若》等经论,名声大噪，听众越来越多，因而玄奘赴印度求法的愿望，为西域各国往来的商人所褒扬，是以葱岭（今帕米尔高原）以西西域诸国无不期待玄奘的到来。很快他就成了凉州城最热门的话题人物。但出名有时候并不是好事，麻烦很快就找上门来，凉州都督李大亮突然派人请玄奘前往"一叙"。

李大亮（586—644年），陕西泾阳人，年轻时在隋军中任职，李渊定都长安后归顺唐朝，因擅长屯垦民生而被提升为金州（今陕西安康）总管府司马。随后，李大亮奉命出兵荆襄一带，攻取城池十余座，以功升安州（今湖北安陆）刺史；后镇压辅公祏起义，升任越州（今浙江绍兴）都督；唐太宗贞观年间改任交州（今越南河内）都督、太府卿。在出任西北道安抚大使期间，李大亮上书建议唐太宗以治理内地为本，对边地各少数民族部落实行招抚政策，避免使用武力，以节省国家财力和徭役，恢复生产，他的建议获得采纳。贞观八年（634年），李大亮调任剑南道巡省大使，次年初随李靖出征吐谷浑，大获全胜。后来，唐太宗担心由唐朝扶持的吐谷浑新主慕容顺不能统其国，又派李大亮率数千精兵前去增援。李大亮因功被晋封为武阳县公，拜左卫大将军。贞观十五年（641年），薛延陀南侵，李大亮配合各路唐军大破之。

由此可见，李大亮是一个有着丰富军政经验，尤其擅长后勤保障的能员，所以在执行"禁边令"上也是一丝不苟。可能是由于玄奘名气太大，有人就向他报告了玄奘到达凉州的消息：

> 有僧从长安来，欲向西国，不知何意。

作为凉州的最高军政长官，李大亮最重要的任务有两方面：

一方面，是为即将到来的针对突厥的战争做好准备，包括物资集结、百姓安置等具体事务；另一方面，则是情报收集、缉拿奸细、盘查出入，这些都与"过所"密切相关。因此，在得到这个消息以后，李大亮不敢掉以轻心，自然将玄奘列入调查范围之内。鉴于玄奘的特殊身份，他只好派人把玄奘请来，客客气气地希望他打消西去的念头，并建议他返回长安。

没有"过所"，又被凉州的最高长官"勒令"返还，玄奘遇到了西行路上的第一个难关。如果返回，西行取经的夙愿就将落空，下一次机会很可能是遥遥无期，进而抱憾终身；继续西行，一旦被捉，不但会受到严重惩罚，还会落得身败名裂的下场。

人在生命的每一个阶段都会面临不同的抉择，去留进退之间，往往被各种现实的因素所左右。有人动摇，有人退却，有人逃避，有人委曲求全……可玄奘选择了坚持，选择将命运掌握在自己手中！他无权无势，却是真正的强者，精神上的强者！

为什么中国僧人要冒着生命危险去印度取经？

纵观中国佛教史，中国僧人为什么要历千难万险和九死一生到印度取经，原因有两个：一是印度是佛教发源地，是释迦牟尼的故乡，佛教徒要求取其经就要到佛国印度去，这和伊斯兰教徒要到耶路撒冷朝圣一样，以求精神上的安慰；二是"学问欲"的满足，也就是说，只有到印度才能满足一切佛教徒求知的要求。

在中国，赴印度留学逐渐成为一种运动。这项运动前后历经五百多年历史。据前人统计，西游留学者有：

第三世纪（后半）　　2人

第四世纪　　　　　　5人

第五世纪　　　　　　61 人

第六世纪　　　　　　14 人

第七世纪　　　　　　56 人

第八世纪　　　　　　31 人

共 169 人。

这期间，大体又分为以下十种情况：

（1）已到印度学成后安全返回中国者 42 人；

（2）已到西域曾否到印度无可考者 16 人；

（3）未到印度中途返回者约 30 人；

（4）已到印度随即折回者 2 人；

（5）未到印度死于路上者 31 人；

（6）在印度留学期间病死者 6 人；

（7）学成归国死于道路上者 5 人；

（8）学成归国后二次赴印度者 6 人；

（9）留在印度不归者 7 人；

（10）尚有留学生死无考证者多人（约 25 人）。

这就是我国佛教徒赴印度留学的大概状况。从上述情况看，历代赴印度的求法僧人，只有不到三分之一的僧侣能学成归国，其余大部分僧侣都因各种原因死于为之奋斗的求法途中，可见西行求法之险恶。

再说玄奘，他虽然没有当面拒绝李大亮提出的要求，但是在他内心，作为一名虔诚的佛家弟子，他坚信这只不过是佛祖对自己前往印度取经的决心和信念的一次考验，只要坚持，佛祖就一定会保佑自己，所以玄奘决定不听李大亮的"劝告"，他暗下决心，寻找机会私下离开凉州，潜出边关出境。

当时的凉州正处在紧张的战备状态，不但关防严密，而且玄奘也很可能已经被官府的人盯梢了。为了方便行动，玄奘减少了讲经的次数，深居简出，一边做准备，一边寻找能够帮助自己的人。

也许是因为军务太过繁忙，也许是看到玄奘"听话"了很多，凉州都督李大亮在那次谈话之后便放松了对玄奘的"监管"，只要玄奘不继续西行，让他待在凉州修行布道也没什么不好，所以就没有派人将他强行送回长安。李大亮的一时"松懈"给了玄奘暗中行动的时间，玄奘很快就找到了一个可以帮助自己的人，是当时河西佛教的领袖慧威法师。

慧威法师是当时河西著名的高僧，见面交谈之后深深地被玄奘的见识和决心打动，他也能体谅这个年轻的僧人一心西行求法的决心，所以决定帮助玄奘。慧威法师挑选了两个亲信弟子慧琳、道整，给玄奘带路，护送他暗中离开凉州。慧琳和道整曾多次出入凉州，对当地的山川道路十分熟悉，有了他们的掩护，玄奘终于避开了官府的耳目，神不知鬼不觉地离开了凉州。

玄奘逃离凉州后，昼伏夜行，一鼓作气，经甘州（今甘肃张掖）、肃州（今甘肃酒泉），安全到达瓜州（今甘肃瓜州县）。

▼

瓜州是唐朝西部边陲的一个重镇。关于瓜州的来历源于两个传说。一说是王母娘娘生日宴会上，侍女手捧的西瓜掉落到了瓜州这里，从此瓜州的西瓜以甜闻名天下，瓜州因以得名；一说汉朝张骞出使西域在此患病，郎中献药方说吃西瓜可愈，并送上一个西瓜，瓜大汁甜，张骞食后病体顿愈，后上奏皇帝，将此地命名为瓜州。

▼

瓜州地处河西走廊末端，西南是敦煌，沿着疏勒河往西就是玉门关，是当时唐朝最边远的边关要塞，战略位置十分重要，每一个进出者都会受到守军的严密监视，因此玄奘前脚到，后脚就被瓜州刺史独孤达发现了行踪。

有一种说法是，由于瓜州地处偏远，很少有高僧游历至此，所以独孤达在得知玄奘来到瓜州境内后，既不问他是什么人，为何而来，也不管他有什么打算，只是把他当作一位普通的云游高僧加以招待，并且在物质上给了玄奘很多方便。另一种说法是，独孤达本身就是一个虔诚的佛教徒，所以对朝廷的"禁边令"假装不知，不但款待玄奘，还向玄奘请教佛法，听任玄奘在当地活动。

不管事实究竟怎样，总之独孤达没有为难玄奘。玄奘也很聪明，不对任何人说自己要西行，而是暗中向当地人打听西域的情况。但现实几乎让玄奘陷入绝望：瓜州有一条大河，水流湍急，是疏勒河的一条支流，河上所有的渡口都有官兵把守，就算能顺利渡河，经过玉门关时还会受到盘查。

玉门关是瓜州门户，扼守着河西走廊进出西域的要冲，没有"过所"肯定难以出关。据当地人说，玉门关外还有"五烽"，这是一个依官道而设，以五座烽火台为中心的防御体系，驻扎在那里的都是身经百战的勇猛武士，一旦发现偷渡出关者和入境的奸细，当即乱箭射死。

除了官府严密的防范体系，还有恶劣的自然环境摆在玄奘面前。我们都知道，在戈壁沙漠行走，最大的问题就是补充水源。从瓜州到玉门关是几百里的疏勒河谷，但是出了玉门关后，前途就只能靠绿洲来补充水源，而这些水源恰好位于边关五烽之下，其间再无水草。就算能够通过五烽，前方还有被人称作死亡之地的八百里莫贺延碛。莫贺延碛是一大片戈壁沙漠，只有穿过那里才能到达伊吾国（伊吾，今新疆哈密）。所以，玄奘面临的是水源、五烽、戈壁的三重威胁。

恰在此时，玄奘唯一的随行马匹，又在这个时候死了，再加上天寒地冻、大雪封路，玄奘只好在瓜州逗留了一个多月。等待是最痛苦的事情，在这一个多月里，玄奘无计可施、度日如年，既不能西行，又不愿东归，幸而当时已经是冬天，玄奘一边休整，一边等待来年开春。

在瓜州，玄奘在阿育王寺（塔尔寺）一面为众僧讲经说法，一面打听西行路上的情况。据考证，玄奘当年还到离塔尔寺二十多公里处著名的东千佛洞朝拜。

在唐朝，中外交通有着各种各样的通道，经西藏而行的叫"麝香之路"，主要运送的货物是麝香；也有"海上丝绸之路"，以运送瓷器为主；还有最重要的也是最著名的"丝绸之路"，丝绸之路在唐朝分为三条，分别是北道、中道和南道。北道的行经路线为：伊吾－蒲类海（今新疆哈密地区巴里坤哈萨克自治县西北）－铁勒部－突厥可汗庭；中道的行经路线为：高昌－焉耆－龟兹（今新疆库车市）－疏勒（今新疆疏勒县）－葱岭；南道的行经路线为：鄯善－于阗－朱俱波－朅盘陀－葱岭。

玄奘西行的时候，为了避关卡，是沿北道和中道交叉而行的，回程则差不多是沿南道而归，因此实际上是将丝绸之路的三条道都走到了，还捎带了一点"草原之路"，其中的困难和艰辛，我们不难想象。

处在这个当口，聪明智慧的玄奘也倍感束手无策，极其郁闷。据历史记载，当时他在瓜州逗留月余，无计可施，又决不愿往东归去，便逗留在当地。但就在他停留瓜州期间，又遇到了更大的麻烦事。

凉州都督李大亮突然想到，不知玄奘是否听从他的勒令回到长安，便派人打听玄奘的下落。一打听，才发现玄奘非但没有往东回到长安，还悄悄向西而行，李大亮顾及自己可能要担负的责任，一气之下，立刻发下访牒，也就是现在所谓的通缉令，称：

> 有僧字玄奘，欲入西蕃，所在州县宜严候捉。

李都督不清楚情况，还以为玄奘想要到西蕃（吐蕃）去，便下令各地守株待兔，严厉候捉。

读者诸君不要认为古代江山阻隔通信很慢，其实唐朝的通信系统很发达，杨贵妃想吃荔枝还有人给送，也就靠快马加鞭，荔枝就被新鲜地运抵长安了，可见官方驿道的交通速度其实是非常快的。这个通缉玄奘的访牒一路发下来，玄奘还未及得知，就先传到了瓜州刺史独孤达手中。所谓"县官不如现管"，独孤达先不看，访牒文书又落到"现管"的州吏李昌手中。李昌是个虔诚的佛教徒，虽然文书上没有玄奘的画像，他心里也隐约感觉到瓜州境内的这个僧人就是通缉令上的玄奘，便拿着通缉令去找玄奘了。

▼

> 李昌是地方官员，捉拿玄奘是他职责所在；而他又是佛教徒，觉得西行求法是件好事。李昌是会秉公处置、逮捕玄奘，还是会放玄奘继续西行求法呢？

▼

李昌见到玄奘后,按《大慈恩寺三藏法师传》记载,问道:"师不是此耶?"这句话翻译成白话,可以有两种理解——一是说:"师父,您不是吧?"二是说:"师父,您不是吗?"若按后一种翻译方式理解,几乎等于说玄奘就是通缉令上的人;而按前一种方式理解,则是比较善意的。这句问话语带双关,又滴水不漏,足见李昌这人了不得。

玄奘自然听出其中的话外之意,心中不由得怦然打鼓。假如照实作答,便会被作为通缉犯遣返长安;如若不承认,又将违背"出家人不打诳语"的戒律。玄奘身处两难境地,不敢贸然作答,只好瞪着李昌,闭口不言。

李昌这句问话如此巧妙,却得不到玄奘的回答,等于白问,一急之下,又道出一句:"师须实语。必是,弟子为师图之。"李昌真是厉害之人,这句话击中了玄奘的要害,所谓"必是",既可以理解为"您肯定是牒上通缉的人",也可以理解为"您假如真是牒上通缉的人"。

玄奘一看事已至此,便实话实说,说明自己违背李大亮都督的意思,并未东回长安,而是一路西行至瓜州,决心西去求法,不改初衷,向李昌表明了态度。

李昌本是一个虔诚的佛教徒,一听之下,对玄奘当然非常钦佩,便又对他说:"师实能尔者,为师毁却文书。"若从行政执法来看,真不好说李昌是个好干部还是坏干部,"通缉令"说撕就撕了;但从玄奘法师西行求法的角度来看,他无疑是个大好人!当时他对玄奘所说的话,几乎全被史料保存下来。李昌被玄奘的人格和西行求法的决心所打动,确信他眼前所见的这位法师,是肩负着重大使命,能够西行万里去佛祖的故乡求得佛法的，因此将他力所能及的对玄奘的帮助，都做到了极致——纵之不擒，善意提醒，当面撕毁访牒。

再者，按唐朝时期的制度，访牒下发一次后抓不到人，还会一直不停地继续下发，始终算是悬案未决。因此，如果玄奘不尽快离开瓜州，刺史独孤达迟早会将他缉拿归案，押回给凉州都督李大亮；而如果落到李大亮的手上，敬酒不吃吃罚酒，必将被遣回长安甚或就地关押。身为一级政府的行政官员，李昌很清楚其中的轻重利害，于是又对玄奘说了四个字："师须早去。"

李大亮后知后觉，独孤达有意成全，李昌仁至义尽，三位"不称职"的地方官，把西行之路的大门给玄奘敞开了。

玄奘如果再不走，不但会错过这唯一一个离开的机会，还会拖累李昌，辜负独孤达的一番心意。

17年后，当玄奘从印度取经归来重回瓜州时，独孤达已病逝多年，李昌也已调任别处。重情重义的玄奘寻访故人不得，感慨人生无常，于是为独孤达通宵诵经，并将原本打算送给他的一尊象牙佛雕供奉在榆林窟，以示对当年襄助之恩的感激。

玄奘从前一直在长安、洛阳、四川、荆州等地活动，都属于当时中国经济比较繁华、文化比较发达的地区，此次他真正从偏僻的路途往西行，又打听到如此险恶的前景，马也死了，慧威法师派来陪伴他的道整又到敦煌去了，只剩下慧琳一人。而这个慧琳大概是名如其人，非常秀气和懦弱，玄奘看他不像能够结伴长途跋涉之人，便也不强求他随自己去度过马上就要面临的艰难险阻，干脆把他放回去，孤身一人上路了。

图 6-1　玄奘躲开李大亮的追捕，向五烽前进

此时，两个向导一个走了、一个辞了，身后又有缉捕他的都督李大亮，就是在这样危急的情况下，他离开了大唐帝国西北边境最后一座城池，开始了一段偷越国境的冒险旅程，向着玉门关和五烽前进！

• • •

[玄奘仓促离开瓜州之后，如何能在人地两生的处境下，巧妙地涉过瓠𤢖河，闯过玉门关？他还会遇到哪些难题呢？请看下一讲"闯边关险象环生"。]

第七讲
闯边关险象环生

（字幕·旁白）

　　身无同伴，后有追捕，玄奘不得不准备独自上路，但就在准备偷渡的前两天，玄奘却在一座寺庙中遇到了被后世看成是小说《西游记》中孙悟空原型的胡人石槃陀。然而，正是这个石槃陀，先是让玄奘喜出望外，对他愿西行带路满怀信心，继而，又购买马匹，准备行囊，为偷越边境做好一切准备。后来，还是这个石槃陀，却对这位东土僧人起了歹心……

　　离开大唐的最后一站，他能否安然度过？

　　古时候，跨出玉门关就是出塞。玉门关在玄奘时代是边关，对当时的中国人来说，他是"中土"与"蛮荒"、"文明"与"野蛮"的分界线。多少世纪以来，许多诗人倾诉着他们对关外那个未知世界的恐惧。王之涣的《出塞》就是其中有名的一首：

　　　　黄河远上白云间，一片孤城万仞山。
　　　　羌笛何须怨杨柳，春风不度玉门关。

在古人的心目中，玉门关外的情景是多么凄凉，连春风都吹不到呀！但是玄奘不觉如此，对他来说，玉门关外是一个充满知识、学问和智慧的世界，他迫不及待地要走入这个新世界。这大概就是智者与凡人、思想家与诗人的区别吧。

出了玉门关向西北走便是一望无际的大沙漠了。离玉门关百里许就是阳关，唐朝诗人王维的诗句"劝君更尽一杯酒，西出阳关无故人"中的"阳关"吟唱的就是这里。

当时的玉门关外，几百里内设有五座烽火台，每座相距百余里，都驻有守兵，专防出境之人。这五烽设在沙漠中，等于五个警报站，每烽都筑有高土台，发现敌情或其他紧急状况告警时，白天燃烧狼烟，晚上则举火为号。五烽之间绝无水草，五烽之外，便是八百里莫贺延碛大沙漠。莫贺延碛大体在今天的星星峡到哈密东南的长流水之间，过了莫贺延碛便是伊吾国境了。这八百里的莫贺延碛，上无飞鸟，下无走兽，水草皆无，环境特别恶劣；白天酷热难熬，时有狂风飞沙，夜里又寒冷难挡，点点闪闪的磷火令人毛骨悚然；途中还常可见到一堆堆尸骨，那些都是企图穿越戈壁沙漠而遭遇不幸的人的遗骨。

玄奘在瓜州了解到这些情况后，心中十分颓丧，加之所骑的马又死了，不知如何是好，心中默默打算如何克服这一困难。这时候的玄奘，一方面急于离开瓜州这个非常危险的地方，一方面又不知所措，无计可施。一个虔诚的佛教徒在最无助时，有个习惯性的办法，就是"理佛"，求佛祖指点迷津，希望佛祖在最危难的时候保佑自己，赐予自己继续前行的动力。因此在上路前，他来到瓜州城郊一座破旧的寺庙里。

玄奘在寺庙里供奉着的弥勒佛像前跪下，双手合十，凝神闭目，诚心祈请，希望弥勒佛能够帮自己解除苦难。就在这时，玄奘的诵经声惊动了庙里的一个胡僧。

胡僧一看到玄奘，立刻惊为天人，恭恭敬敬地向玄奘行礼，还给他讲了一个梦。原来，这个胡僧名叫达磨，在前一天晚上做了一个梦，梦见一位姿容英挺、相貌堂堂的汉族僧人来到庙里，然后又坐在一朵白色的莲花上翩然西去，而玄奘恰好跟梦里的那个汉族僧人长得一模一样，达磨就觉得玄奘不是一般人，还把这个梦告诉了他。

对于一个前来礼佛的僧人来说，这样的梦境分明是个吉兆，但玄奘却没有表现出丝毫的欣喜，只是淡淡地说了一句："梦为虚妄，何足涉言。"而后继续诵经祈祷。

玄奘为什么会这么说，难道他内心一点都不觉得高兴吗？这恐怕要从他当时所处的环境来分析。

首先，这个胡僧应该是当地人或者来自更加遥远的西域，看样子比较窝囊，汉语也说得不怎么样，为了让玄奘明白自己的话，可能还会手舞足蹈一番。试想一下，这样一个言行怪异的西域和尚出现在你面前时，你会完完全全地信任他吗？这个胡僧难道就不会把玄奘的行踪透露出去？其次，言多必失，玄奘在凉州已经吃过苦头，所以他什么话都不敢多说，甚至连神情上都很克制，即便内心很高兴，出于安全和保密的考虑，玄奘也只是应付了这个胡僧一下。

但是事情还没完，就在他重新开始拜佛的时候，庙里又进来一个胡人。这个胡人也是个佛教徒，见玄奘跪在那儿礼佛，便双手叉腰，围着这个汉人和尚转了两三圈。玄奘觉得很奇怪，不过他不会像普通人那样觉得这胡人是个"神经病"，而是直接问他叫什么名字，胡人回答说自己叫石槃陀。玄奘又问他为什么绕自己转三圈，石槃陀说自己信佛，希望能成为居士，需要有僧人替他授戒。玄奘一听他有向佛之心，就很爽快地答应为他授戒，成为居士要受五戒：不杀生、不偷盗、不邪淫、不妄语、不饮酒。

不论在怎样艰难的情况下，不论对方是汉人还是胡人，玄奘都一如既往地坚持着佛家"普度众生"的理念——度人向善，便是给自己积德。

石槃陀在成为居士后十分高兴，叽里咕噜地对玄奘说了几句话后转身离去，不久又转了回来，带来了一些干粮和水果，恭恭敬敬地伺候玄奘进食。当然，摆在玄奘面前最大的问题不是给多少人授戒，而是要寻找一个当地人充当向导，他第一个就想到了石槃陀。一番接触之后，玄奘觉得石槃陀不但身体健壮、脑子灵活，对待自己也十分诚心，于是就把想要西行求法、偷渡边关的意图直截了当地告诉了他。

从不信任到信任，素来小心谨慎的玄奘为何如此迅速地对石槃陀消除了戒心？

首先，玄奘迫切需要一个向导，石槃陀是胡人，应该要比当地的汉人更加熟悉西边的道路，而且相比汉人，胡人的胆子更大，也更吃得起苦；其次，石槃陀刚刚受戒成了居士，本身又信佛，玄奘相信他能够在向善之心的驱使下帮助自己渡过难关；最后，时间紧迫，除了石槃陀，一时间也找不到更合适的人选，只能姑且一用，希望他能带自己走出困境。

但这些都只是玄奘一厢情愿的想法。当时正是唐初，西北又处在临战状态，官府盘查严密，偷渡国境是死罪，协助偷渡也是死罪。石槃陀生活在边关地区，不会不知道这些，他又会怎样答复玄奘呢？岂料石槃陀竟没有半点犹豫，不但答应帮他偷渡国境，还把玄奘大大吹捧了一番。

一次不经意的礼佛，却解决了向导这个最大的难题，让玄奘觉得这就是自己诚心向佛，佛祖显灵给自己的支持，于是大喜过望，当即与石槃陀约定时间，两人分头前去准备西行事宜。

许多人认为石槃陀就是小说《西游记》中孙悟空的原型，主要因为孙悟空是唐僧的第一个弟子，而且在取经路途中一直担当探路先锋的角色，与石槃陀向导的身份吻合。另外，石槃陀是由玄奘授戒成为居士，也就是胡僧，而孙悟空也是在唐僧的身边逐渐被点化的，胡僧与孙悟空的本来面目——猢狲，在发音上十分接近，很有可能是在民间流传过程中产生了谐音。

人逢喜事精神爽，胆子也会变大，原本战战兢兢、不敢公然露面的玄奘这会儿也顾不得许多，用最快的时间准备好了西行所需的马匹、干粮等物品。不过，玄奘并没有被突如其来的转机冲昏头脑、光天化日地与石槃陀见面，而是休息了一个白天，等到第二天日落时分才牵着马躲在草丛中，准备与石槃陀接头。

漫长的等待最是难熬，相信玄奘当时也在担心，唯恐石槃陀出尔反尔不能如约而来。可以说，玄奘已经把西行的希望全部押在了这么一个结识不过一天的胡人身上。也许是诚心所至，也许是佛祖保佑，第二天太阳下山后，石槃陀如约而至，还带了一个年长的胡人，牵了一匹马一同前来。

可能是没有在沙漠里行走过的缘故，当玄奘看到石槃陀带了一个老头子外加一匹又老又瘦的红马来到自己跟前的时候，心里很是不爽。玄奘当时的想法可能跟一般人差不多：是让他带路，当然应该要年轻力壮的小伙子；驮行李，当然要高大强健的好马，你带一个老人、一匹老马来，岂非成事不足，败事有余？

石槃陀也是个懂得察言观色之人，一看玄奘的神情，连忙解释说，这个胡人虽然年长，但是从瓜州到伊吾之间的路走了不下三十余次，而他自己虽然年轻健壮，但对沿途边关哨卡和水源的熟悉程度远远不及老胡人，所以才把老胡人请来带路。不过这个老胡人并没有一上来就开价，也没说带一次路要多少多少钱，他知道僧人没钱，只是郑重其事地告诫玄奘：

> 西路险恶，沙河阻远，鬼魅热风，过无免者。徒侣众多，犹数迷失，况师单独，如何可行？愿自料量，勿轻身命。

意思是说：西去之路太过艰险，远方还有一条流沙河阻隔，如果遇到沙漠里的怪异天气，几乎没有能够生还之人。那些结伴而行的僧侣、商人尚且经常迷路失踪，更何况一个人上路，希望师父您三思而后行。

老胡人这么说当然是出于好意，他是劝告玄奘打消西行的念头，即便玄奘坚持，他身为向导，也有责任把可能出现的危险实实在在地告诉玄奘，让他有心理准备。这时的玄奘表现出了一往无前的大无畏精神和百折不挠的坚定信念：

> 贫道为求大法，发趣西方，若不至婆罗门国，终不东归。纵死中涂，非所悔也。

这里的贫道，不是指道士，而是一种谦称，意思是我为了追求大法，立下志愿向西而行，不论遇到多少危险和困难，如果不到婆罗门国（即印度），就决不东归，就是死在半路上也绝不后悔。

老胡人听完后顿时佩服得五体投地，但是他还是没有答应和玄奘一起西行，很可能是觉得虽然自己对这条路很熟悉，但年纪毕竟大了，不想再次冒险，所以对玄奘说：

> 师必去，可乘我马。此马往返伊吾已有十五度，健而知道。师马少，不堪远涉。

意思是说：如果玄奘一定要西行，就让我的马陪伴您前去，这匹老马虽然不起眼，但是往返伊吾已经有十五次，不但强壮，还认得路途；师父您的马经验不足，走不了远路。听了老胡人的话，玄奘又想起自己在离开长安前曾请一个名叫何弘达的术士算过一卦，卦象上说：

> 师得去。去状似乘一老赤瘦马，漆鞍桥前有铁。

意思是说：师父您可以去，而且应该是骑着一匹又老又瘦的红马上路，而且这匹马的马鞍前面还有一块铁。玄奘连忙把马拉过来一看，发现上了漆的马鞍前果然有一块铁，再加上老胡人的话，顿时对这匹"瘦老赤马"刮目相看，觉得这是佛祖冥冥之中在帮助自己，于是立刻收拾行囊，谢过老胡人，带着老马和石槃陀连夜往西赶路。从离开瓜州的那一刻起，玄奘才算真正踏上了那条充满神奇色彩的"丝绸之路"。

丝绸之路，亦称丝路，是指西汉时，由张骞出使西域开辟的以长安为起点，经河西走廊、西域，到中亚、西亚，并联结地中海各国的陆上通道。因经这条路往西运的货物中以丝绸制品的数量和影响最大，故称"丝路"。

唐初，人们更多是从瓜州经伊吾进入西域，因此玄奘选择的也是这条路，即从河西走廊前往西域的官道。

趁着夜色，玄奘和石槃陀离开了瓜州，在三更时分来到瓠䕶河边，夜色中，依稀可以分辨前方玉门关的雄伟轮廓。需要注意的是，唐代玉门关和我们现在经常提到的汉代玉门关并不在同一个地方，据史料记载，唐军曾多次在玉门关外大战，大诗人王昌龄就曾在《从军行》中特别描写过玉门关。

据专家考证，唐代玉门关应位于现在疏勒河南岸、遍设烽火台的山间，其西北面的烽火台应在汉长城昆仑塞旧址上，离隋唐晋昌郡不远。因此，唐代玉门关的地理位置就在甘肃省瓜州双塔堡附近。当时，从瓜州到玉门关一带水量充足，植被茂盛，是一片肥沃的河谷。

在石槃陀的带领下，玄奘决定绕过玉门关，借着夜色在玉门关东面十几里的地方偷渡瓠䕶河。这时的石槃陀表现得相当称职，很快就砍倒一棵大树，往河面上一横，架起了一座简易的木桥，然后找来枯草沙土填在木桥表面，牵着马带着玄奘平平安安地渡过了湍急的河面。

渡过瓠䕶河后，由于天气寒冷，赶了一晚上路的玄奘又喜又累，便找了个背风的地方摊开被褥躺下休息，石槃陀也在离玄奘五十多步的地方铺开被褥睡了。

直到这一刻，尽管困难重重，但玄奘的西行之路总算有了一个比较顺利的开头。然而，事情的发展往往出乎人们的想象，也许是天生的警觉，也许是佛陀的保佑，本应熟睡的玄奘突然醒来，一睁眼，竟发现石槃陀正提着一把刀一步步地向自己走来！

玄奘顿时惊出一身冷汗：一个佛家弟子，一个由自己授戒的居士，一个兢兢业业铺桥开道的称职向导，居然会在半夜对自己动了"杀心"，而居士所必须遵守的五戒之中，第一条恰恰就是"不杀生"！

如果是谋财害命，石槃陀应该清楚玄奘身上根本没有什么值钱的东西，当初又为何要帮助自己偷渡国境多此一举呢？更让玄奘觉得奇怪的是，石槃陀走了十几步，又折了回去，折回去后又再走过来。

玄奘当然不会躺着等人来谋害，当即起身，端坐原地念诵观音菩萨名号。

这当中有两个疑问：第一，石槃陀转来转去在干什么？第二，玄奘为什么要念观音菩萨名号？

▼

从石槃陀的前后表现来看，此人明显是"信念不定、开化未深"，一会儿向佛，一会儿又动了歹念。也许一开始石槃陀并没有想谋害玄奘的心思，只不过是打算借受戒为名先跟这个和尚走上一段路，探探他的底细，等出了瓜州，到了没人的地方再做下一步打算；之所以犹豫不决，则可能是觉得玄奘确实不像带着财宝的僧人，加上一路上对自己也很客气，因此在犹豫到底要不要下狠心。

▼

面对危险，玄奘既没有大喊大叫拔腿就跑，也没有心慌意乱当场求饶，而是用了一种最符合佛家弟子身份的方式念诵观音菩萨的名号来应对。人在危急的时候往往会向最亲近、最信得过的人求救，玄奘也不例外，之所以会念诵观音菩萨的名号，很可能是出自本能，同时，念诵观音菩萨的名号能让他在最短时间里平静下来，避免因为神志慌乱而惊动石槃陀。正所谓邪不胜正，佛家弟子念诵菩萨名号本身就是一件非常庄严、正气的事情，玄奘才想借此来震慑石槃陀，让他不敢轻举妄动。

事实证明，玄奘的处变不惊的确起到了很好的效果：石槃陀一看玄奘醒了，还如此宝相庄严地念诵佛经，马上就显得心虚、底气不足，悄悄地把刀往怀里一塞，重新回去继续睡觉。

石槃陀睡着了，可玄奘却被惊出一身冷汗，既不敢继续睡觉，又不敢有别的举动去刺激石槃陀，便只好坐在那里一直念诵观音菩萨到天明。

玄奘也是一个普通人，也有害怕的时候，一个真实的玄奘，才是一个可爱的玄奘。

第二天天亮，玄奘并没有因为昨夜发生的变故而表现出丝毫的犹豫和惶恐，而是非常镇定地叫醒石槃陀让他去河边取水供自己洗漱饮用，可见玄奘对石槃陀这种出尔反尔、以怨报德的行为已经反感憎恶到了极点。

石槃陀知道昨夜的举动已经被玄奘察觉，只好说：

> 弟子将前涂险远，又无水草，唯五烽下有水，必须夜到偷水而过，但一处被觉，即是死人。不如归还，用为安稳。

意思是他担心路途遥远没有水源，只有五烽下面才有水，必须在夜里前往五烽偷水，但是只要在一处被人发觉，就会立马被射杀。法师您还不如回去，才是稳妥的选择。

> 师必不达。如被擒捉，相引奈何？

原来，石槃陀是害怕玄奘过五烽时被擒，把自己招供出来，才起了杀人灭口之心。玄奘当即发誓说，纵然我被抓去，也决不会揭发牵连到你。话说到这个份儿上，石槃陀虽然曾经动过歹念，此刻也打消了害命的念头。玄奘在此时表现出一个高僧的宽大胸襟，没有强留石槃陀，而是放他回去，还把自己在瓜州买的那匹马送给了他，自己则骑着那匹"瘦老赤马"孤身上路了。

从瓠䕼河畔这次有惊无险的经历可以看到，石槃陀的形象与《西游记》中的孙悟空颇为神似：在整个唐僧取经的故事中，孙悟空曾经多次负气离开取经队伍跑回花果山去逍遥快活，只不过孙悟空每次都能回心转意重返取经队伍，开道探路、斩妖除魔、保护唐僧，而对玄奘来说，胡僧石槃陀却是一去不复返。

· · ·

[到了这个节骨眼上,玄奘前方面临虎狼一般的五烽守边将士,身边又连个向导也没有,孤身一人。他是怎样渡过非常危险的五烽,又是怎样避过饥渴的威胁、躲过守关将士的擒拿射杀呢?请看下一讲"九死一生过大漠"。]

第八讲
九死一生过大漠

(字幕·旁白)

玄奘送走中途变卦的胡人石槃陀,从此,独自一人带着一匹赤红老马走上了西行之路。因为没有通关文书,玄奘只能绕玉门关而行,他必须通过沙漠,偷越重兵把守的边关五烽。面对吞噬过无数生命的大沙漠,玄奘在沙漠中出现了幻觉,依靠坚强的意志,终于走到了第一烽。这时,突然一支冷箭射来,玄奘差一点当场丧命,接下来他的命运又将会如何呢?

从送走石槃陀那一刻开始,玄奘只能孤身一人上路,他的前方是有官兵把守的五烽,这五烽每个相隔百里,就是五百里。五烽之外,还有一片被称为"莫贺延碛"的八百里茫茫大戈壁。

唐代称西域为"碛西","碛"是指敦煌与伊吾(哈密)之间的一大片流沙大碛,因此"莫贺延"也就带有广阔、荒凉的意思。莫贺延碛是当时西域的起点,据史料记载,那里"长八百余里,古曰'沙河',上无飞鸟,下无走兽,复无水草",几乎是一片死寂，完全没有生气，只有玄奘和他自己的影子，当然还有一匹"瘦老赤马"跟着，是玄奘西行求经之路最为艰难的路段。

根据《大唐故三藏玄奘法师行状》记载：玄奘是从瓜州向西北、过莫贺延碛而抵伊吾。这条路就是历史上著名的"新北道"，唐代又称莫贺延碛道，敦煌遗书中又名"第五道"。从这条路前往高昌国，可避开白龙堆之险。由于是偷渡出关，为了躲避沿途的烽火台和哨卡，玄奘不敢公然走官道，却又不敢离官道太远，以免迷路，所以只能在官道和偏离官道的方向上交叉前行。然而，官道和烽火台都是依水源而建，所以交叉前进无疑会给玄奘在水源补给上带来更大的困难。

也许在那时，玄奘就已感觉到了生命的渺小和无助，但是他没有别的选择，不但要面对人为的障碍，还要克服严酷的自然环境，甚至还有他根本想不到的危险……然而正是这样，玄奘的执着和坚持就更显得弥足珍贵。所谓五烽，是指唐代在西北边境设立的防御体系中规模较大也最为重要的五个核心烽火台。这五烽不但扼守从瓜州通往伊吾的官道和水源，还担当着警戒和瞭望的职能，也为使者、商旅提供食宿。因此，烽火台就成了沙漠旅人的必经之地。

玄奘孤身一人朝五烽去，先要经过一大段的沙漠。在这个沙漠中，只见黄沙茫茫，一望无际，长途漫漫，渺无人烟，唯有望着前人留下来的驼马粪便，还有一堆堆马骨、骆驼骨、死人骨为路标寻迹行进。有时候还会发现前人留下来的干尸，表明该人在沙漠里走着走着就倒地而亡，尸体经过长年累月的风化便成了干尸，还保留着其死时的样子。玄奘便是跟着这些前人留下的遗骨，继续向前行进。

玄奘在这一段路上，由于劳累、饥渴、缺水以及精神高度紧张，曾一度出现严重的幻觉，在荒无人烟的沙漠里，感觉到身边不断出现一些莫名其妙的东西，有时他忽然看到有军士数百队满布沙漠间，忽行忽止，都是穿着羊皮裘，骑着骆驼马匹，拿着旌旗长矛，一队队在远处沙漠里行进。他甚至还能听到号角、军乐等各种各样的声音。在典籍中曾用十六个字来描写玄奘当时所感受到的这些惊心动魄的幻象："易貌移质，倏忽千变，遥瞻极著，渐近而微。"也就是说，非但出现幻象，还会不断飘移，转眼之间发生千百种变化，远看非常清楚，一接近就非常模糊了。

我们根据现代常识就能知道，玄奘遇见的很可能就是沙漠里经常会出现的海市蜃楼，是一种因气候异常导致的自然景观，在今天的青岛、大连等沿海城市也还可以见到。但是，玄奘当时没有这种科学知识，因此不得不将其作为妖魔鬼怪记载下来。我们今天看到这样的记载，也不要轻易认为是子虚乌有、纯属人为编造，而应想到，这很可能就是当时玄奘真实经历的幻觉。

沿途遇到这样的幻境，玄奘心中自然感到恐惧，幸而他的耳鼓里还不断出现另一种声音，对他说"勿怖，勿怖"，玄奘知道这是佛祖传达给他的信息，于是便在这两种幻觉的交相作用下，忍受着巨大的心理惧怕。作为一名虔诚的僧人，玄奘能做的，就是不停地念诵《心经》来支撑自己不断往前走。大概他感到《心经》非常有效力，念完以后不仅能使心灵非常宁静，而且心中也不再感到畏惧，敢于面对一切当时他认为的妖魔鬼怪，遂壮胆前进。就这样他走了八十余里的大沙漠，老远就望见了第一座烽火台。

▼

玄奘克服了幻觉带来的心理压力，成功走出沙漠，来到五烽中的第一烽，但他为何不趁夜色赶紧越过第一烽呢？是什么原因使他必须停留下来，并因此被守关的将士捉拿呢？后来的答案告诉人们，原来玄奘必须去取水。

▼

第一烽在唐代又叫白虎关，据考即现在的甘肃瓜州北二十七里，其今名沙井子，是玉门关后的第二个重要关口，也是五道烽火台的第一道，地势十分险要。从专家在当地的考证情况来看，绕过双塔地区的唐代玉门关，再过瓠䲢河，只有白墩子才符合第一烽的要求：从构造来看，白墩子是三层土砖夹一层芦苇，芦苇就从旁边水潭里就地取材，烽火台底下被雨水冲刷出来的芦苇和现在水潭里面所长的芦苇一模一样，从里面还冲刷出来一些红柳和其他树木的树干，结构都非常清晰，与唐代烽火台的建造方法十分吻合。唐高宗时，名将薛仁贵就是在此大破九姓回纥，"将军三箭定天山，战士长歌入汉关"的故事也是从这里开始的。

为了不被守关将士发现，玄奘不敢明目张胆地靠近，而是沿着沙沟悄悄靠近，等到天黑，才从烽火台的东面悄悄潜行到西面的水源去取水。沙漠上赶路，水源比食物更为重要，人可以三天不吃饭，但绝对不能三天不喝水。然而正是因为这次取水，玄奘被人发现了；不但被发现，而且险成了终身残疾，一支利箭在夜色中呼啸而来，差点射中玄奘的膝盖！不等玄奘回神，第二支箭又到了，这次瞄准的是玄奘的脚踝。

汉唐两代武风浓厚，尤其重视射术，对那些镇守边关的将士来说，射箭杀人已经算不上专业技能，几乎成了必须熟练掌握的本能。所以，这一前一后两支箭不是没有射准，而是在警告玄奘："不要乱动，你已经被我们发现了，立刻举起手来，放弃抵抗，暂且留你小命！"

玄奘一看不妙，连忙大叫道：

> 我是僧，从京师来。汝莫射我。

喊完之后，玄奘见对方不再放箭，便老老实实地牵着马往烽火台走去。烽火台上的士卒发现是个僧人，便打开城门把他带去见校尉王祥。火光中，王祥仔细打量了玄奘一番，觉得他的长相、穿着不像是河西本地僧人，确实像是从京师前来，于是问他到这里来干什么？玄奘知道是祸躲不过，既没有掩饰身份，也没有乞求饶命，更不指望对方放自己过关，而是不卑不亢地反问道：

> 校尉颇闻凉州人说有僧玄奘欲向婆罗门国求法不？

意思是说：校尉大人您最近是不是经常从凉州人那里听说有一个名叫玄奘的僧人要到婆罗门国去求法？从长安开始，一直到凉州、瓜州，不论是李大亮、独孤达、李昌还是石槃陀，玄奘身上那种"坚定、镇定"的特质给人们留下了非常深刻的印象。面对困难，他总能表现出超乎常人的坦然，他的这句话不但问得妙，而且时机更妙：内容上，直接把自己的名字带到话里，活生生让王祥把接下来可能已经准备好的问话憋回肚子里；

时机上，打破了由对方发问自己回答的被动局面，一上来就反客为主。

王祥见这个僧人不但不害怕，还抢白了这么一句，当时也愣了一下，不过他显然也是个经过世面长于人情世故之人，并不回答玄奘，而是以问作答：

> 闻承奘师已东还，何因到此？

意思是说：我听说那位玄奘法师已经往东回去了，又怎么会到这里来呢？这句话既是暗示玄奘，我王祥对这件事有所耳闻，你不要忽悠我，也透露出他对玄奘身份的怀疑。不管是不是玄奘，如果连身份都不能确认，接下来就会十分麻烦。玄奘虽然没有出入境"护照"，但"身份证"还是有的，于是他连忙拿出由官府颁发的度牒，用来证明自己的确是"正版"的玄奘法师。

王祥看了度牒，这才相信他就是玄奘。只不过他既没有把玄奘当作偷渡者就地正法，也没有像李大亮那样命令他立即东归，或是学瓜州刺史独孤达那样网开一面，而是向玄奘提出了一个匪夷所思的建议：

> 西路艰远，师终不达。今亦不与师罪，弟子敦煌人，欲送师向敦煌。彼有张皎法师，钦贤尚德，见师必喜，请就之。

意思是说：西行取经的路途太过艰难和遥远了，法师您一定是到达不了的。我现在也不来追究您的罪过，我是敦煌人，打算把您送到敦煌去。那里有一位名叫张皎的法师，非常敬慕有学问、有品德的人，见到法师一定十分高兴，就请法师去敦煌吧。王祥是敦煌人，他觉得像玄奘这样气度不凡、看起来也很有学问，又是从京城来的高僧，正适合前往自己的家乡讲经布道。从当时的情况看，前往敦煌对玄奘来说也能接受：

其一，敦煌地理位置独特，南北朝以来就是中原和西域交流往来的枢纽，商旅云集、物产丰饶，也是东西方文明的集散地和著名的佛教艺术中心，云集了很多从中原和西域来的僧人，佛学氛围不可谓不浓厚，慧威法师派去伴随玄奘西行的道整，也是在瓜州南下去了敦煌。

其二，前去敦煌不过是权宜之计，如果不答应，谁知道像王祥这样的军官会不会当场翻脸，把局面搞得不可收拾。

其三，敦煌离伊吾并不太远，相比被遣返凉州或长安，在敦煌休整一段时间再找机会西行，也是一个不错的选择。

从常理看，玄奘要么像说服李昌那样用决心和信念打动王祥放自己西去，要么说服不成，被遣返回长安，西行之路就此终结，只是没想到一位堂堂的边关守将，居然会主动与自己谈起了条件。

按照唐代律令，未能及时发现、制止、处理内奸或可疑人物的守边士兵要处一年半的徒刑，对直接责任官员则要判一年的徒刑，如果知情不报或是窝藏罪犯，论刑更重。那么王祥为什么会突然跟玄奘谈条件呢？

事实很可能是这样的：五烽扼守官道，商人旅客从河西往来西域都必须经过这里，边关苦寒，当兵的生活艰难薪俸又少，商人们为了方便行路或是让守军提供一定的保护，就一定会拿出一些财物来"孝敬"他们。一来二去，王祥和他手下的将士们便习惯了这种类似做生意的讨价还价，再加上他觉得让玄奘去敦煌已经是法外开恩、造福一方的事情，这才提出了这个看似匪夷所思实则有理可循的要求。

对方开出了条件，而且是不坏的条件，玄奘却完全没有妥协的意思，直截了当道：

> 奘桑梓洛阳，少而慕道。两京知法之匠，吴、蜀一艺之僧，无不负笈从之，穷其所解。对扬谈说，亦悉为时宗，欲养己修名，岂劣檀越敦煌耶？

意思是说：我在东都洛阳出家，年少时就在各处游学。两京的高僧以及南方、巴蜀这些地方凡是在某个方面有所擅长的僧人我都虚心请教过，对他们所掌握的经典也都十分熟悉。我的修为已经能与他们面对面地讲经辩论，也算是当今有数的高僧，如果仅仅为了给自己再增添一些名望，只要待在长安洛阳就行了，何必多此一举前去敦煌呢？敦煌虽然也不错，可在玄奘眼里根本就算不上什么。当然，玄奘也不是不知道说这话的后果，王祥好歹是第一烽的最高指挥官，校尉也是握有实权的中层军官，这样硬邦邦不留情面地把人顶回去，搞不好王祥一怒之下就把他处决了，强龙不压地头蛇，谁能说他做得不对？

玄奘虽然执着，年纪也不大，但绝非死倔不懂变通，说完这话后也意识到对方面子上可能挂不住了，于是抢在王祥发怒或是有别的反应之前连忙补充道：

> 然恨佛化，经有不周，义有所阙，故无贪性命，不惮艰危，誓往西方，遵求遗法。檀越不相励勉，专劝退还，岂谓同厌尘劳，共树涅槃之因也？

意思是说：但是让我感到遗憾的是，我们所研习的佛经还有不周全的地方，很多在翻译和解释上都有残缺之处，所以我才不顾性命，也不害怕艰难危险，发誓要往西方寻求这些缺失的佛法。施主不但不鼓励我，还一个劲地希望我返回，难道也是厌倦了尘世，想和我一起追求涅槃吗？

玄奘的这段话说得很有意味了：一方面是说反正我被你抓了，也不指望能活着回去；另一方面，玄奘也没有放弃希望，仍然试图在坦露心迹的同时打动王祥。另外，从王祥想把自己送到敦煌张皎法师那儿去的举动来看，此人恐怕与独孤达、李昌一样，也是个佛教徒，所以玄奘摸着石头过河，看看王祥有什么反应。

当然，玄奘也有自己的底线和杀手锏：

> 必欲拘留，任即刑罚，玄奘终不东移一步以负先心。

意思是说：如果你一定要拘留我的话，那就听凭处置，但是我决不会东移一步，违背我之前立下的誓愿。这就等于向王祥亮出了底牌，要杀要剐悉听尊便，但是我玄奘就是不往回走。俗话说"秀才遇到兵，有理说不清"，现在却成了"兵遇到和尚，有理说不清"，一下子就把王祥给难住了。不过，玄奘的估计没有错，王祥的确是一个信佛之人，虽然从军，但心里还是存有向善之念，于是他叹了口气说：

> 弟子多幸，得逢遇师，敢不随喜。师疲倦且卧，待明自送，指示涂路。

意思是说：弟子实在是幸运，能够有这个机会遇到法师您，我怎么敢不为您的这一伟大的举动感到高兴呢？法师您赶路也累了,就先躺下休息吧,等明天我亲自送您,给您指一条出关的捷径。

话说到这儿,玄奘可谓高兴至极,不但没有被就地正法或是押解回京,还得到了王祥的帮助。不论是在冷兵器时代还是现在,军队所掌握的信息肯定是最准确、最全面的,有王祥在,不但安全补给有了保障,还能在五烽间的荒漠上少走很多弯路,对玄奘来说无疑是天大的喜事。

倔强有时并非坏事,一味妥协退让绝非取胜之道,还会让对手看轻;只有倔的人才能坚持底线和原则,虽然有时候会碰壁,换来的却是对手的尊重。

第二天,王祥不但亲自陪玄奘吃早饭,还让人替他准备好了干粮和水,送出十几里后,这才悄悄告诉玄奘,说有一条小路能够直通第四烽,不但能少走两百多里路,还能躲过在第二、第三烽取水被射杀的危险。不仅如此,王祥还告诉玄奘,说把守第四烽的校尉王伯陇是他的远房亲戚,到那以后只需如此如此……

王祥不但热爱家乡敦煌,要为家乡招揽人才,而且胆子也很大,私放偷渡者不说,还把边关秘道告诉了玄奘,如果这件事被发觉、追究起来,他就是玄奘的同谋。从尽忠职守的角度来看,王祥跟李昌一样都是彻彻底底地渎职;但是从助人为乐的角度来看,他们又是把好事做到了家。

可以想象,玄奘当时对王祥的感激之情"犹如滔滔江水连绵不绝",史料中也记载二人"泣拜而别"。

离开第一烽后,玄奘继续往西走,在次日入夜时分到达第四烽(今甘肃瓜州大泉)。对一般人来说,有了王祥的关照,加上

赶了一天一夜的路,到了第四烽后肯定是迫不及待地去找王伯陇。但是,玄奘没有这么做,他又犯"倔"了:

首先,他不敢肯定王伯陇是什么样的人,万一"投奔"不成,或者还没见到王伯陇就因冒失上前而被射杀,那就得不偿失了。所以,玄奘还是采用先取水,能不惊动守军,就悄悄地走的方法。

其次,玄奘始终不愿靠别人的帮助来渡过难关,一个有信仰的人,总是相信自己的能力。

在瓜州通往伊吾的这条莫贺延碛荒漠大道上,水源就是一切。官道紧挨水源,负责把守官道的五烽更是直接修在了水源旁边;控制住水源,就等于控制住了进出国境的咽喉。不过,当玄奘再次前去取水的时候,迎接他的又是守关将士的飞箭。

万般无奈之下,玄奘只好牵着马去找王伯陇。王伯陇没有王祥那么多心思,一听说玄奘是亲戚王祥"托付"来的,加上自己又信佛,便非常高兴地留玄奘休息了一晚上,给了他很多干粮,外加一个大皮囊。有了这个大皮囊装水,玄奘就能在戈壁荒漠中坚持更长时间。此外,王伯陇还告诉玄奘:

> 师不须向第五烽。彼人疏率,恐生异图。可于此去百里许,有野马泉,更取水。

意思是说:法师您就不要去第五烽了,守卫第五烽的那个校尉性子粗俗,您到了那里,没准他会有什么别的想法。您直接从第四烽出发,走百余里路,那里有个野马泉,您可以到那里去取水。

就这样,玄奘平安通过第四烽,顺着王伯陇的指点前去寻找野马泉。

那么,野马泉究竟在哪里呢?

据考证,五烽中的第五烽,也就是唐初西北边防的最外围据点,正是今天甘肃瓜州马莲井。马莲井位于大泉(第四烽)东北,往西北过星星峡便进入新疆哈密(伊吾国)境内,因此,王伯陇要玄奘避开第五烽,从大唐边地不设防的第四烽到伊吾边界最近的路线走,同时还必须有水源(野马泉),从第五烽又在北偏东方向等条件分析,野马泉必定在官道以西。考虑到野马泉还应该与伊吾国边境相去不远,所以野马泉的具体位置应该在第四烽西北。所以,玄奘离开第四烽后,是向西北方向走了一百多里路。

从实际交通状况看,大泉向西北的确有一条路可供人马通行,直达甘肃、新疆交界处的红柳河,路程也正好是"百里许"。另外,红柳河为山间季节性河流,虽然经常断流,但泉水众多,王伯陇所说野马泉也许就是红柳河附近诸多泉眼之一。按王伯陇的想法,玄奘可以在野马泉取水饮用,然后往西进入伊吾国境。

因此,玄奘在河西走廊也就是瓜州境内的行程大致如下:

第一日夜,从瓜州起程,傍官道之东向北,在唐玉门关以东十里许渡过瓠𤬪河。遇险,石槃陀离去。

第二日晨,出常乐山西北行(西多、北少),戈壁途中惊见幻景,晚上抵达第一烽(常乐城北新井烽,今瓜州县沙井子)。

第三日晨,离开第一烽,依官道西侧北行,绕过第二烽、第三烽,取近道向第四烽(双泉烽,今名大泉)行进。

第四日夜,到达第四烽。王伯陇指点可以绕开第五烽(今马莲井），经西北由野马泉（红柳河某泉眼）再进入伊吾国境。

第五日晨，从第四烽出发，寻找野马泉。

然而很不幸的是，在这片渺无人烟的荒漠上，玄奘迷路了，没有按计划找到野马泉。就在这时，一个意外发生了，玄奘的西行之路也几乎因此夭折……

• • •

[玄奘在第一烽校尉王祥的关照下，继续西行，次日入夜时分越过第二、第三烽火台，到达第四烽火台；在守将王伯陇的指点下，算是成功越过了国境。但险恶的自然环境，还是不让玄奘有丝毫的轻松，而就是这个莫贺延碛大沙漠几乎夺去了玄奘的生命。在这不毛之地究竟发生了什么？请看下一讲"老马识途救玄奘"。]

第九讲
老马识途救玄奘

（字幕·旁白）

　　玄奘在烽火台两位王校尉的帮助下，沙漠中的五烽，实际上只过了第一、第四两个烽，马上就要越过了边关五烽，然而，他将面临的是更为险恶的莫贺延碛大沙漠。在莫贺延碛八百里死寂的沙海中，玄奘单人匹马，先是沙漠迷路，继而打翻水袋，在走投无路的情况下，他凭着顽强意志继续西行。五天四夜滴水未进，终于连人带马昏倒在茫茫沙漠中……

　　人们往往觉得玄奘一路行来每每化险为夷太过顺当，老天决定给他一次真正的考验，在按照王伯陇的指示偏离第四烽通往第五烽的官道往西北寻找野马泉的途中，玄奘迷路了，而他迷路的地方，正是在当时令人闻风丧胆的莫贺延碛。

　　莫贺延碛在古籍当中有很多记载，就像"塔克拉玛干"的意思是"进得去出不来"一样，"莫贺延碛"这个名字肯定也有它的特殊含义。它应该蕴含着"大，广袤，开阔"这些意思，但是到底它精确的意思是什么，就不得而知了。莫贺延碛在唐朝以前叫沙河，这个名字有一半是真的，一半是假的。真的是什么呢？是"沙"，它有流沙，而且它只有沙，"河"是假的，没有水，它是灌满流沙之河。在那里"上无飞鸟，下无走兽"。唐初，人们把河西经星星峡通往伊吾国的大道称为莫贺延碛道，这条道路在玄奘开始西行之时因为大唐与伊吾国不通，交通仍在封锁状态。唐朝占据莫贺延碛道的南段，并在沿途设置五烽，以第五烽最为紧要，驻军最多，正处在莫贺延碛头上，因此当地人又以第五烽来给这条路命名，故称"第五道"。

从王伯陇提醒玄奘的话中可以看出，镇守第五烽的将领不信佛，也不怎么好说话，这是符合当时边关需要的：从战略位置上看，第五烽离伊吾国最近，一旦发生冲突，势必首当其冲，在这样险要的地方，当然要安排一个冷面黑脸不近人情只认国法的人来把守。

玄奘成功地进入了莫贺延碛大沙漠，沙漠里没有人守卫，也不可能有人去捉拿玄奘，但是这个环境却更加险恶。根据史书记载，玄奘在走了一百多里以后，忽然发觉迷路了。在沙漠里迷路是很正常的，因为没有沿途参照物，唯有仰观星象，靠天吃饭。沙漠的气候又是多变的，经常会看不到天上的星辰；再加上沙漠的地貌变幻不定，一阵狂风就会把原来的沙丘变成平地，或者把原来一个坑坑洼洼的谷地变成几十米高的沙丘。所以玄奘在这里迷了路之后，心里非常急躁。然而祸不单行，正当他火急火燎准备从马背上解下皮囊喝水的时候，一失手把整个皮囊都打翻了。

发生这样的意外，原因可能有三：首先，是急躁；其次，很可能这个皮囊太大，比较沉，拿起来不方便；最后，也许是因为戒律的原因，就是他装进皮囊里的水，是佛教戒律界定的三种水里面的第二类，属于"非时水"。"非时水"不是当场饮用的，是储存起来，在需要的时候喝的水，按戒律规定，需要经过过滤才能饮用。也就是说，玄奘要喝水，还得用随身携带的滤水网过滤。这么一折腾，再加上上述原因，玄奘就把皮囊里的水打翻了。

这个结果可想而知，皮囊里的水打翻在干旱无比的沙漠里之后，流失的速度肯定比水银泻地还快，一下子就被沙子给吸干了。在沙漠中水是最珍贵的，没有水，根本过不了八百里莫贺延碛大沙漠。玄奘在沙漠中迷路了，找不到野马泉补充水源，这本来已经非常危险，而他又失手把装水的大皮囊掉到地上，结果会怎么样呢？在玄奘传记当中，非常冷静、非常客观，但极其悲怆地用了八个字来描摹他此时此刻所面临的困境：

千里之资，一朝斯罄。

野马泉找不到，随身携带的水全打翻了，又在沙漠中迷失了方向，这种种情况加在一起，玄奘应该只剩下一个活命的办法了，那就是"原路返回"。他只能回到离这里一百多里远的第四烽，再去找王伯陇帮忙。如果佛祖保佑一切顺利，不再出现任何意外情况的话，那就是一天一夜或者两天的路程，能走回去，总比渴死在沙漠里强。而根据历史的记载，玄奘也的确在这个时候违背了他"终不东移一步，以负先心"的誓言，决定往东走了。然而，玄奘对于佛教的虔诚毕竟不是普通人能比拟的。就在他向着东方走出十多里地以后，又后悔了，他想到了自己曾经立下的誓言，不断地问自己："今何故来？"想着想着，履行誓言的念头逐渐占了上风，他再次下定决心：宁愿向西而死，绝不往东而生！于是玄奘在往东折返了十多里以后，又掉转马头，继续坚定地往西走去。有过沙漠行走经历的人都知道，在既找不到水源又迷了路的情况下，如果还要继续往沙漠深处走的话，基本上就等于把自己的性命托付给了上天。玄奘此刻已经把生死置之度外，准备凭着自己的一腔热忱，闯过这一难关。

▼

  在一滴水都没有，又完全不知道何处能找到水源的情况下，玄奘选择了继续西行，走进莫贺延碛大沙漠的深处，这就几乎等于是选择了死亡。那么，他又是怎样走出这片大沙漠的呢？

▼

  佛教僧人在遇到苦难的时候，往往会念诵观音名号，玄奘当然也不例外。根据史书记载，当时周围全是一眼望不到头的黄色流沙，人鸟俱绝，更可怕的是"夜则妖魑举火，烂若繁星，昼则惊风拥沙，散如时雨"。意思就是白天常常会遇到沙尘暴，这个时候，被狂风席卷的黄沙就会像下雨一样漫天飞舞，让人无法喘息；而到了晚上，乌黑一片的沙漠里面，好像有很多妖魔鬼怪在举火点灯，这些灯火就像星空一样灿烂。这里所说的"火"应该是磷火，就是人或者动物死去以后，尸体腐烂时分解出磷化氢，并自动燃烧的现象。这种现象不只是古代才有，今天仍然存在，民间所谓的"鬼火"就是这东西。然而，独自一人处在这样恐怖而恶劣的环境之下的玄奘，心中并无恐惧之感，他可能已经清楚地知道,自己是彻底"身临绝境"了。

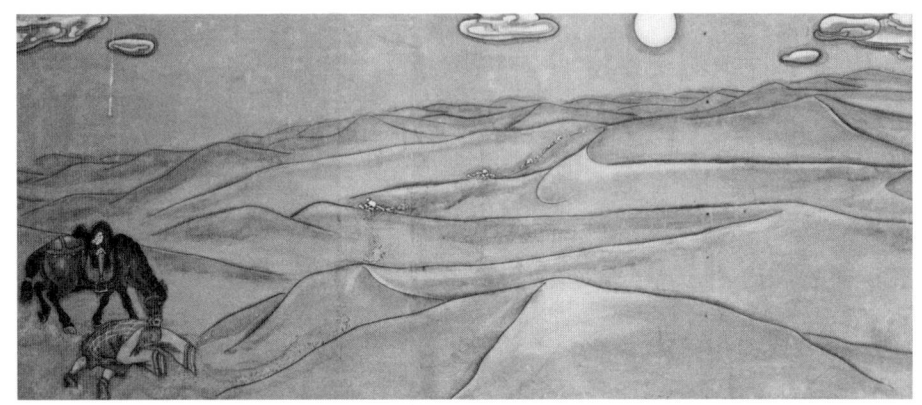

图 9-1 绝处逢生,老马识途救玄奘

如果根据史书的记载推断一下的话,此时的玄奘起码有五天四夜滴水未进,他的生命到达了极限。玄奘在极度干燥的沙漠中断水五天四夜,与一般人在正常的环境当中断水,更不可以相提并论。因此在这个时候,玄奘感到自己的生命大概就快要结束了。极度困乏、再也走不动的他,只能任凭自己躺倒在沙地里,默默地念诵救苦救难观世音的名号……

此时玄奘的心情极其复杂,他一方面觉得生命正在渐渐地离自己远去,另一方面人本身的求生欲望又让他无法彻底放弃。于是,根据史书的记载,虔诚的他对菩萨做了一番特别的禀告:

> 玄奘此行不求财利,无冀名誉,但为无上正法来耳。仰惟菩萨慈念群生,以救苦为务。此为苦矣,宁不知耶?

这段话的意思就是:玄奘我此行不求名声,更不考虑财宝利益,我只是为了追求无上的佛法,菩萨您是应该救苦救难、佑护众生的，我如此艰难困苦，难道菩萨您不知道吗？表面上看来很哀怨，但事实上他是把自己完完全全地交付给了佛祖和菩萨。

可怜的玄奘躺在沙地里断断续续地祷告着、倾诉着、抱怨着，因为脱水，他的眼睛变得看不见东西，慢慢地人和马都昏倒了过去。或许是命不该绝，到了第五天夜半，沙漠里突然刮来一阵小西风。清凉的风带来了阵阵水汽，让玄奘慢慢醒了过来，那匹"瘦老赤马"也跟着站了起来，用力在空气中嗅着什么。

玄奘努力睁开眼睛，但是长时间的疲劳和脱水让他的体力近乎枯竭，他只能躺在原地睡了一会儿。熟睡中，玄奘做了一个梦，梦见一位身长数丈的大神挥舞着长戟质问自己："为什么不打起精神再往前走，反倒在这儿睡着了？"玄奘被惊出一身冷汗，一下子从睡梦中醒来，他相信梦境是对真实生活的一种启示，这位从来没有在梦里出现过的威武大神很可能是在警告自己，于是玄奘挣扎着爬上马背，振作精神继续往前走。

走了十里路后，那匹一路上都默默无闻的瘦老赤马突然精神抖擞，好像有什么预感似的，忽然调转方向，撒开四蹄朝一个方向狂奔起来，玄奘控制不住，只得信马由缰，又径行数里。这时奇迹发生了，前方突然出现了一片茂盛的水草地，草地的不远处还有一片池塘，池水清澈如镜，而且不是幻觉！

玄奘大喜过望，带着老马在池塘边痛饮一顿，生命重获安全，人马俱得重生。玄奘兴奋地拍着马儿的脖子说："老马果然识途，好马，好马！真乃天无绝人之路啊！"水把玄奘从死亡的边缘拯救了回来。

玄奘和老马在水草边美美地休息了一天。同时还痛痛快快地洗了个澡。玄奘觉得这片绿洲是自己诚心祈愿感动佛祖和菩萨的结果。所以，这一天他趁休整时间专门来诵经感谢佛祖和菩萨的保佑。第二天，恢复体力的玄奘一边储水，一边给那匹救命识途的老马准备了一些青草，作为它日后在路上的口粮，也算是额外的奖励。

离开绿洲，又经过几天艰苦的行程，玄奘终于穿越了莫贺延碛大沙漠。

离开河西走廊后，玄奘即将前往的第一个目的地就是伊吾。伊吾位于现在新疆哈密一带，是河西走廊进入西域的门户，地理位置十分重要。伊吾古称昆莫，曾是乌孙王府所在地，东汉时称伊吾卢，置宜禾都尉；三国时魏置宜禾伊吾都尉；隋大业六年（610年）设伊吾郡，于隋末割地自立，玄奘西行时仍是一个独立的小国，归来时则在大唐版图内，改名伊州。

隋末唐初，突厥强大，东突厥更是经常侵扰唐朝边境，地处大唐和东突厥两大势力之间的伊吾随时都有被吞并灭国的危险。为了生存，伊吾的统治者不得不采取谁强大就依附谁的"墙头草"策略。唐朝建国之初，其势力尚不足以完全控制西域，所以伊吾便臣服于气势汹汹的东突厥以自保。直到贞观二年（628年），东突厥发生内乱，唐太宗才抓住时机，于次年派大军分道出击，俘获了不可一世的颉利可汗，攻灭东突厥。东突厥灭亡后，失去靠山的伊吾才主动归附唐朝。

玄奘西行时，伊吾仍依附于东突厥，与唐朝处于"冷战"状态，所以唐军才会在五烽一带严密把守，禁止百姓非法出境。因此，伊吾就可以被看成是玄奘西行路上所到达的第一个国家。

玄奘到了伊吾后，在一座很小的寺庙里停下来休息。这座庙里只有三个僧人，可能是由于离河西走廊比较近，这三个僧人都是汉人，其中一个年长僧人听说一位法师从大唐来到此地，连衣服鞋子都来不及穿戴整齐，就迫不及待地前往迎接。俗话说"老乡见老乡，两眼泪汪汪"，这个已经很长时间没有看到乡人（中原汉人）的年长僧人一看到玄奘，就抱着他痛哭不止。这很容易理解，伊吾离中原地区本来就很远，河西之地又一直处在战争状态，唐朝政府还颁布了"禁边令"，中原汉人几乎不可能来到这里。能够在异国他乡遇到乡人，玄奘也是百感交集，也陪着哭了起来。

伊吾是个小地方，又是个信仰佛教的地方，玄奘的到来无疑是件大事，消息很快就传了开去。不久，伊吾的国王、胡僧都纷纷前来拜见玄奘，国王还把玄奘请到王宫里盛情款待。

从长安到凉州，从凉州到瓜州，然后穿越五烽和莫贺延碛来到伊吾，玄奘终于能喘口气，好好休整一番了。然而事与愿违，玄奘在伊吾只逗留了几天，就不得不再次启程。原来，当时在伊吾西面还有一个实力比较强大的高昌国，其统治范围大致在现在的新疆吐鲁番地区。玄奘到达那天，高昌派到伊吾的使者正准备回国复命，听说玄奘来到后，就跟着伊吾的王公大臣一同前去拜见玄奘，一见之下，顿时惊为天人，于是立刻起程回国，把这个消息告诉了高昌国王麴文泰。

唐代对西域还有另一种称呼，叫作"三十六佛国"，可见当时大多数西域国家都信仰佛教，对僧人都非常重视，不管是从中原来的还是从西方来的高僧大德，当地的国王都会想方设法请他们来自己的国家讲经布道，甚至让其留下来。高昌国王麴文泰一听有中原来的高僧在伊吾，立刻派人再次前往伊吾，命令伊吾国国王把玄奘给他送来；还安排了几十匹好马，派大臣们沿路迎候。

特殊的地理位置决定了伊吾的尴尬处境，北面的突厥、东南的大唐、西面的高昌，哪一个都得罪不起。伊吾国国王没有办法，只好按照麴文泰的要求，很是无奈地送玄奘上路。

根据史书记载，玄奘原本并没有计划前往高昌国，而是打算在伊吾休整完毕后取道西北，经可汗浮图（在西突厥境内）继续西行。但是，他考虑到高昌国国王的一番盛情推辞不得，只好改变行程，先行前往高昌国，并在六天后到达位于高昌境内的白力城（今新疆鄯善县）。

玄奘到达白力城时天已经黑了，他本打算在此留宿一晚，让救过自己一命的老马也能好好休息一下，但可能是由于麴文泰之前下了命令，要在最短的时间里见到玄奘，所以城中的官员和使者告诉玄奘高昌王城离这里已经不远，希望他能换上好马先去王城，让现在骑的这匹"瘦老赤马"跟在后面慢慢赶路。

玄奘是个感恩图报之人，不但没有舍弃那匹老马，就连取经归来时还打算带上老马再次回到高昌与麴文泰相见，只不过那时高昌已经被唐军灭国，麴文泰也已去世，在此暂且不提。

为了赶路，玄奘只好换了马匹，跟着使者连夜赶往高昌王城。

高昌国坐落在火焰山脚下，始建于西汉，大将李广利曾率军在此屯田，设立高昌壁；公元327年设高昌郡，因"地势高敞，人广昌盛"而得名。公元450年，北凉余部灭车师前国，高昌城从此成为吐鲁番盆地的政治、经济、文化中心，拉开了高昌王国的序幕。高昌城分为外城、内城和宫城三部分，城墙上共有十二重大铁门，分别以"玄德""金福""金章""建阳""武城"等命名，城市中屋宇林立，布局仿照长安城，人口三万，僧侣三千，可见佛教在城中的地位。

在《西游记》中，火焰山是孙悟空大闹天宫的时候，踢翻了太上老君的炼丹炉，有几块带火的砖掉到地上，形成了火焰山。在唐僧师徒过火焰山时，发生了孙悟空向铁扇公主三借芭蕉扇的故事，而铁扇公主的丈夫牛魔王则是孙悟空的结拜兄弟。不过，在真实的取经故事当中，火焰山下并没有铁扇公主和牛魔王，但结拜兄弟的事是真的，只不过与玄奘结拜的却是另有其人。

玄奘一行在半夜时分赶到高昌王城。当时王城城门已经关闭，守城的官员连忙把这个消息报告给国王麹文泰。麹文泰一听玄奘法师来了，连忙下令大开城门，亲自带着大臣和侍从点着蜡烛列队出宫迎接，将玄奘请入后院，安置在一处"重阁宝帐"中，恭恭敬敬地拜见玄奘，他说道：

> 弟子自闻师名，喜忘寝食。量准涂路，知师今夜必至，与妻子皆未眠，读经敬待。

意思是说：弟子自从听说了法师的大名和您已经来到西域的消息后，高兴得都顾不上吃饭和睡觉。我估算着法师您今晚一定能到达王城，所以让妻子儿女们都陪着没有睡觉，一边读佛经一边恭候您的大驾。

等到麹文泰和一拨一拨的人全部拜见完，天也差不多快亮了。赶了一晚上路的玄奘鞍马劳顿，有些疲倦，麹文泰方告辞回宫。

第二天，玄奘因为过度劳累多睡了一会儿，还没起床，麴文泰又带着一大群人前来问候，又是恭维又是献上精美的食物，还请玄奘前往专门给高僧修行的道场居住。不久，麴文泰又请一个曾经去长安学习过的彖法师来见玄奘，其意就是想让玄奘留在高昌。没想到这位在麴文泰眼中修为了得的彖法师跟玄奘不是很投机，只聊了片刻就告辞了。麴文泰一看不行，就派了年过八十的国统王法师与玄奘同吃同住，希望能说服玄奘放弃西行求法的念头，依然遭到了玄奘的拒绝。

在高昌停留了十几天后，玄奘就向麴文泰辞行。麴文泰当然不会轻易放玄奘离开，就提出了希望他留在高昌国的要求，玄奘的回答干脆利落：

> 留住实是王恩，但于来心不可。

意思是说：能够留在这里是大王您对我的恩德，但是这不是我来到西域的初衷，我不能留下。麴文泰见状，也抛出了自己的诚意：

> 朕与先王游大国，从隋帝历东、西二京及燕、代、汾、晋之间，多见名僧，心无所慕。自承法师名，身心欢喜，手舞足蹈，拟师至止，受弟子供养以终一身。令一国人皆为师弟子，望师讲授；僧徒虽少，亦有数千，并使执经充师听众。伏愿察纳微心，不以西游为念。

意思是说：我曾经跟随先王前往上国（中原），跟着隋朝的皇帝游历过长安、洛阳及河北、山西一带的名胜大城，见过不少名僧大德，没一个能让我真心倾慕的。自从听到法师您的大名，我就满心欢喜，日日夜夜盼着您能够到这里来，一辈子接受弟子我的供养。我不但可以让整个高昌国的人都做您的弟子，还能让全国几千名僧人全都手捧经卷聆听您的教诲！希望法师能够体察我的苦心，别再惦记西行取经了。

这段话说得很是客气，麴文泰可能也是真心仰慕玄奘，希望他能留下来，但说话的口气中却流露出麴文泰身为一国之主的霸气，他可以让整个高昌都当玄奘的弟子，可以让高昌所有的僧人都去聆听玄奘的教诲，当然也能把玄奘强留不走！

那么，玄奘又是如何回答的呢？

> 王之厚意，岂贫道寡德所当。但此行不为供养而来，所悲本国法义未周，经教少阙，怀疑蕴惑，启访莫从，以是毕命西方，请未闻之旨，欲令方等甘露不但独洒于迦维，决择微言庶得尽沾于东国。波仑问道之志，善财求友之心，只可日日坚强，岂使中涂而止！愿王收意，勿以泛养为怀。

麴文泰说得客气，玄奘回得也很客气，但意思很清楚：

一是，您的好意我心领了，我会记得您的恩德，回来的时候还会来看望您；

二是，此行只为求法，不为供养，您就不要拿那些好吃的好用的东西来打动我了；

三是，西行求法的志向决不会半途而废，国王您就省省想让我留下来的心思吧！

双方的态度都很明确，身为国王的麴文泰又说：

> 弟子慕乐法师，必留供养，虽葱山可转，此意无移。乞信

愚诚，勿疑不实。

麴文泰再次斩钉截铁地说弟子我是如何如何地敬仰法师，希望您留下的心也绝对不会有任何改变，请法师不要怀疑我的诚意。岂料玄奘根本不想留下，依旧是非常坚定地说：

> 王之深心，岂待屡言然后知也？但玄奘西来为法，法既未得，不可中停。以是敬辞，愿王相体。又大王曩修胜福，位为人主，非唯苍生恃仰，固亦释教悠凭，理在助扬，岂宜为碍？

从这段话里我们可以看到玄奘出色的说话技巧。前半句防守，意思是大王您的心意我早就明白了，不用再三发誓；但是我西行就是为了求法，现在佛法还没有求得，岂能中途停下？所以您的要求我无法接受，还请大王能够体谅。后半句的意思是正因为大王您前世修福，所以今天才当上国王。然而，不仅仅是百姓生计要依靠您，就连弘扬佛法都要仰仗您啊！所以您理该支持我西行求法，怎么能阻碍我呢？

· · ·

[很显然，玄奘与高昌王麴文泰的对话是两种不同的态度。玄奘的回答会使高昌王改变主意吗？这期间又将发生什么意料不到的事情，玄奘又如何应对呢？请看下一讲"高昌被困与结盟"。]

第十讲
高昌被困与结盟

（字幕·旁白）

　　玄奘与高昌国王麴文泰，由于出发点不同，在西行去留问题上发生了激烈碰撞，麴文泰依国王的权势，硬逼玄奘留在高昌传经布道，而玄奘坚守西去求法，不可中停。当两种意见不可调和时，玄奘表现出人性中最为坚强的一面，玄奘在此后的三天里，水浆不进，开始绝食。当侍从回报说玄奘已经奄奄一息行将没命时，麴文泰害怕了，怎么能让一种好心变成恶名呢？麴文泰向玄奘连连叩头谢罪。接下来发生了一次千古绝唱的异国结盟故事，谁知道这次异姓结义竟成了玄奘人生的重要转折点……

〰〰〰

　　玄奘在高昌国受到国王麴文泰的盛情接待，由于麴文泰笃信佛教，又对玄奘的才华钟爱有加，所以，再三恳求玄奘留下为该国弘扬佛法；而玄奘有自己的人生目标，有坚定的个人信念。当两个人经过几次对话之后，很显然话不投机，但求贤若渴的麴文泰仍不想放弃留下玄奘的念头，于是变着法儿与玄奘周旋。

试想，能够当上高昌国的国王，能够对伊吾国呼来喝去称霸一方，麴文泰当然不是等闲之辈，开始从弘扬佛法的角度来说话：

弟子亦不敢障碍，直以国无导师，故屈留法师以引迷愚耳。

意思很简单：弟子我原本也不敢阻碍您西行求法，实在是因为高昌国内没什么高僧来充当大法师教化民众，这才想委屈法师您留下来指引那些迷茫愚昧的国民啊！麴文泰本以为玄奘会继续辩解，这样主动权又会回到自己这里，但是，玄奘根本不去理会，就这么坐在那里，我就是要走，你看着办吧！敬酒不吃吃罚酒，说服不成，麴文泰勃然大怒，大声对玄奘吼道：

弟子有异涂处师，师安能自去。或定相留，或送师还国，请自思之，相顺犹胜。

意思是说：弟子我还有别的办法处置您，您怎么可能想走就走呢？摆在您面前的有两条路：其一，留在高昌，当我高昌国的国师；其二，我把您送回唐朝，您自己好好考虑一下，是不是还是顺从我更好一些。

面对麴文泰的紧逼，玄奘表现出了一个高僧的大义凛然：

玄奘来者为乎大法，今逢为障，只可骨被王留，识神未必留也。

意思是说：我来到这里是为了弘扬佛法，现在国王您给我设置障碍，我的骨头可以被您留在高昌，但我的心却未必能留下。说完后，可能是回想起一路行来所经历的种种苦难，玄奘就开始抽泣。

麹文泰用强权和霸道占了上风,但是事情还没有结束,他觉得玄奘是在装委屈,想借此来让自己心软,但可能是看到玄奘确实不容易,也比较可怜,便没有再逼他就范,只是比以前更加热情周到地款待玄奘。玄奘每次进餐,麹文泰都会亲自托着盘子在一旁服侍。

玄奘没有办法,他不能待在高昌坐以待毙,只好釜底抽薪,使出了最后一招——绝食。

此后三天里,玄奘水浆不进,端坐如一,就是不去碰麹文泰派人送来的东西。麹文泰本以为自己软硬兼施能迫使玄奘就范,但他没想到玄奘竟然真会用绝食来对抗自己。头两天,麹文泰还能忍住,他也想看看玄奘到底能坚持多久,可到了第四天,当侍从回报说玄奘已经奄奄一息行将没命的时候,麹文泰害怕了。如果让一个高僧被自己活活逼死,不但有违佛理、举国不容,恐怕别的西域国家也都会群起声讨之,到时候带来的就不仅仅是道义上的恶名,只怕连高昌国都有亡国的危险!

面对玄奘不抛弃、不放弃的信念,麹文泰甘拜下风,连连向玄奘叩头谢罪:

> 任法师西行,乞垂早食。

玄奘的坚持赢得了胜利,但一贯谨慎的玄奘没有马上放松警惕,他担心这只是麹文泰的缓兵之计,一旦自己恢复饮食,麹文泰又会故伎重施。所以,玄奘要求麹文泰对着太阳发誓。

麹文泰也是个性情中人,一听玄奘要自己发誓,当时就明白这位大唐来的高僧还是对自己不放心,于是一不做二不休,索性提议两人一起到佛祖面前去参拜许愿。玄奘欣然同意，对佛教徒而言，对着佛祖发誓显然更郑重也更不能反悔。麴文泰表现出来的诚意还不止这些，他请来自己的母亲太妃张氏，当着母亲的面与玄奘结拜成为金兰兄弟，高昌王年长一岁为兄，玄奘为弟弟，再次表示决不阻挠玄奘西行求法。因此，与玄奘结拜成兄弟的不是小说《西游记》里的唐太宗李世民，而是远在西域的高昌国国王麴文泰。

两人的意见坚守，有攻有守有威逼也有釜底抽薪，最后的结局却是皆大欢喜，麴文泰保住了面子，玄奘不但能够继续西行，还多了一个国王哥哥。

成功也许很远，远到你无法再多一点希望；成功也许很近，近到你只需再坚持一步。

结拜成异姓兄弟后，麴文泰还对玄奘提出了一个要求，与其说是要求，不如看成是他对玄奘的期望：为兄我全力支持贤弟你前往西天求法，但是希望你取经归来后一定要再来高昌，并且在高昌停留三年，接受我的供养，让我好好地尽一回地主之谊，叙叙你我兄弟情分。这也就是19年后玄奘取经归来想要前往高昌的前因所在，至于玄奘回来时到没到高昌，在此暂且不说。

麴文泰不但是个性情中人，而且言出必行，此后的一个月时间里，他为玄奘的西行进行了大量的准备工作。从这一点上来看，高昌之行看似横生枝节，实则大有裨益，假如玄奘没有来高昌，西行之路当然可以按计划继续，但旅途无疑会艰险得多；有了麴文泰的帮助，玄奘不但能够腾出花在物质准备上的时间来静心调养身体（经过脱水、昏迷、绝食后，玄奘的身体状况肯定不佳），还能趁此机会在高昌弘扬佛法。

据史料记载，玄奘讲经的地方是在一个专门为他搭建的可以容纳三百多人的巨大的帐幕里，每次开讲前，麴文泰都会亲自手执香炉在前引路，然后带着太妃和王公大臣们在一旁认真听讲。按照西域风俗，高僧讲经需要升座，即到一个高高的座位上去盘腿坐着，然后才开始讲经。每到这时，麴文泰就会跪下，让玄奘踩着他的背上座。由此可见，麴文泰对玄奘的礼遇确实是发自真心实意的。

图 10-1　高昌国结盟后，玄奘为国王讲经

玄奘用了一个月的时间为麴文泰讲了《仁王般若经》，这《仁王般若经》中仁王是指印度十六大国的国王，经中说，凡讲说这部经，并能领受在心，忆而不忘的国家，必能灾害不生，万民康乐。这期间，麴文泰也把西行所需物品悉数备齐，还专门为玄奘剃度了四个沙弥来伺候和照顾他，我们前面也提到过沙弥，但是没有做过详细的介绍。"沙弥"这个词当然是个外来语，它应该是来自梵文。沙弥有很多不同的种类，比如有一种叫"息慈"和"勤策男"，是指七岁到二十岁之间受过十戒，但

还没受过具足戒的一种见习僧人。前面我们曾经介绍过五戒，是指不杀生、不偷盗、不邪淫、不妄语、不饮酒。沙弥所受的十戒中，前五戒跟这个完全一样，就少了一个字，"不邪淫"的"邪"字没有了，也就是说他完全不能够有两性的性关系，居士是可以有正当的两性关系的，所以它禁止的是"邪淫"，而沙弥连性关系都不可以。此外还添加了五戒：

六、不涂饰香鬘；

七、不听视歌舞；

八、不坐高广大床；

九、不非时食；

十、不蓄金银财宝。

"不涂饰香鬘"指不在身上涂抹或者装饰有香味的花环，这完全是印度的习惯。"不听视歌舞"指不听、不看歌舞，也就是说不能看文艺节目。"不坐高广大床"里的"床"不是现代意义上的床，是指禅床，有点像今天我们家里的靠背椅，因此这一条戒律的意思是不能坐又高又大、非常讲究的椅子。"不非时食"指必须严格遵守"过午不食"的戒律。这一条后来到了汉地佛教当中就不那么严格了，因为后来中土好多僧人是自己种地的，一日不作一日不食，如果每天只吃一顿饭的话，体力上支撑不住。"不蓄金银财宝"的意思很明确，这里就不多解释了。

据记载，麴文泰为玄奘准备的东西包括法衣三十套，还有手套、袜子、鞋子，用来抵挡风沙的面衣，外加黄金一百两、银钱三万、绫及绢等五百匹，作为玄奘往返二十年所需的路费。此外，还准备了马三十匹，苦力二十五人，只要是能想到的，麴文泰基本上都给玄奘准备得非常细致周到。

万里西行，玄奘所要面对的不仅有流沙、戈壁、荒漠、冰山等恶劣的自然环境，还有大大小小的国家和风俗信仰迥异的游牧部落，与天斗不易，与人斗更难。这一点，身为国王、具备政治和外交经验的麹文泰显然比玄奘更清楚，因此，他给玄奘做了两项特殊的准备：

一是，派一位名叫欢信的殿中侍御史护送玄奘到统叶护可汗衙。玄奘在来高昌之前原来的计划就是取道西突厥的可汗浮图继续西行，麹文泰觉得既然玄奘是因为自己在高昌耽搁了一个多月，那么现在他就有责任按照原来的路线把玄奘送到下一个目的地。

二是，麹文泰专门写了二十四封书信，收信者是玄奘西行路途中可能经过的二十四个国家的国王。信的内容当然是请求各国国王给他的弟弟玄奘提供必要的帮助和关照，每封信都附上大绫一匹作为信物。

这二十四封信实际上非常重要，可以为玄奘西行省去很多外交上的麻烦，同时也给玄奘的人身安全带来了保障。因此，虽然玄奘在高昌国耽搁了一个多月，但这一个多月换来的帮助，要比直接上路划算得多。在这二十四封信之外，麹文泰另外又交给玄奘一封信，收信人正是雄踞中亚、西域各国最为害怕的西突厥统叶护可汗，其中有这样一段话：

> 法师者是奴弟，欲求法于婆罗门国，愿可汗怜师如怜奴，仍请敕以西诸国给邬落马递送出境。

意思是说：玄奘法师是奴仆我的弟弟，想要到婆罗门国去求法。希望可汗可怜这位法师就像可怜奴仆我一样，并请您下令给在您统治下的西方诸国，让他们给我这个弟弟马匹，护送他出境。

看完这封信后，玄奘感动得声泪俱下。为了能够让自己顺利前往印度取经，麹文泰身为国王，不惜卑躬屈膝，几乎是在恳求统叶护可汗的帮助。从相识到结为异姓兄弟，玄奘想不出别的方式来表达心中的感激之情，于是写了一封长长的书信《谢高昌王启》。信中写道："决交河之水，比泽非多；举葱岭之山，方恩岂重……"说明他心中的感谢和对麹文泰的深情厚谊。意思表达得很清楚，在玄奘看来，高昌王对他的兄弟情谊比交河水还深还多，对他的恩惠比葱岭还高还重。

麹文泰看完信后，十分感动，遂说：

> 法师既许为兄弟，则国家所畜，共师同有，何因谢也。

意思是说：法师您既然已经和我结为兄弟，那么这个国家所有的东西你我共有，还谈什么感谢啊！

冬去春来，玄奘终于要走了，前来送行的除了麹文泰，还有整个高昌王城的百姓。一个月的讲经，让这个国家的人民对玄奘的学识和人品产生了深深的景仰之情。他们舍不得玄奘，玄奘又何尝舍得离开！

据史料记载，出发那天，麹文泰与玄奘两人抱头痛哭，来到郊外送行的大臣、军民也一齐放声大哭，"伤离之声振动郊邑"。

最后，国王先叫王妃同百姓回去，自己和几位高僧骑马又送了几十里，方才含泪拜辞回去。

高昌国结义，对玄奘之能够完成西行之旅具有重大意义。

⋯

［玄奘坚定不移西行求法之志，也深深打动了高昌王麴文泰，他不仅同意了继续西行的要求，而且还和他结为兄弟，为他以后的行程准备了大量的东西。玄奘在高昌国停留了一段时间之后，终于重新踏上西行的征程。玄奘从高昌国西行又会遇到什么艰辛呢？请看下一讲"穿丝路一波三折"。］

第十一讲
穿丝路一波三折

（字幕·旁白）

　　由于高昌王麹文泰周到而极其细致的安排，玄奘沿着丝绸之路巡礼了西域境内最著名的石窟——柏孜克里克石窟。第一次欣赏了带有希腊、罗马风格壁画的西方文明，又经历了原是传说《西游记》里的八百里火焰山，继而又过焉耆，入龟兹，在西域佛国玄奘又遇到了什么传奇经历。

　　玄奘一行离开茫茫沙海中富庶的绿洲——高昌国都后，行进二十多里到高昌国境内的柏孜克里克石窟，这是古代中国丝绸之路新疆境内最著名的石窟之一。柏孜克里克石窟现有57窟，开凿于公元6世纪，坐落在一条峡谷两侧，两岸是危立的断崖，岩石风化得奇形怪状，峡谷底是一条水流湍急的小河。此石窟就开凿在险峭的崖壁上，大部分石窟的壁画虽遭破坏，但残存的部分仍然光彩夺目。

　　石窟中编号39窟保存了一幅完整的《各国王子举哀图》，极为精美，线条勾勒精细，色彩明丽，仿佛昨天刚刚完成。壁画上，各国王子及高昌王、王后、王子、公主、印度僧、波斯和罗马商人都身穿礼服，虔诚地站在两边墙上，他们的脸型、头饰各不相同，表情生动地显示出西域各民族的特征。

遗憾的是，这么珍贵的石窟，现在几乎空无一物，只有几丝壁画的模糊痕迹，能看清楚的只有德国探险家勒柯克和他的同伙将这些珍品掠夺到欧洲时用凿子留下的印痕。

19世纪末和20世纪早期，入侵新疆的欧洲列强，疯狂地掠夺柏孜克里克石窟和新疆其他珍贵文物。在半个世纪的时间里，俄国、英国、瑞典、德国、法国、日本、美国的探险家纷至沓来，竞相挖掘被塔克拉玛干沙漠尘封千年之久的失落文明。许多文物带有希腊、罗马风格的特征，他们因此抢得更加放肆。数以吨计的被掠文物，运往了世界各地，现仍在这些国家的博物馆中向世人展示着丝绸之路文明和佛教的光辉历史。

离开柏孜克里克石窟不远，就可看到《西游记》里提到的火焰山。在《西游记》里，唐僧取经在火焰山受阻，方圆八百里全是烈焰，火焰有千丈之高。要经过火焰山，必须向铁扇公主借芭蕉扇。扇一下，烈火熄灭；扇两下，凉风习习；扇三下，天降细雨。经过三借芭蕉，终于熄灭了火焰山的大火，孙悟空才得以护送三藏法师通过火焰山向西而去。

玄奘通过高昌国时，也不能避开火焰山，这是高昌国最明显的标志，而且就位于丝绸之路上。

火焰山在高昌国都城（今吐鲁番一带）西北，是我国西部最低的一个盆地，北边有终年积雪的天山山脉，中间横着火焰山。它的最高海拔才八百三十一米，由于地面低于海面，所以其山显得格外峻峭。陡峭的山势和深红色的岩石构成的涧谷犬牙交错，山峰在烈日灼晒下，看上去真的要喷出火焰。事实上，火焰山并不喷火，山上还流着无数潺潺清泉，集流成河在山谷里哺育着幽静的绿色。

《西游记》虽然离史实甚远，但它的流传，使得玄奘取经的故事广为人知。在书中，虽然玄奘变成了软弱无能的唐僧，但也从某种意义上再现了取经之艰难，以及唐僧百折不挠的意志。

▼

由于高昌王麹文泰周到而极其细致的安排，玄奘顺利地经过了一些小国之后，不知不觉间就到达了阿耆尼国。这个国家非常重要，因为它是《大唐西域记》这部举世闻名著作的起首第　国。为什么玄奘要把阿耆尼国作为自己这部著作的起首第一国？这是一个什么样的国家？玄奘在这里有什么样的特殊经历呢？

▼

离开高昌国后，玄奘的取经团队一路往西，在经过沿途几个小国后，来到了西域中部著名的阿耆尼国。

阿耆尼国之所以著名，不仅仅因为它是《大唐西域记》所记载的第一个国家，更重要的是它悠久的历史和所处的独特地理位置。阿耆尼，即现在的新疆焉耆回族自治县。

阿耆尼国地域广大、人口繁盛。东晋高僧法显就在其求法旅行记《法显传》（亦称《佛国记》）中将其称为"焉夷"，还提到阿耆尼国跟高昌国一样崇尚佛教，只不过当地人信奉的不是玄奘修行的大乘佛教，而是当时十分流行的小乘佛教。

进入阿耆尼国境内后，玄奘的队伍先来到了一个名叫"阿父师泉"的地方。这个地方非常奇妙,在大道南面数丈高的沙土崖壁上有一处泉眼,泉水就从崖壁上往外涌出。关于这眼泉水还有一个传说:

> 相传很久以前,有一支商队在途经此地时水尽,无法再继续走下去。其间有一个僧人,因为穷困而跟着队伍一路乞讨为生,大家当初是觉得带上一个信佛的僧人让他接受他们的供养是为了借此求得佛祖菩萨的保佑,也没什么话说,可现在我们受折磨到这等境地,他竟然一点都不觉得愧疚担忧……僧人听到议论后就说,你们想要得到水,就应该各自礼佛,接受三规五戒,我才能帮大家登上悬崖去求水。众人觉得也没有更好的办法,不如死马当活马医,就按照僧人说的去做了。受戒完毕后,僧人又说,我登上悬崖后,你们要同时念"阿父师为我下水",需要多少就说多少。僧人登上悬崖后,众人就开始求水,不久,崖壁上竟真的冒出大股大股的泉水来,众人无不欢呼雀跃。水的问题解决了,可是等了很久,却不见僧人下来,待众人爬上悬崖一看,僧人已经圆寂。为了纪念僧人的恩德,众人就在他圆寂的地方修了一座石塔。

玄奘来到的时候,石塔和泉水都还在,更加奇妙的是,这处"阿父师泉"会随着求水的人数多少而改变水量。如果人多,下面就会出现一个小小的水洼;如果人少,也就只剩下一个小水坑。

听完这个传说后,玄奘对那位舍身求水的僧人非常敬佩,认为他的行为才是佛家精神的最好诠释,便对着泉眼和悬崖上那座依稀可见的石塔遥遥膜拜起来,觉得阿耆尼国一定是个虔诚的佛教国家。

阿耆尼国虽然不大,但是盛产银矿,整个西域的银钱几乎都出自离王城不远的银山里，因此国家非常富裕。富裕归富裕，但这个国家的治安和民风却不太好，马队在离王城不远的地方竟然遭遇了一伙强盗，玄奘给了他们一点财物后才散去。当晚，马队露宿在王城附近的山谷里，与玄奘同行的几十个胡商为了早些进城开市，在半夜时抛下玄奘悄悄地先走了。第二天玄奘一行往前走了一段路后，才发现他们全部被杀，财货也都被劫掠一空。这两件事使得玄奘对阿耆尼国的印象发生了改变，这个国家连王城附近治安都管理不好，更别说教化民众诚心向佛了。

不过来到王城后，玄奘还是得到了国王和大臣们的热烈欢迎，国王还专门派人前去服侍。按照惯例，玄奘也出示了麹文泰所写二十四封信里专门给阿耆尼王的那封信。

可问题就出在这里，阿耆尼王看完信后当场翻脸，不但撤去了对玄奘的所有礼遇，就连原本应该提供给玄奘一行换乘的马匹都拒而不给了。在古代，马匹是最主要的交通工具，因为一匹马的体力有限，不可能长时间赶路，因此每个国家都在境内设立了驿站，每个驿站不但给过路官员、信使提供食宿休息，还准备了一些马匹供他们换乘。作为一个信佛的国家，为玄奘这样有名望的西行高僧提供换乘的马匹本应是分内之事，可阿耆尼王为什么会突然翻脸呢？

麹文泰写信本意是要帮玄奘，可他忘了高昌国与阿耆尼国之间的关系。高昌国是当时西域中部比较强大的国家，虽然不敢得罪西突厥，但对伊吾和阿耆尼这样的小国却是呼来唤去，还经常派兵侵扰阿耆尼国。正因为欺负惯了，麹文泰在给阿耆尼王信里的语气可能也比较强硬，所以阿耆尼国王看完信后就把新仇旧恨全都算在了玄奘身上。

无辜的玄奘成了两国矛盾的牺牲品，为了避免更多的麻烦，玄奘没有在阿耆尼国多加停留，而是带着取经队伍继续西行。尽管行色匆匆，但阿耆尼国还是给玄奘留下了非常深刻的印象。

从"阿父师泉"的感动到银山遇劫，从商人的自私最终丧命到国王的心胸狭小，玄奘深深地感到了在小乘佛教的教化下，自私自利给国家和民众带来的恶果，也更加坚定了只有大乘佛教才能教化万民普度众生的信念。《大唐西域记》之所以把阿耆尼国摆在第一个，恐怕不仅仅是因为行程和地理位置的缘故，更可能是玄奘刻意所为。从一个恶劣的国家开篇，既说明西行之路的艰难，也是在摆实例告诉我们，小乘佛教不可取，唯有大乘真经方可解救众生。

《大唐西域记》记载，玄奘离开阿耆尼国"西南行二百余里，逾一小山，越二大河，西得平川……"小山就是库鲁克山，两大河就是开都河和孔雀河。从当年玄奘来到这里到现在已过去一千三百多年了，玄奘当年对这里的描述和今天的情况多么一致啊！

渡过孔雀河后，马队继续西行，经过几百里的坦途，又来到了另一个重要的西域国家龟兹（今新疆库车）。

龟兹，又称丘慈、邱兹、丘兹，是西域最古老的国家之一，其辖境以库车绿洲为中心，定都延城，唐代又称伊逻卢城（今新疆库车东郊皮朗古城）。龟兹在西汉时隶属于匈奴，直到汉昭帝元凤四年（前77年）才归服于汉朝。不久，汉朝在龟兹设立西域都护，王莽时再次臣服匈奴。汉和帝永元三年（91年），龟兹降汉，汉朝派班超为都护经营西域。魏晋南北朝时，龟兹先后臣服于曹魏、西晋、前凉、前秦、北凉、北魏,虽然一度为柔然所控制,但始终与中原保持联系。到了玄奘所处的隋末唐初,龟兹和大部分西域国家一样也是西突厥的属国。

玄奘一边前行,一边领略龟兹浓郁的异域风情。说到龟兹,就不能不提到龟兹的音乐,其中又以管弦乐水平最高,在西域诸国中最为出名。

前秦建元十八年(382年),大将吕光攻略西域、灭龟兹,将著名的龟兹乐带到凉州。在凉州,龟兹乐和当地的民乐相互融合,形成了独具特色的西凉音乐,也就是隋炀帝《九部乐》中的《西凉》部。

前凉灭亡后,龟兹乐散落各地,直到北魏统一北方后才重新把龟兹乐集中起来。龟兹乐和西凉乐一起成为北朝最为流行的一种音乐。后来的隋朝几乎原原本本地继承了北朝的音乐形式,专门讲述龟兹音乐的就有《西国龟兹》《齐朝龟兹》《土龟兹》等著作,龟兹乐也随着政治的统一而逐渐从西北一隅走向全国。

据《隋书·音乐志》记载,隋文帝置《七部乐》(《国伎》《清商伎》《高丽伎》《天竺伎》《安国伎》《龟兹伎》《文康伎》),又以《龟兹伎》最具特色。整个隋文帝开皇年间,龟兹乐器风靡全国,涌现了曹妙达、王长通、李士衡、郭金乐、安进贵等精通龟兹弦乐、管乐的著名乐师。

由于龟兹本身是一个佛教国家,所以龟兹乐在产生形成过程中就不可避免地带有浓重的佛教特色,而佛经的发音和节奏恰恰又具有音乐的韵律,因此,玄奘在研习佛法的同时,必然也对龟兹音乐有所了解。

在玄奘一行即将到达龟兹国都城时,大唐高僧西行取经的消息早已传遍了西域各国。龟兹的国王、大臣，还有龟兹第一高僧、西域佛教的领袖级人物木叉毱多，加上数千名僧人，全都来到王城的东门外迎接玄奘的到来。

从高昌到阿耆尼，再到龟兹，不论国家大小、实力强弱、立场如何、信奉何种佛教，西域各国都有一个共同点，那就是对过境的高僧非常重视和尊重，几乎是倾全国之力相待，足见佛教在当时西域的地位。

龟兹国浓郁的异域风情不但表现在音乐上，还表现在对玄奘的欢迎仪式上。

龟兹国王先命人在王城东门外搭起一座巨大的帐篷，然后搬来佛像，奏起音乐，所有人都手捧鲜花坐在大道两旁，等玄奘到达以后，数千人依次起立，向玄奘献花。在中原地区，不管是欢迎还是送别，敬酒献茶比较多，但是在印度，人们则是以献花为礼；另外，中原寺院很少把佛像搬出来示人，而是让它们待在庙里接受香火供奉。所以说，龟兹的风俗礼仪几乎就是当时印度的翻版。

玄奘可能在高昌逗留期间听麴文泰介绍过一些印度的习俗，所以每收下一盆鲜花，就会端着盆子恭恭敬敬地走到佛像前面去散花，表示入乡随俗和对佛祖的尊重。欢迎仪式结束后，玄奘就与龟兹国的王公大臣、高僧们一起入座。但是与之前几个国家的待遇不同，这一次，玄奘没有被奉为上座，而是被安排在了高僧木叉毱多下首。这个细微的变化自然没有逃过玄奘的眼睛，可见木叉毱多在龟兹的地位和佛学造诣。

不过，玄奘并没有因为屈居次座而耿耿于怀，因为他从来都是一个心胸开阔、淡泊谦逊之人。然而四目交错，玄奘却从木叉毱多倨傲淡漠的神情中看到了不屑与挑衅，也就是从这一刻起，他意识到这位坐在上首的西域胡僧，很可能将成为自己在龟兹国的最大对手。

一系列盛大的接待仪式后，玄奘在众人的陪伴下进入王城。当时在王城东南还有一座寺庙，里面的僧人都是高昌人，当他们听说高昌王的"御弟"来到后，就希望玄奘能够先去他们那儿居住一晚。玄奘当即答应了他们的请求，在他看来，对故人（麹文泰）的情义远比奢华的招待来得重要。

第二天，龟兹国王在王宫里为玄奘举行了盛大的宴会。席间，一件让人尴尬的事情发生了：由于龟兹信奉小乘佛教，所以那里的僧人可以吃肉，在这样盛大的宴会上，肉肯定是最主要的食物；而玄奘信奉的是大乘佛教，肉食一律不吃，所以就让龟兹国王觉得有些不快。在向国王进行了一番解释后，玄奘才吃了一些别的食物。由此可见，同样是佛教国家，高昌跟龟兹在风俗上大相径庭，玄奘也没有因为对方的权势和地位而轻易改变必须坚持的戒律。

与国王"会餐"结束后，玄奘便前往位于王城西北一座名叫阿奢理儿的寺庙内拜会当地的佛教领袖、西域著名高僧木叉毱多。"阿奢理儿"是龟兹语，意为"奇特"。

关于这座阿奢理儿庙也有一个传说，相传曾经有个信奉佛教的龟兹国王按惯例离开王城巡礼佛迹，国王在离开之前把他的亲弟弟叫到跟前，请他代理国政。王弟没有拒绝，只是在国王临行前王弟交给他一个黄金匣子，并且叮嘱国王一定要等礼佛归来后才能打开。国王收下匣子就上路了，谁知等他回来后，朝中一些大臣就来告密，说王弟在监国期间行为不检、淫乱后宫。国王闻言，立刻派人将王弟抓来论罪。谁知王弟一点都不觉得意外和害怕，只是让自己的哥哥把那个黄金匣子打开看看。国王打开匣子后，发现里面有一样东西，仔细一看，顿时什么都明白了。原来，王弟早就预料到国中有居心叵测之人会借着国王出巡的机会来挑拨其兄弟关系，让国家陷入内乱，进而篡夺王位。就在国王离开的前一天，王弟咬牙将自己的生殖器割了下来，封在一只黄金匣子里让国王带走，这才用行动化解了一场阴谋。

在处理了那些心怀不轨的贵族大臣后，因为不用担心王弟秽乱后宫，国王就邀请王弟住进了王宫，但是一段时间之后，王弟搬出了王宫，原因是在他身上发生了一件更加奇特的事情。

有一天，王弟在途中碰到一个赶牛人，这个人准备把五百头牛全都阉掉。王弟看到这些牛，就想起自己的遭遇，于是就动了慈悲之心，花钱把这一大群牛全都买了下来，让它们免遭阉割之苦。不久，神奇的事情发生了，王弟的残疾的身体居然开始自己慢慢恢复了，为了避嫌，王弟只好搬出王宫。国王得悉原委后大为感动，这才专门为王弟建造了这座阿奢理儿庙，用来纪念发生在王弟身上的传奇故事。

参观完阿奢理儿庙后，玄奘依礼前去拜访龟兹高僧木叉毱多。不过这一次，玄奘并没有受到初到王城时的那般隆重的礼遇，庙里的僧人们只是把他当作普通的客人来接待。庄严宏伟的阿奢理儿庙，仿佛并不欢迎这位来自东方的僧人，木叉毱多的傲慢与淡漠，让玄奘感受到了深深的敌意。就连玄奘自己都没有想到，从踏上阿奢理儿庙的那一刻起，他将面对平生第一次重大的挑战。

∴

[在龟兹这个西域佛教王国，玄奘首站遇到的便是学于印度、西域礼佛的高僧木叉毱多，他抱定虚心求教的心理前去拜访，以求学到更多的佛教知识，但事情的发展会是怎样呢？他们能成为师徒或朋友吗？请看下一讲"入西域龟兹辩经"。]

第十二讲
入西域龟兹辩经

（字幕·旁白）

　　玄奘在龟兹拜访木叉毱多时，发生了一件大事，他平生第一次面对面地和一位非汉族的高僧发生了一场关于佛学理论的辩论。这场激烈的辩经在当时龟兹国引起了举国震动，那么这场辩论究竟是怎样开始的？它的过程和结果又是怎么样的呢？

　　上一讲我们说到玄奘要去龟兹阿奢理儿庙拜访一位名叫木叉毱多的高僧。这个木叉毱多不是一般的高僧，他曾经在印度留学二十几年，各种经文均有涉猎，尤其擅长梵语，回到西域后受到龟兹国王和民众的极度崇敬。有才之人大多都自负，木叉毱多也不例外，之所以对玄奘倨傲淡漠，很可能有两个原因：

　　一是，木叉毱多觉得你一个不到三十岁的年轻僧人能有多少佛学修为；

　　二是，玄奘受到的推崇和礼遇让他心里不平衡，因为嫉妒而敌视，所以见到玄奘后，木叉毱多也不客气，就直截了当地从佛学谈起。木叉毱多说：

> 此土《杂心》《俱舍》《毗婆沙》等一切皆有，学之足得，不烦西涉受艰辛也。

意思是说：像《杂心论》《俱舍论》《毗婆沙论》等经书我这里都有，你在这里把它们学完就足够受用一辈子了，没有必要多此一举继续西行前去受罪。木叉毱多的话显然是一种居高临下、不可一世的口气，不过玄奘倒很平静，此时他对这位龟兹高僧还存有几分敬意，于是问道：

此有《瑜伽论》不？

玄奘这一问看似莫名其妙，牛头不对马嘴，实则既让自己摆脱了回答有没有学过那些经书的被动，又给了木叉毱多一个措手不及。怎么突然问到《瑜伽论》了？《瑜伽论》是一部佛经，全名叫《瑜伽师地论》，又名《十七地论》，是由弥勒菩萨口述的一部佛经，而玄奘前去印度求法的主要目的之一便是寻找这部真经的梵文原版，因此对这部经书格外看重。那么，玄奘为什么会突然这么问呢？

其一，从字面上理解，玄奘的确是想问木叉毱多有没有研究过《瑜伽论》，因为他自己对这部经书很感兴趣，如果能在这里学到一些相关佛理，对西行求法肯定会有帮助。

其二，面对木叉毱多的盛气凌人，玄奘已经开始不动声色地予以应对，跟当初在第一烽反问王祥："校尉大人这些日子没有听从凉州来的人说起有一个名叫玄奘的僧人要去西天求法吗？"的方法一样，是一种跳出既定思路的策略。

玄奘是一个既谦逊又刚毅之人，既虚心求教，又不会轻易示弱，所以两层含义应该兼而有之。面对玄奘突如其来的发问，木叉毱多仍然是一副傲慢不屑的态度：

> 何用问是邪见书乎？真佛弟子者，不学是也。

意思是说：你为什么要对这样一部连观点都是错误的书感兴趣呢？真正的佛门弟子根本不会去理会这部书。这完全是一种强词夺理的口吻，木叉毱多这样说，可能是有两个原因：

其一，作为一位小乘佛教的高僧，他对这部大乘佛教奉为经典的佛经并不熟悉。

其二，木叉毱多打心眼儿里就看不起大乘佛教的经书，根本不屑一顾。

▼

一部被玄奘奉为佛学经典之作的经书，为什么在龟兹高僧的眼中却被视为无用的书？玄奘听到这样的回答又会作何反应？在《西游记》中，唐僧是一个不善言辞的僧人形象，那么，在现实中的玄奘又会是什么样子？

▼

这样的回答当然是出乎玄奘意料之外的。大家知道，小说《西游记》里面，玄奘的形象是比较窝囊的，除了念紧箍咒比较顺溜之外，口齿并不那么伶俐。但是，在真实历史当中的玄奘，是一个性格非常刚强，决不轻易认输的人。因此，他听到这样的回答以后，反应当然非常激烈。根据记载，玄奘在听到这个回答的一瞬间，就对木叉毱多的印象彻底改观，从原本的尊敬，

一下子转变为"视之犹土",也就是说把他当泥土这么看。这样一来,他说话当然也就不会客气了:

> 《婆沙》《俱舍》本国已有,恨其理疏言浅,非究竟说,所以故来欲学大乘《瑜伽论》耳。又《瑜伽》者是后身菩萨弥勒所说,今谓邪书,岂不惧无底枉坑乎?

意思是说:《毗婆沙论》《俱舍论》这些经书我们中土都有,遗憾的是我认为它们所论述的佛理粗疏浅显,并非最透彻、最完备的理论。正因为这样,我才打算西行前去学习大乘佛教中的《瑜伽论》。再说,《瑜伽论》是后身菩萨弥勒佛亲口所讲,您现在居然认为这部经书是歪理邪说,难道就不怕死后被打入十八层地狱里吗?此时的玄奘已不再把木叉毱多看成是一个需要去敬仰和尊重的前辈高僧,而是把他看成一个普通的学术对手,两人的交锋就此正式拉开。

这段话前面一半是说事实,清清楚楚地告诉木叉毱多此来的缘由,并且一针见血地指出木叉毱多所推崇的那些佛经的不足之处;后面一半便是针锋相对的反击,一下子命中木叉毱多的要害:由于玄奘的突如其来的抢白,木叉毱多准备不足,而又不能示弱,仓促之下只好信口对答一句。这一仓促,就打断了原有的思路,并且亵渎了弥勒佛。对佛家弟子来说,你可以有不同的派别信奉不同的菩萨,但万万不能亵渎神灵,如果否认,众目睽睽之下,那就等于打了诳语,同样是佛家大忌!不过木叉毱多毕竟是见过风浪之人,也不跟玄奘纠缠会不会下地狱,而是又来一个反问:

> 《婆沙》等汝所未解,何谓非深?

第十二讲 入西域龟兹辩经

图 12-1　玄奘在龟兹，与小乘高僧木叉毱多辩经

意思是说：《毗婆沙论》这几部经书你都还没有完全弄明白，又怎么能说它们不高深呢？木叉毱多的反问也是十分犀利，直接把话题引到自己最熟悉、最擅长的一部经书上，就好比比赛前的口水仗打完了，你要是有本事，就来我的主场较量较量。他这样说可能是基于两个原因：

一是，发现自己很难在外围兜圈子、讲气势上占得上风，玄奘的口才和反应让他有了忌惮。

二是，对自己某一方面的佛学修养很有自信，就算玄奘天资聪慧，我二十多年的专业修养总不可能敌不过你一个初出茅庐的年轻小子吧！

这个时候，玄奘确实有些犯难，一个人学识天分再高，在面对学术前辈的时候总会心里没底，尽管他对整个佛学理论有比较全面的把握，但对《毗婆沙论》这样具体的经书研习不深，没有在"客场"必胜木叉毱多的把握。

所以，这个问题很难回答，一不小心就会落入木叉毱多下的套子里面去。玄奘怎么办？老办法，跳出去，兜回来，继续反问：

师今解不？

短短的一句话，四个字，包含的意思却很多：首先，不在你骂佛问题上纠缠，已经让你一步；其次，称你为"师"，表示尊老敬贤之意，同时也把木叉毱多托起来，看你下得来下不来；最后，用问句，看木叉毱多你怎么回答。

这下实在是把木叉毱多这位高僧给难住了。大家想想，如果他说"我不解"，不行啊，原来自己那么傲，对玄奘那么不客气，自己的身份又是前辈，当着那么多人的面，岂不羞煞？如果说"换部经"，也不行啊，这可是他自己提出来、自己强调的经啊，玄奘这是在问其所长，所以这也实在说不出口。于是，摆在木叉毱多前面只有一条路了，他只能回答说：

吾尽解。

这个回答就等于堵死了一切岔道，而且被迫将提问权交给了后生晚辈，自己成了守方，玄奘则掌握着进攻的主动权。于是，玄奘就从《俱舍论》开始的地方发问。《俱舍论》全称《阿毗达磨俱舍论》，共三十卷、六百颂，为小乘向大乘有宗（瑜伽行派）的过渡之作，基本反映了当时流行在迦湿弥罗的说一切有部的主要学说。这部经在中土有几种译本，后来玄奘的译本出来后，讲习很盛，成为一派，叫"俱舍宗"，玄奘的学生还对这部经作过注解。在藏传佛教中也有译本和注本，当然，这都是后来的事情。

玄奘是大乘僧，至于瑜伽学派，他还没有到达印度，自然还没有来得及学；木叉毱多则信奉小乘学派，而且应该就是"说一切有部的"。所以，选这部书来进行辩论提问其实对木叉毱多明显是有利的。但是，木叉毱多也不知道是什么原因，就在玄奘开始发问《俱舍论》的时候就露出破绽，也许他还在为自己"邪见书"的失言耿耿于怀，没有集中精力，以致又出现了差错，这种精神状态于辩论者来说是非常致命的。于是，玄奘乘胜追击，接着连连发问。大家也许都看过或经历过辩论的场景，它进行的速度很快，问题一个接一个地往下问，直问到你瞠目结舌，来不及应对。这样，一方面可以检验辩论者的熟练程度；另一方面也可以考验辩论者的联想和触类旁通能力。据记载说，在玄奘的接连问难下，木叉毱多"色遂变动"。至此，可以说木叉毱多已经输掉了这场辩论，然而他依然不肯认输并且开始耍赖了。他对玄奘说：

  汝更问余处。

木叉毱多仍然不肯认输，让玄奘再问别的地方，结果越乱越是出错，居然说《俱舍论》里没有玄奘问的这句话。不肯及时认输已经大失风度，现在又口不择言，木叉毱多显然已经到了无以应对的地步。不过这是在龟兹，在场之人尽管非常震惊，却没有人贸然起哄指责木叉毱多。

但是，有一个人看不下去了，这个人就是龟兹国的王叔智月。西域佛教国家中的王族出家也非常普遍，智月当时就已经出家，而且在佛学上有着很高的修为，所以他也参加了这次会见。由于世俗和沙门的双重身份，智月的地位实际上要比木叉毱多更高。智月没有给木叉毱多留面子，当场指出玄奘问的话经书里面确实有。木叉毱多还是不肯认输，为了挽回败局，竟要求把经书拿出来核对，结果经书之中果然有玄奘问的那句话。铁证如山，木叉毱多只得无奈地说自己老了，记不清了。

一场遭遇战就这样结束了，玄奘凭借出色的辩技和扎实的学问功底赢得了生平第一场论战的胜利。玄奘之所以没有在《大唐西域记》中提到这次论战，很可能是觉得这次遭遇战太过轻松，自己还未尽全力，木叉毱多就已败下阵来。也许在他的潜意识里，木叉毱多根本就算不上是一个合格的对手，这也变相地刺激着他前往印度寻找更高挑战的决心。

既然《大唐西域记》里面没有记载，前面描述的这场辩论的依据是什么呢？依据的是《大慈恩寺三藏法师传》。这本书是中国传记文学宝库中的瑰宝，它是玄奘的嫡传弟子慧立、彦悰根据平时他们追随玄奘时的所见所闻写成的一部传记。玄奘本人没有看过这部书稿，它是在玄奘圆寂很久以后才成书，并且流传开的。也多亏了这本书，玄奘和木叉毱多在龟兹的这场辩论的种种细节和胜负情况才跨过了一千多年的岁月，原原本本地流传到了今天。

这场辩经结束后，由于大雪封山，玄奘不得不在龟兹停留了两个多月。在此期间，玄奘在龟兹境内四处游历，一边了解当地的风俗民情，一边尽情领略龟兹独特的音乐艺术。玄奘还经常前去阿奢理儿寺探望木叉毱多。当然，玄奘并不是想用胜利者的姿态去羞辱木叉毱多，而是觉得木叉毱多二十多年的佛学修为摆在那里，总有值得学习的地方；另外，他也想通过与木叉毱多的谈话更多地了解印度。

成功者保持谦逊之心固然不易，失败者保持平和之心更难，一场辩经的惨败显然给木叉毱多带来了巨大的心理阴影，这位高僧不但一改往日倨傲的姿态，就连面对玄奘时也变得恭恭敬敬、连坐都不敢坐，甚至几次避而不见，还私下告诫自己的弟子，说这个从中土来的僧人不好对付，他如果前去印度求学，那里差不多年纪的人当中，恐怕没有人是他的对手。

一句话，木叉毱多对玄奘是既害怕又佩服。

一场大胜让玄奘名震西域，然而在他看来，这只不过是西行途中一次小小的考验。迷人的龟兹古国没能减缓玄奘西行的步伐，一日不到印度，他的脚步便不会停下。在经过两个月漫长的等待和休整后，春风吹散了天山的冰雪，也为玄奘化开了前方的道路。

横亘在玄奘面前的，便是那座美丽神奇而又令人望而生畏的——凌山。

· · ·

[那么，除此之外，玄奘在龟兹期间还留下了哪些珍贵的记载和有趣的描述？在接下来的路程当中，玄奘又遭遇到了什么？请看下一讲"登葱岭翻越雪山"。]

第十三讲
登葱岭翻越雪山

（字幕·旁白）

玄奘在龟兹因遭大雪，经过两个月漫长的等待和休整后，等到道路畅通之时，终于出发了。那么，前面他经历的将是一次又一次的生死考验，先是在龟兹国遭遇一伙劫财夺命的马贼强盗，接着又经历翻越凌山的天险，玄奘是如何化险为夷闯关越岭的？

~~~~

在暖春到来、冰雪消融之时，玄奘一行再次踏上了西行征程。丝绸之路在西域境内分为三条路，即南路、北路、中路，玄奘现在走的就是介乎于北路和中路之间。他们沿着天山南麓和塔里木河北面的平原往西前进。有了天山冰雪融水和塔里木河的双重浇灌，这片东西走向的狭长平原就成为南疆地区最为富饶的地区之一。但是，西域的平原和中原不同，它并不是完整的可耕种土地或草原牧场，而是由大大小小的绿洲或河谷组成，哪里有水源，哪里就有人群聚落；哪里有河流经过，哪里就能孕育出文明和一个国家。

因此，即便是富饶繁荣的龟兹国，其周围也是一片人迹罕至的荒漠，而绿洲国家之间的这些荒漠，就成了西域马贼、强盗盘踞出没的最理想场所。西域民族众多，各派势力犬牙交错，大多数绿洲国家只能维持辖境内的和平安定，对周边地区大多采取不闻不问的态度，这就给长途出行的商队旅客带来了很大的危险。

为了保护财货，免遭杀身之祸，人们在穿越西域时往往结伴而行，一边雇佣护卫和刀客沿途保护，一边找熟悉当地环境而且与马贼、强盗有"交情"（很多地方的强盗都是闲则为民、出则为盗）的人来充当向导，尽可能地减少不必要的麻烦。不过玄奘没那么幸运，在离开龟兹两天后，他的马队就遇到了一伙马贼。

这伙马贼出现的时候，几乎把所有人都吓得面如土色——足足两千骑，清一色的突厥打扮，弯刀骏马、杀气腾腾！突厥人称自己为草原上的狼，东突厥的颉利可汗就是以金狼为图腾旗帜称霸一时，这个称呼既代表了突厥骑兵来去如风多变、诡异的群狼战术，又生动刻画了突厥人勇猛嗜血的彪悍性格。这样一支骑兵，若是野战，足以对抗任何一个西域国家的主力军队，为什么偏偏会让玄奘碰上呢？可能有以下几个原因：

一是，当时突厥分为东西两部，其内部一直都是纷争战乱不断，这支突厥骑兵很可能是在与同族争夺土地或权力失败后从境外流窜到西域，又不被各个国家所接纳，于是成了马贼。

二是，龟兹是南疆丝路上最重要也是最繁华的枢纽，往来商旅众多，"油水"丰厚，这支突厥马贼本来就躲在龟兹国边上打秋风，见到商队就下手。

三是，玄奘西行取经的消息已经传遍西域，沿途又得到了各国国王的丰厚布施，是一块大大的肥肉，他们就是冲着玄奘而来。

四是，由于玄奘在龟兹待了两个月，而这两个月又是天寒地冻谋生最为艰难的时候，为生计所迫的马贼们不得已才冒着遭遇军队的危险靠近龟兹国境，打算狠捞一笔然后跑路。

玄奘的马队被围了，就像一群毫无还手之力的绵羊遇到了碧眼垂尾的饥饿狼群，在依旧带有寒意的春风中瑟瑟发抖。狼不但是凶猛的嗜血者，更是把猎杀当成一种艺术，它们绝不会一上来就猛冲猛打，而是首先营造恐怖阴森的氛围，让猎物在气势上先垮一半；然后派出小股队伍绕着不敢动弹的猎物疾驰，冷不丁咬你一口，一点点摧垮猎物的心理防线；它们不急着一下子把猎物全部咬死，它们享受的是猎物将死未死又无从挣扎的快感；只有过程，才是最精彩的……

在圈定目标后，马贼们停了下来，饶有兴致地打量着这支传说中的取经队伍，每一个突厥人的眼中都闪着绿光，那可是一百两黄金、三万银钱、五百匹绫绢啊！

于是，狼群们竟无视自己的猎物，开始商量如何分赃。

对玄奘而言，即便所有的财物都被马贼抢走，自己的西行之路还是要继续下去，被抢与布施并没有本质的区别，马贼也是人，马贼也要生存，每个人的生命都是宝贵的。因此，他根本不觉得害怕，镇定从容地念着佛经，让心情平静下来。

危急关头，领袖的作用是无穷的，他能够维持整个团队的秩序稳定，哪怕只是表面上的。

玄奘的冷静使得马队没有产生混乱，但是每个人心里都在忐忐,是继续死撑,还是拔腿就跑?

就在这时,意外发生了,庞大的狼群没有向柔弱的猎物发起攻击,而是自己对咬了起来!

内讧!正是内讧,这就是狼与人的真正区别。狼群决不会为了猎物而自相残杀,人却可能因为分赃不均而当场翻脸!

玄奘目瞪口呆,所有人都目瞪口呆。但是玄奘没有动,于是所有人都不敢动。就像面对沙漠里的眼镜蛇,你的慌乱只会引来它的注意,最好的办法就是"不动",以静制动,静观其变。

内讧的范围越来越大,整支突厥马贼队伍都陷入混乱中,这是一个扩张与内耗同样严重的民族,甚至会为争一口气而放弃到手的好处。在一片厮杀声中,马蹄声越走越远,只留下了一抹烟尘袅袅不绝。

就这么结束了,宛如一场闹剧,甚至没有给玄奘开口布道的机会。所有人这才松了一口气,衣衫都已被冷汗湿透。

"走!"玄奘干脆利落地发出了前进的指令。

穿过一个小沙漠后,玄奘的马队来到了另一个西域国家——跋禄迦国(今新疆阿克苏一带)。从实际看,库车到阿克苏的直线距离不足六百里,而且这六百里是从出发两天后才开始算起,可见当时的交通条件并不好。马队必须依绿洲水源而行,还要避开马贼、强盗可能出没的地方,所以才会曲曲折折地走了六百里才到。

玄奘一行在跋禄迦国休整了一天,又往西走了三百里,穿过一小片沙漠,终于来到了凌山脚下。

图 13-1　经过七天艰苦跋涉，玄奘一行终于翻越雪山天险

凌山是葱岭北麓的一部分，即现在的天山耶木素尔岭，既是西域通往中亚的必经之路，又是著名的天险，海拔七千多米，山势陡峭，积雪常年不化，云雾雪气弥漫，还有断层冰峰阻断道路，令人望而生畏，是个名副其实的"死亡之地"。据史料记载，当时玄奘一行：

> 复无燥处可停，唯知悬釜而炊，席冰而寝。七日之后，方始出山。

意思是说：玄奘的马队在来到山口后竟然找不到一个干燥的地方可以停下歇脚，连一块能够用来挖土起灶的土都没有，只能撑起架子把锅吊起来做饭，睡觉也只能裹着被子躺在冰上。七天后才越过此山。

进入雪山后，取经队伍里大多数人开始犯一种奇怪的头痛病——头痛、恶心、呕吐、流鼻血、浑身无力……这种被玄奘看成是上天考验的病症其实就是今天的"高原反应"，在当时的医疗条件下，这种头痛病很可能夺走了不少人的生命。

在高原反应的折磨中，取经队伍迎来了更大的危险。在中国的西部地区，人们是不允许在一些被当地人看成是圣地的冰川峡谷中大声讲话的，原因是害怕惊动神灵，惹神灵震怒，从而带来灾难。这里的灾难，其实就是雪崩，玄奘也记录了因为大声讲话而引来的暴风雪和雪崩。在这场暴风雪和雪崩中，取经队伍损失惨重，死伤者十有二三，三十多人的队伍最后只剩下不到二十个幸存者，财物马匹损失更是不计其数。

在如此恶劣的天气环境下，玄奘带着剩余的人马一步步坚定不移地往前走，在经过七天的艰苦跋涉后，终于成功穿越了凌山天险，离开西域进入了中亚地界。

凌山构成今中国和吉尔吉斯斯坦的天然边界，至今仍然难以逾越。

翻越凌山后，就是西突厥的疆域。玄奘一行继续往西，在崎岖的山路上又走了四百多里，这才来到了一个巨大的"清池"。

因为它不结冰，也被称为"热海"，翻译为今吉尔吉斯语就是"伊塞克湖"，即现在吉尔吉斯斯坦境内著名的旅游疗养胜地伊塞克湖。

这个处在高山环抱之中的巨大湖泊从来不结冰，水温与周围的冰川河流相差很大，因此被唤作"热海"；加上它地处内陆，有九十多条河流汇入其中，却没有一条流出，水中盐分沉淀下来，就成了一个咸水湖，有人也称"咸海"。据探测，湖中矿物质含量高达6%，由于身处高山冰川与世隔绝，伊塞克湖还是全世界最干净的湖泊之一。沿湖风光秀丽，气候宜人，是中亚著名的避暑胜地，迄今仍是高官富商们休闲度假的绝佳去处。

由于是咸水湖，所以热海的水不能饮用。玄奘一行只好绕着湖走，借助不断注入湖中的冰川河流来补给水源。没有了高原反应和暴风雪，又有充足的水源保障，加上风景如画，这一段旅程对玄奘来说应该是相当轻松惬意的，也正好让疲惫的身心得到放松和休息。

> 周千余里，东西广，南北狭。四面负山，众流交凑，色带青黑，味兼咸苦，洪涛浩汗，惊波汩潒。龙鱼杂处，灵怪间起，所以往来行旅，祷以祈福，水族虽多，莫敢渔捕。(《大唐西域记》)

玄奘一行仅在湖畔休息了片刻。当时尚不清楚玄奘究竟是沿伊塞克湖北岸还是南岸前往统叶护可汗王庭所在的碎叶水城（碎叶城）。资料中也只记载了"循海""清池西北行"（《大唐西域记》）而已。

学者周连宽认为，玄奘从凌山经喀拉库尔山，由大清池（今伊塞克湖）东端到达了大清池北岸（《大唐西域记史地研究丛稿》）。日本学者堀谦德则称"《大唐西域记》原文应当解释为从热海东南角向西北行五百余里，因此可判断出玄奘一行沿热海南岸前行，到达颂湖西北、托克马克市南，最后抵达素叶水城"（《解说西域记》），主张南岸说。实际上，只有由南向北亲自用双脚丈量跨越中国和吉尔吉斯斯坦两国的这条古道才能验证。苏联考古探险家鲍里斯·朱可夫实地考察了伊塞克湖周边，查明该湖东西长182千米、南北宽58千米、海拔1609米、深702米。此外他还指出在北岸发现了塞种人或游牧民族乌孙的大量遗迹、遗物，判断玄奘走的是北岸（《消失在湖底的都城》）。汉武帝派张骞出使西域后，乌孙的名字开始出现在中国史书上，而伊塞克湖周边区域正是乌孙的故地。

这就是玄奘所描写的伊塞克湖。从热海东南到热海西南，地势越来越低，路也越来越平缓，在经过五百多里的跋涉后，马队终于离开山区，进入了一望无际的中亚大草原。在那一刻，玄奘和幸存者们感慨万千，既感谢佛祖保佑走出最危险的地方，又为死去的同伴哀叹惋惜。

进入中亚草原后，玄奘一行来到了当时一座著名的城市——碎叶城。

碎叶城，在现在吉尔吉斯斯坦的托克马克附近，曾是鼎盛时期的大唐"安西四镇"之一，也是大唐帝国对西部边境控制的最远点，但这都是唐太宗之后发生的事情。玄奘来到这里的时候，碎叶城可能还只是中亚草原边陲的一座小小的要塞。

20世纪80年代初，在原苏联吉尔吉斯斯坦共和国托克马克市西南八公里的古城遗址——阿克别希姆附近，当地农民发现了一块红色花岗岩质的汉文石碑残件并送交当地博物馆。经俄罗斯汉学家斯普尔南科释读，碑铭中的关键词为曾任唐代安西都护的杜怀宝。不久，内滕和林俊雄两位日本学者将碑铭拓片、照片及有关研究成果予以刊布。据日本学者公布的材料，该石碑残件系佛像或菩萨像基座，上部残缺，呈八角形，中部为长32.6厘米、宽13.5厘米、厚11厘米的题铭部分，下部有础柱头。经缜密辨识考证，碑铭所记事为时任安西副都护兼碎叶镇守使的杜杯宝为其亡母建造的一佛二菩萨像，并题铭记述此事。学者推断，这三尊佛像很有可能仍存在于碎叶城的废墟之中。

在此后举行的中国新疆安西大都护府国际学术研讨会上，与会各国专家普遍认为：该碑铭的发现不仅证明了阿克别希姆遗址为唐代碎叶城，即《大唐西域记》中玄奘所记"素叶水城",同时有力证明了唐王朝曾对碎叶镇进行管辖,是弥足珍贵的史料。

而今,人们仍然能在这座荒草丛生的古城遗址上清晰地看到当年唐朝军队修建的周长达二十六公里的城墙断壁。考古学家还在废墟内找到四枚刻有"开元通宝"和"大历通宝"字样的唐代钱币。可见,碎叶城在当时不但是一座重要的军事堡垒,也是丝绸之路上的一座重要商镇。

当然,碎叶城的出名并不是因为玄奘的到来,而是因为这里很可能是唐代大诗人李白的故乡。

据郭沫若先生考证,李白就出生在碎叶城内的一个富商之家,在这里一直生活到五岁。童年时,李白的父亲还手把手地教他诵读司马相如的辞赋,这说明当时的碎叶城并非现在人们理解的"国外",而是一座与中原文化没什么两样的"内地"城市。

一个人的性格与出生成长的环境密切相关。李白之所以被称为"诗仙",是因为他生性狂放不羁,其作品充满了天马行空的浪漫主义色彩,这一点与神秘、张扬、极具个性的西域(当时碎叶城所处的中亚地区也被看成是西域的一部分)风情极为神似。可以想象,一个对周围一切事物都十分好奇的五岁孩子在离开碎叶城踏上前往中原的旅程中看到沿途瑰丽、壮阔、奇妙的西域风情会是怎样的感受,也许正是幼年时的这次长途跋涉,深深激发了李白的创作灵感,一代"诗仙"由此诞生。

玄奘刚到碎叶城还没来得及休整,又是一支突厥骑兵出现在了马队面前,这次来的可不是马贼强盗、散兵游勇,而是中亚草原上最强大的西突厥统叶护可汗身边最精锐的亲兵卫队!

| 第十三讲 | 登葱岭翻越雪山

• • •

[这一讲讲到玄奘龟兹山沟遇强盗、翻越凌山天险及经过美丽的伊塞克湖,接下来玄奘的马队将接触连唐太宗都惧怕的西域最强大的劲敌。他们的相遇将发生什么故事?请看下一讲"西突厥可汗关照"。]

第十四讲
西突厥可汗关照

（字幕·旁白）

在碎叶城玄奘遇到了西域最强国家的统治者统叶护可汗。幸亏高昌王麴文泰有先见之明，他给"御弟"玄奘早就准备有献给统叶护可汗的厚礼，并写书信一封，恳求统叶护可汗帮助玄奘走出西域。那么，西突厥这位可汗能否放玄奘顺利西行，在这里玄奘会有着怎样的际遇？

如果说玄奘在龟兹国境上遇到的是一群饥不择食的沙漠饿狼，那么这群威风凛凛、急风暴雨般冲到碎叶城下的便是一群训练有素的草原野狼。就在东突厥内乱不止，将遭到大唐帝国致命一击的时候，西突厥仍然凭借这支强悍的骑兵横扫中亚，称霸草原。

冷兵器时代，不论多么强大的游牧民族，一个最基本的生存原理就是"逐水草而居"，突厥可汗也不例外。统叶护可汗到哪里，西突厥的重心就会跟着移动，而不是像中原王朝那样有固定的都城。统叶护可汗之所以会碰巧跟玄奘遇上，很可能是因为碎叶城地处中亚草原的最东面,是其辖境内最早迎来春天的地方。春天一到,冰雪消融、草木生长,饿了一个冬天的野兽们纷纷出来活动,正是狩猎的好去处。

在《西游记》中,唐僧师徒经常会得到沿途国王的帮助,给他们盖章发放西行所必需的"过所"——签证,而唐僧师徒则会把这些国王从危难中解救出来,孙悟空的英武正义形象更是深入人心。但是在现实中,尤其是在遇到统叶护可汗时,玄奘的取经团队便显得有些战战兢兢。

这里有一个问题,印度在大唐的西南面,玄奘在进入南疆后,为什么没有走丝绸之路在西域境内的南路或中路,经由疏勒(今新疆喀什)进入费尔干纳盆地(大宛),然后沿着锡尔河进入中亚草原,而是在来到中路的跋禄迦国(今新疆阿克苏)后直接穿越凌山北上呢?

这就需要从玄奘当时所处的政治环境来考虑:

一方面是身后的政治环境。玄奘离开唐朝属于偷渡出关,我们之前也考证过玄奘从瓜州到伊吾的行走路线,得出的结论是玄奘不敢明目张胆地走官道,也不敢离开官道太远,所以他的路线呈现出偏离官道又与官道有交错的态势。偏离,是为了躲避追捕;交错,是为了控制方向、补充水源,这是从具体行程看。从总的路线看,玄奘采取的也是这个办法,进入西域后先走北路,经伊吾、高昌后在阿耆尼国拐弯,由此偏离北路进入南疆,沿着天山南麓、塔克拉玛干以北的中路前进。原本中路和南路是在疏勒(今新疆喀什)会合,但玄奘在疏勒的前一站跋禄迦国(今新疆阿克苏)再次偏离,直接北上翻越凌山进入中亚。巧合的是,玄奘选择的这条"捷径",正好与北路在中亚的起点碎叶城会合。所以,玄奘是在两次偏离之后重新回到北路,虽然曲折艰难,却很好地躲避了官方追捕。

另一方面是周边的政治环境。西行取经,不仅仅是一次个人行为,也涉及西域和中亚错综复杂的历史政治环境。在被高昌王麴文泰"强行"请去之前,玄奘原本打算直接穿过西域前往突厥汗庭,可见他在出发之前就对西域和中亚的情况做过仔细的了解,很清楚谁才是那里的老大,只有得到突厥可汗的庇护,西行之旅才能继续。但是,高昌王的横插一脚打乱了他的计划,不过错有错招,麴文泰的二十四封信让玄奘更加清楚地认识到了"背靠大山"的重要性,也更坚定了前去拜会突厥可汗的决心,要知道想要顺利前往印度,就必须取得西突厥统叶护可汗的帮助。因此,玄奘选择了通往突厥汗庭最近的一条路。从事实来看,如果玄奘继续南下,选择在疏勒进入中亚,就会错失与统叶护可汗"偶遇"的机会,到那时再去寻找四处狩猎、行踪不定的统叶护可汗,只怕会比登天还难。一旦与统叶护可汗擦肩而过,接下来所要经过的那些中亚国家的国王会不会对玄奘制造障碍,会不会那么客气地对待这支取经的队伍就不得而知了。

因此,影响玄奘西行路线的不单是地理环境,还包括很多政治和外交的考虑。从路线的选择上就能看出,玄奘既具有坚定的信念和超凡的勇气,还有着卓绝的远见和政治头脑。

成功并非一个人打拼就足够了,还需要不断创造对自己有利的外部环境,才能达到事半功倍的效果。

面对统叶护可汗强大的军容,玄奘还是老样子:一不慌乱,二很坦然,即便是对面马背上的这个威猛男人掌握着自己接下来的命运。当然，玄奘不会傻乎乎地站在那儿装酷等着可汗发问，而是不失时机地表明身份，同时还从剩余的礼品中挑选了最好的几件献上，请求统叶护可汗的帮助。

不知道是狩猎收获颇丰，还是礼物起了作用，或者觉得高昌国离西突厥那么远，麴文泰还不忘让这位僧人带礼物来敬献给自己很有面子，统叶护可汗收下礼物后，对玄奘非常客气，先派官员把玄奘送到可汗居住过的行宫（估计就是稍微大一些的帐篷）安置好，自己接着打猎，等两三天后统叶护可汗打猎回来，将把玄奘请到装饰一新的大帐篷里见面。

玄奘一行"至素叶城，逢突厥叶护可汗"，但这次相遇发生在他离开碎叶城赶往可汗牙帐（王庭）的途中。《大慈恩寺三藏法师传》写道："可汗身着绿绫袍，露发，以一丈许帛练裹额后垂。"这与粟特人刻于墓碑上的突厥人形象，以及阿弗拉西阿卜壁画中描绘的突厥人形象十分吻合。

"叶护"是突厥最高官名，突厥的高官有叶护、设、特勤三类。玄奘遇到的是统叶护，西突厥始祖室点密的直系后裔。统叶护可汗不断向西扩张势力，其间将王庭从龟兹北面的鹰娑（裕勒都斯河谷）迁到了碎叶。西突厥此时正处于鼎盛时期，向南已到达了健陀逻，所以麴文泰才建议玄奘前去拜谒统叶护可汗。麴文泰的妹妹嫁的便是统叶护的长子呾度设，当时呾度设还在遥远的南面活国（今阿富汗昆都士）。

统叶护可汗身边环绕了两百名达官贵人，对面还有骑着骆驼和马的卫士，数不胜数。可汗对玄奘说："二三日当还，师且向衙所。"只留下一名官员安置他们，便不知去向。过了三天，可汗狩猎完毕如约归来，可汗的圆顶大帐装饰着金色花边刺绣，绚烂夺目。大帐前铺着长长的地毯,达官贵人们身着华美的锦绣衣服,分坐在主座左右两侧,后面站着护卫。当时场面之威风气派,任谁看到都会怀疑,这真的是游牧民族的君主吗?

《大慈恩寺三藏法师传》中记载:

> 可汗居一大帐,帐以金华装之,烂眩人目。诸达官于前列长筵两行侍坐,皆锦服赫然,余仗卫立于后。观之,虽穹庐之君亦为尊美矣。

统叶护可汗在大帐中看到玄奘一行到来,便从座上站起,走出帐外三十多步相迎。二人互相寒暄后,可汗又殷切慰问,请玄奘到帐内入座。地上铺了层层毛毯,上面还放了铁制的胡床。《大慈恩寺三藏法师传》(卷二)中将可汗请玄奘上座的胡床称为"铁交床"。胡床指腿呈"X"形的铁制座椅。之所以不是木质,似乎是因为突厥信仰拜火教,他们以为木头可以燃烧,因此木中含火,所谓"木生火",不能将火坐在屁股底下。这是玄奘首次亲身体验突厥文化,他好奇地四处观瞧,细致地观察人们的一举一动。

此时,玄奘或许想起了《后汉书·五行志》中"灵帝好胡服、胡帐、胡床、胡坐"的说法。在唐代的中国,胡床已经不是什么稀罕物,但玄奘仍表现出对铁制品的惊讶,并询问其来由,方知道这种胡床是"东汉时期从外国传入中国的折叠式椅子"。

统叶护可汗和玄奘落座后,汉使及高昌使节向可汗呈上国书和礼物。可汗大喜,收下礼物后请使者入座,又命陈酒设乐。因玄奘是僧人,可汗特别为他准备了葡萄浆(葡萄汁)。盛宴正式开始,一时间觥筹交错,乐器争鸣,"虽蕃俗之曲,亦甚娱耳目、乐心意也"。既然主人盛情款待,玄奘也不由得卸下心防,享受起宴会来。酒宴过后是饭食,经过烹煮的牛羊肉如小山般堆在座前。当然,可汗特意为玄奘准备了"净食"。净食有"饼饭、酥乳(酸奶)、石蜜(砂糖)、刺蜜(蜂蜜)、蒲萄(葡萄)"等,"饼"即用面粉烤制的馕。餐后又端上葡萄汁,宴会许久才告结束。

餐后不久,玄奘应邀为可汗讲经,玄奘简洁地阐释了佛法的基本概念,可汗听得很认真,听到欢喜处则不时举手扣额。玄奘连胡人表达喜怒哀乐的肢体动作都观察得如此细致,一定是因为他感觉到自己已经身在"蕃域"。

但凡雄主,最开心的事情莫过于四夷臣服、海内来朝,统叶护可汗自然也不例外,麴文泰千里来信和近乎卑躬屈膝的措辞让他非常高兴,盛情款待了玄奘和高昌使者。当然,以勇武和扩张闻名的突厥人并不像西域国家那般信佛,统叶护可汗也只是象征性地请玄奘讲了几次经。

玄奘是个头脑非常清楚的人,他知道对于一个马背民族来说,让他们放下屠刀立地成佛是不可能的事情,他要的不是对方的信仰,而是统叶护可汗的一句话、一道命令、一件信物,就足以让自己平安无事地通过整个中亚。

之后几天,玄奘一边休息一边补充给养。统叶护可汗也很够意思,不但提供给玄奘大量沿途所需物资,还在军队中找了一个曾在长安待过几年熟悉汉语的年轻人,封他为官,并且和高昌王麴文泰一样写下几十封国书让玄奘带上,分别送给沿途各国国王。

玄奘与统叶护可汗相处的日子很短，却非常重要。这次会面既得到了物资补充，确保了沿途安全，更是一次成功的外交行为。高昌王麴文泰的书信能在半个西域起作用，统叶护可汗和他的数十万骑兵却能保证玄奘在整个中亚甚至印度通行无阻。

弱邦无外交，这就是实力，只有实力才能决定一切。

玄奘临走时，统叶护可汗又赠"绯绫法服一袭，绢五十匹"，并带着贵族大臣们一直送出十余里，这才依依惜别。

有了统叶护可汗的庇护，玄奘一行的中亚之旅就变得容易了许多。

自碎叶城向西行"四百余里"就到了屏聿，又名"千泉"。"千泉牙庭"（王庭）和"碎（素）叶牙庭"都是突厥可汗在草原上的夏宫。玄奘在《大唐西域记》中如此描述初春的千泉风光：

> 南面雪山，三陲平陆。水土沃润……杂花若绮，泉池千所。

据说屏聿就是今吉尔吉斯斯坦的梅尔克，这里放养着许多鹿，鹿的脖子上都挂着铃铛。可汗规定，杀鹿者将受责罚，因此这里的鹿都能善终。

从千泉向西"百四十五里"就到了呾逻斯城。据《大唐西域记》记载：

> 城周八九里，诸国商胡杂居也。土宜气序，大同素（碎）叶。

玄奘记载碎叶城的产物有"糜、麦、葡萄"和"毡、褐"，说明那里的农业和畜牧业已经成为当地人民生活的基础，此外，以贸易为生的粟特人等胡商可能在为利奔忙。商人从各国汇聚至此，操着各种语言，还引入了各类宗教。据《隋书·突厥传》记载，突厥既有传统的"杀羊马以祭天""敬鬼神"的多神教信徒，也有和粟特人一样信仰唯一的天神阿胡拉·马兹达，举行拜火仪式的一神教信徒，又有摩尼教的信徒，还有新传入的基督教聂斯脱利派（景教）的信徒。玄奘笔下的"诸国商胡杂居"也侧面反映出这种多信仰混杂的状况。

咀逻斯城向南不过"十余里"，有一座小小的孤城，相传是由被突厥俘虏的中国人修建的。人口"三百余户"，居民的住房、衣服、举止，都已类似突厥，但依然保留着祖国的语言和礼仪。在玄奘为"小孤城"留下的记录中，哀悯之情跃然纸上。

玄奘一行在此取道西南，行"二百余里"到达白水城。城周"六七里"，和碎叶城规模相当，物产和气候条件也优于咀逻斯城。白水城在《新唐书》中被称作"白水胡城"，即今赛拉姆。

从白水城继续向西南行"二百余里"便到恭御城，城周"五六里"，规模很小。玄奘记载"素叶以西数十孤城"，白水城也是其中之一。"城皆立长"，玄奘前去一一拜访，想来也是一项繁重的工作。恭御城"树木蓊郁"，定然是泉水、河流萦绕之地。

从恭御城向南"四五十里"便进入了笯赤建国。笯赤建国周围千余里，土地肥沃，农业发达。该国种植业繁盛，尤以葡萄产量最为丰富，质量亦佳，价格非常昂贵。在这丰饶的国度里有上百"城邑"，每座城都拥立不同的"君长"。日本学者堀谦德在《解说西域记》中说："谈及该国国情的只有《大唐西域记》，因此无从进行参照对比。"日本学者这句话说得很有意思，他指出了《大唐西域记》的权威性。

不知玄奘一行从笯赤建国的哪座城邑出发，总之他们离开这个国家向西又走了二百余里，就抵达赭时国（塔什干），《隋书》中写作"石国"。玄奘记载该国"西临叶河"。叶河在《隋书》中写作"药杀水"，它和发源于帕米尔高原、注入咸海的锡尔河指的是同一条河。赭时国面积和笯赤建国相当，"周千余里"，"城邑"几十座，《新唐书·西突厥传》中的"可贺敦城"便是其中之一。《隋书》记载，该国有"都城"，也有国王，都城的东南方还建有类似于祭殿的建筑。正月初六及七月十五，国王会将装有父母骨灰的金壶放在地上，带臣下巡拜，撒花焚香，供奉种种水果。祭典过后，国王和夫人进入别帐，臣下列坐两旁，举办宴会。整个遗骨供养仪式似乎充满了佛教色彩。统率伊朗的胡商和在伊吾大放异彩的石万年，还有在玉门关外为玄奘引路的石槃陀，他们的故乡都在这里。《新唐书》记载赭时国"去京师（长安）九千里"。

• • •

［这一讲讲到玄奘在西突厥和统叶护可汗的交往，还讲到西域境内西突厥势力范围的几十个小国，让人听得眼花缭乱。公元7世纪玄奘经历的那个年代就是这样，一个城邑就是一个国家。历史上对西域的界定有点含糊，有说西域四十四国，有说三十六国，还有说二十四国，重要的是国与国的界定有难度。实际上，西域地区版图辽阔，它涵盖了甘肃、青海、新疆和苏联加盟共和国部分、中亚地区及阿富汗部分等国家、地区和城邦，这个概念是正确的。玄奘西行又将朝哪个国家走去？请看下一讲"飒秣建遇拜火教"。］

第十五讲
飒秣建遇拜火教

（字幕·旁白）

　　玄奘离开西突厥之后，接着又朝哪个国家走去？飒秣建国（康国）和捕喝国（安国）同为该地区最大的国家，玄奘下一个目的地正是这里。在这里玄奘遇到了什么，改变了什么？历史记下了重重一笔。

　　玄奘一行离开统叶护可汗一直北行，在经过几个小国后，来到飒秣建国。飒秣建国，又称康国，即现在乌兹别克斯坦第二大城市撒马尔罕，是中亚最古老的城市之一，其历史最早可追溯到公元前5世纪，善于经商的粟特人把撒马尔罕建造成一座美轮美奂的都城。

　　从玄奘的时代上溯千年，亚历山大大帝率领骑兵攻占的马拉坎达就是这里。根据希腊人阿里安的记载，亚历山大率军直入粟特地区的王宫所在地马拉坎达，然后又沿马拉坎达到塔奈斯河（锡尔河）一线继续进军（《亚历山大远征记》），此事件发生在公元前 329 年。

玄奘沿着亚历山大进军路线的反方向，从锡尔河前往马拉坎达。飒秣建国"周千六七百里"，是玄奘越过天山后到过的国家中最大的。该国大都城"周二十余里"，并且非常坚固，据说就是今阿弗拉西阿卜遗址。目前，考古学界已探明的古城址总面积为 219 公顷，文化层厚达 10 米，共分 11 层，埋藏着都城的悠久历史。

随着汉代丝绸之路的兴起，撒马尔罕成为沟通波斯、印度和中国的重要枢纽。正因为其重要的战略地理位置，这座城市也饱受战火的蹂躏，并且在 13 世纪成吉思汗西征时被彻底摧毁。后来，随着帖木儿帝国的兴起，帖木儿大军横扫波斯、印度、高加索、南俄罗斯和蒙古，为了让撒马尔罕成为亚洲之都，他下令把所有的珍宝和工匠都运至撒马尔罕，在城里修建起最辉煌的宫殿和清真寺。现在撒马尔罕城内的大多数建筑都是在那个时期所建。

根据《大唐西域记》的记载：飒秣建国方圆一千六七百里，东西长，南北狭窄，境内土地肥沃、树木繁盛，盛产花卉、水果和上等战马。飒秣建国都城方圆二十多里，城池坚固，地势极为险要，城中不但云集了从各地运来的无数奇珍异宝，手工艺水平在中亚也是首屈一指。飒秣建国气候温和、四季宜人，但是民风彪悍，其军队大多由赭羯族人组成。这些被称为赭羯武士的战士性情暴躁，打仗拼命，因此所向披靡，再加上由一位骁勇善战的国王带领，邻国都不得不顺从于它，纷纷学习飒秣建国的举止礼仪，不论它们离飒秣建国有多远。

飒秣建国是一个国力强健、极具特色的国家（估计连西突厥都不敢轻易与之开战），不过这个国家从君王到百姓都不信佛教，用玄奘的话来说就是：

> 王及百姓不信佛法，以事火为道。

《大慈恩寺三藏法师传》随后也提及了这里的宗教："王及百姓不信佛法，以事火为道。"可见当地人信仰的是拜火教。"有寺两所，迥无僧居，客僧投者，诸胡以火烧逐，不许停住"，玄奘也不例外，没能在这里留宿。不过，玄奘在这里说的"寺"可能是祆祠。对该教信徒来说，供奉不灭圣火的祠堂，除神职人员以外任何人不得入内。在这里，玄奘才亲身感受到不同宗教之间的差异。据说祠堂内放置着胡律（粟特的法典），所有刑罚均出自这里。（《隋书》）

中国在唐代初期就造出"祆"字以指代拜火教，此前都用"火神天神"或"天神"来指代。《隋书》中的"康国"条目中出现了"祆祠"，因为《隋书》的编纂年代便是唐初。玄奘谈及拜火教时用了"天祠""事火"等词，没有使用"祆"字。

事火为道，就是说这里的人和突厥人一样崇拜火，信奉拜火教。城中虽然有两座寺庙，却没有僧人居住，如果有外来的僧人前去投宿，当地人就会放火把他们赶走。在他们眼中佛教是愚昧邪恶的化身，只有用火才能驱走邪恶重归光明。

所以，当玄奘来到飒秣建王城时，迎接他们的只是寥寥数人，国王根本没把玄奘放在眼里。但玄奘毕竟是统叶护可汗"关照过"的人，飒秣建国王勉为其难地接见了他。一经交谈，国王才觉得眼前这位大唐僧人气度过人、学识不凡，不但对玄奘敬重起来，还高高兴兴地请玄奘为自己授戒。

玄奘凭借自己的才学和人格魅力打动了飒秣建国王，一般人会觉得，玄奘肯定会在国王赐予国书和财物后赶紧离开这个对僧人不怎么友好的地方，但是还没等他离开，一个意外发生了：

原来，跟随玄奘一同来到飒秣建国的还有另外两位年轻僧人，他们不像玄奘这般善于观察一个地方的风俗民情，冒冒失失地跑到了那两座没有僧人居住的寺庙去上香礼佛，结果被信奉拜火教的民众放火驱赶，只好跑到国王这里来告状。国王听完后当即大怒："我刚刚接受法师的授戒，你们就对法师的同伴无礼，那岂不是要我颜面扫地！"国王当即下令将两名放火的主犯抓起来，然后召集全城百姓要把他们的手砍掉。

就在这时，当着全城百姓的面，玄奘再次表现出了一位高僧大德应有的宽仁与气度，劝说国王不要对放火之人采取如此严厉的刑罚，这样才能让众生切切实实地感受到佛法的慈悲为怀。国王当然不能驳玄奘的面子，做了个顺水人情，没有砍掉两名主犯的手，而是一人痛打一顿赶走了事。

从这件小事上就能看出，玄奘不但气度过人，而且处理方式非常到位。

有智慧的人善于把每一个机会都朝有利的一面转变，并且让其发挥最大的作用。

玄奘想的不是如何惩戒肇事者、如何安抚两名同行的僧人，而是充分利用这次事件，用事实说话，让原本在飒秣建国受到歧视和排挤的佛教抬起头来，重新树立其在民众心中的形象。

同样，在国王处理两名主犯的过程中，玄奘既没有一味冷眼旁观，也没有一味替他们求情——死罪可免，活罪难逃，既保全了国王的威严，又让人们看到亵渎佛教和欺负僧人的下场，恩威并施，一举两得。

那么，这次事件给飒秣建国带来了怎样的后果呢？

> 自是上下肃然，咸求信事，遂设大会，度人居寺。其革变邪心，诱开蒙俗，所到如此。

也就是说，从那以后，飒秣建国举国肃然，谁都不敢再用放火驱赶这种方式来对待僧人，而且开始剃度僧人让他们居住在那两座寺庙里。整个飒秣建国延续多年的风俗因为这次事件而悄然发生改变，佛教不再被视为邪魔外道，开始受到尊重，从此在此处站稳脚跟。

《大慈恩寺三藏法师传》中详细记述了玄奘到康国后的这段经历。

玄奘携带麴文泰和统叶护可汗的亲笔信谒见康国国王，国王是个豪勇之人，但对待玄奘的态度却很傲慢。康国国王的初次接见给玄奘留下了坏印象，可能是因为国王疏远佛教。之后玄奘又在康国停留了几天，增广见闻的同时又得到了一次面见国王的机会。这次玄奘为国王讲解了"人天因果，赞佛功德，恭敬福利"，终于打动了国王。书中虽然没有明确记载，但想必玄奘恳求过国王支持康国衰微的佛教。玄奘临行前设了法会，度人出家，让他们居住在寺中。约一百年后，慧超来到这里，称其他诸国"总事火祆，不识佛法。唯康国有一寺，有一僧"（《往五天竺国传》），康国这一寺可能就是因玄奘留存下来的寺庙。

若果真如此，则玄奘在拜火之国点燃的一盏小小法灯，百年后仍未熄灭。

说到康国还需拐个弯，说一说日本学者前田耕作在其《玄奘与丝绸之路：东西文化交流的传奇之旅》一书中提到飒秣建国（即康国）的记载，这些记载在其他有关玄奘的史料中是没有见过的。这或许有三个因素：一是玄奘急于赶路没来得及看到；二是他在《大唐西域记》里疏于记载；三是玄奘经过此地时很可能还不存在。今天录出来让大家知道，是告知我们那时的西域康国是多么强大。

一是王者的壁画

接下来我们说说玄奘当年在离开康国前未曾得见的阿弗拉西阿卜壁画，这幅壁画生动地描绘了当时康国的历史以及国际化的氛围。

1965年，一支施工队在施工过程中偶然发现了一座入口朝东、长11米的方形砖造大厅。它很可能是撒马尔罕王的离宫，四面墙上画满了让人叹为观止的精美壁画。西壁和南壁描绘的是撒马尔罕，北壁描绘的是中国，东壁描绘的则是印度使团亲临撒马尔罕王拂呼缦主持的诺鲁孜节（新年）大祭典时的情形。画面有的地方已经剥落或褪色，难以复原其全貌，但留存世间的摹本依然有助于对画面的解读。

拂呼缦可见于《新唐书·西域传》"高宗永徽时，以其地为康居都督府，即授其王拂呼缦为都督"的记载。康国和唐朝联系密切，但后来遭阿拉伯军灭国，这些壁画可说是日落前绽放的最后一点余晖。

二是各国使节

从东口进入大厅，正对面西壁的上半部分是拂呼缦王迎接前来谒见的各国使节团（推测），下半部分是在垂辫的突厥侍卫与宫廷仪仗官导引下，突厥、中国、吐蕃、朝鲜等亚洲各国使节团谒见的情景。其中最醒目的是突厥人。从画中可明显看出康国（撒马尔罕）当时依附于突厥的军事力量，还可以看到石国、支汗那等友好邻邦的使节，以及双手捧绢、移步向前的中国使节。将中国使节放在画面正中央，可能是在暗示康国和唐朝关系的重要性。绢在突厥文化中起到的象征作用也值得关注。手捧豹皮和牦牛尾的，应当是来自高寒地区吐蕃的使者（西壁右下角），头插鸟羽的是朝鲜使节。这幅使节图一方面夸耀了康国多彩的国际关系，另一方面壁画"万国来朝"的主题也包含了宣示王权的政治意义。

三是参加祭礼的行列

南壁的骑马队列图，描绘了国王参加祭祖仪式的场景，这幅图对了解康国的宗教礼仪具有非常重要的意义。据《魏书·西域传》记载，康国以国家名义修建"祖庙"，每年六月举行祭礼，届时各国都会参加。队列先头的大象背上安放坐辇，上面坐的可能是王妃（图中已缺失）；后面跟着并列的三匹马，马上分别侧坐着一位女性，画中铭文称她们为"高贵的妇人"，可能是国王的近亲；接着是两头骆驼并排前进，背上各驮了一名男子，分别用右手和左手握着一根小棍……这些棍子可能原本是"庆祝染血的夜祭、令人陶醉的古老仪式"（神酒豪麻祭祀）中使用的"强力的棍棒"；主持祭火仪式的神官随后登场，他们用面纱遮住嘴部，以免玷污圣火，还牵着一匹配了鞍的马、四只鹅，马用来献给拜火教的太阳神密特拉，鹅用来献给拥有四副面孔的祖尔宛神（弗朗兹·葛乐耐《关于撒马尔罕出土的壁画"使节图"的最新研究》），明显是带有粟特色彩的拜火教风格的仪式；画面最后是骑马的国王和随从，国王的像比所有人都更大一些。将主要人物画得大一些，是西亚艺术自古以来的传统表现手法。

四是宏伟的"世界图"

北壁描绘的是唐高宗和武则天盛装出席祭祀仪式的场景，东壁描绘了印度的风景，其中还出现了天球仪和印度占星术师的身影。《旧唐书·西域传》的"康国"条目中记载了占卜气候与吉凶的"婆罗门"占星术师，指的应该就是这些人。

阿弗拉西阿卜壁画堪称规模宏大的"世界图"，具有深远而多元的意义。这完全是因为康国位于世界贸易路线的十字路口这一特殊地理位置，以及其贯彻巧妙的以商立国的国策。

阿弗拉西阿卜壁画规模宏大，绘制精到，反映了康国的国势强大。

玄奘一行离开飒秣建国后，继续西行。此广大区域玄奘在《大唐西域记》里记述得有详有略。这一区域是唐代历史上有名的"昭武"王姓的王国联盟，亦称"昭武九姓国"。当时，因为康国最为强大，其他八姓国"米国、史国、曹国、石国、何国、东安国、中安国、西安国"皆以康国为中心，所以重点记述了康国。这些小国玄奘都曾到过并有所记载，但玄奘似乎觉得这些胡国风情没有什么值得记录，只写了九个字：

土宜风俗，同飒秣建国。

尽管玄奘记述得非常简略，但他毕竟留下了这些国家的相关信息，不仅补充了相关的中国史料里不明确的部分，而且为中亚的中世纪史投射了崭新亮点，其价值难以估量。

离开飒秣建国后，经过了若干小国，玄奘一行来到了沟通中亚与南亚的一个著名要塞——铁门。这里的铁门并非位于天山脚下扼守南北疆咽喉的库尔勒铁门关，而是在西突厥控制下的一处要塞，在今乌兹别克斯坦境内。玄奘在《大唐西域记》卷一记载：

> 铁门者，左右带山，山极峭峻，虽有狭径，加之险阻，两傍石壁，其色如铁。既设门扉，又以铁锢，多有铁铃，悬诸户扇，因其险固，遂以为名。

玄奘可能自今古佐尔河的山谷前行，进入了更为狭窄的布兹嘎拉山口，道路两侧的石壁几近垂直，令人震撼。

铁门峡谷全长约3千米，北端入口宽约10米，入口处有一建筑物遗迹，好像是以前的哨所。据说峡谷入口的断崖顶上也有瞭望塔的遗迹。南端出口宽40—50米，"正中央有两座由石块堆砌而成的小丘，高2—3米，左右完全对称"，应当就是玄奘所说的"既设门扉，又以铁锢"，即"铁门"，铁门上"多有铁铃"。这里是突厥（粟特）的最后一道关卡，玄奘认为，"铁门"不仅是因门扉的原材料而得名，还"因其险固，遂以为名"。突厥碑文中曾有"渡过珍珠河（锡尔河），征战至铁门"的内容，可见铁门乃是突厥征服"四隅之民"象征性的一隅。

当年，古希腊亚历山大大帝就曾率领三万五千名铁军，追击粟特人时横扫铁门。谁也想不到，亚历山大大帝和玄奘坚守着"军"（战争）与"法"（和平）这两种完全不同的理念，走过了同一道"铁门"峡谷。

出铁门向南走，是一片略带倾斜的平地，缚刍河从此流过。

顺着河流继续南下，迎面是德尔本特的山脊。离开河流，沿山脊的坡道向上攀登，会途经一处建有城墙的哨所，即"最后的铁门"。

出了铁门，玄奘就到达了睹货逻国。这个国家就是西汉时期著名旅行家张骞曾经到过的大夏，玄奘在《大唐西域记》卷一中记载：

> 南北千余里，东西三千余里。东厄葱岭，西接波剌斯（即波斯），南大雪山，北据铁门。

这块地方在当时是一个文化交流最集中的地方，人类历史上两大璀璨的文明——印度文明和伊朗文明在这里交会，也是东西方文化交融的地区。但是，玄奘到达这里的时候，已经盛况不再了。大夏不再强盛，这个方圆几千里的地方分裂成几十个国家，其中的小国家和小城邦都臣服于西突厥。玄奘抵达了这几十个国家当中的一个小国——活国，也就是今天阿富汗的昆都士，并且在这里目睹了一场惨剧。按照汉族的伦理观来看，这简直是一场人伦的惨剧。

这件事开始的时候，完全是一件让人非常快乐和意外的事情——玄奘在活国遇见了统叶护可汗的长子，这位长子叫呾度，史籍上称为"呾度设"。"设"是个官名，别部统兵长官的意思，就是统帅这个部落的长官叫"设"。这可以说是故人之子了。玄奘跟那个统叶护可汗相处得很愉快，而且随行到这里的，应该还有统叶护可汗派出的那些通晓西域各国语言的官员，这原本是一件让人很开心的事情；更让人高兴的是，这个呾度设还是高昌王的妹夫,那就跟玄奘也有亲戚关系了,因为玄奘认了高昌王为王兄,玄奘等于也是他的小舅子。在充满艰险的漫漫旅途当中,还有比这样的事更让人宽慰和高兴的吗?问题是,玄奘到达的时候,呾度设的夫人,也就是高昌王的妹妹刚刚去世,当玄奘把高昌王的信给呾度设的时候,呾度设一下悲从心起,便号啕大哭。看来,这个呾度设和夫人的感情是非常好的。而根据记载,呾度设当时又身患重病,大概是因为他的这个夫人刚刚去世,心情悲痛,于是对玄奘说:"弟子见师目明,愿少停息。若差,自送师到婆罗门国。"(法师您从高昌这边一路过来,我看见您眼为之一明,心情一下子好多了,请您在这里稍微停歇一下。如果我稍微好一点的话,将亲自送您到婆罗门国。)这是一件多么好的事情啊!因为呾度设不是一般人,先撇开他是活国的国王不说,他还是统叶护可汗的长子,如果由他亲自送到印度,玄奘这一路会少很多麻烦,西行求法之路也会平坦得多。这个时候,好像老天也有意来帮助玄奘,当时从印度来了一位梵僧,来为呾度设念咒。印度的传统当中有各种各样的咒,比如咳嗽时让人念个咒,叫咳嗽飞掉。这个梵僧非常擅长此道,为呾度设诵咒之后,呾度设的身体也的确好转了。

但是,呾度设的身体好转以后,并没有马上履行他对玄奘的承诺——亲自送他到印度去,而是忙着做了另外一件事情。什么事情呢?再结婚,又娶了一个比他年轻很多的娘子。从史籍留下来的蛛丝马迹来判断,这个呾度设起码有过三次婚姻。第一次不知道夫人是谁,但是留下了一个儿子,这个时候已经长大成人；第二次婚姻就是跟高昌公主，也留下一个儿子，这个儿子还未成年；第三次就是这个小娘子了。谁也没有料到，就是这段婚姻，给呾度设带来了杀身之祸，大儿子串通小娘子，用毒药把呾度设给毒死了。这个在历史记载当中很明确，呾度设被毒死之后，这个大儿子自立为设，还娶了小娘子为妻。按照汉族人的想法，这里面肯定有奸情，其实倒也未必，因为当时很多的西部民族有收继婚的风俗，就是父死收继后母，兄死收继长嫂，这也不足为怪。

在这种情况下，呾度设送玄奘到印度的承诺，当然是无法兑现了！无奈之下，玄奘只能继续在活国逗留。逗留期间，玄奘倒也并不是一无所获，他遇到了一位叫达摩僧伽的高僧，他曾经在印度留过学，在葱岭以西有着非常高的声望。疏勒和于阗在当年都是佛教的重镇，但是这两个国家的僧人居然都不敢和达摩僧伽对谈！玄奘一路上从来不会放过任何学习的机会，但是考虑到这些胡人高僧的性格和做事方式难以捉摸，于是就辗转托人先去了解一下，达摩僧伽到底精通哪些经典和学说。谁知道这一打听，首先惹恼了达摩僧伽的众多弟子：你玄奘不直接上门来请教，反而辗转打听这些东西！达摩僧伽倒颇有点气度，毕竟是一代宗师式的人物，他的回答充满了自信："我尽解，随意问。"这话的意思非常明确，佛教的各种学说和经典我都能理解和解说，请你随意来问。玄奘心怀厚道，他知道达摩僧伽是不修习大乘佛教的，就以小乘经典发问，而对方的回答和解释并不怎么样，有诸多破绽。辩经失败以后，达摩僧伽心悦诚服，并觉得非常难得，不仅和玄奘相见欢喜，还到处为玄奘扬名，说他比自己高明（处处誉赞，言己不能及）。

▼

玄奘在西行求法路上，经历了好几次与高僧的辩经，却始终没能解开他在佛学上的诸多困惑。看来只有到佛教的发源地印度，才能求得最高最完备的佛法。但要去印度，就必须获得国王的帮助。当玄奘请求活国的新国王时，新国王的一个建议，竟然使得玄奘没有立刻赶往他一心向往的印度，这是为什么呢？

▼

玄奘的目的地当然是印度，在活国的短暂停留是无可奈何之举。他的那位故人之子呾度设已经不幸去世，玄奘犹豫了半天，还是去找了这位毒死呾度设的新国王，请求他派出使者，提供马匹，以便他继续往印度前行。这位新国王的确也很不错，不仅按照玄奘的需求提供了各种各样的帮助，而且还很善意地建议玄奘，在去印度之前先到附近的一些地方去看看，比如他属下就有一个缚喝国，这个国家有"小王舍城"的名声（王舍城是当时印度一个非常著名的大城市，以经济繁荣、宗教发达著称），圣迹很多，而且也顺路。正巧，缚喝国有几十个僧人来参加呾度设的丧礼，玄奘于是就和他们结伴向南，离开活国，进入现在的阿富汗境内。

∴

[玄奘的马队离开活国,翻越大雪山之后,来到了古代印度境内,在梵衍那国,见到了举世瞩目的巴米扬大佛,又在迦毕试国住进了一座叫质子伽蓝的寺庙,有人称"洛阳寺",在这里又发生了哪些有趣的故事?请看下一讲"质子伽蓝显神奇"。]

第十六讲
质子伽蓝显神奇

（字幕·旁白）

　　进入阿富汗国境之后，玄奘放慢了西行的步伐，因为这一带已接近佛之故土，到处可见寺院、僧徒、婆罗门教徒。玄奘在这段行程中看到的巴米扬大佛到底有多雄伟？在质子伽蓝又发生了什么惊人的事件？

～～～

　　玄奘离开睹货逻国，旧曰吐火罗，亦叫活国（今阿富汗）这个是非之地后，从此前进数百里，渡缚刍河到缚喝国（今阿富汗北部的巴尔夫市）。城中佛教极盛，寺宇繁多，塔顶多饰黄金，太阳一照，光耀夺目，所以有"小王舍城"之称。城内一百多所寺院，三千多名僧侣都学小乘佛教。玄奘到城外西南一座叫纳缚伽蓝去观光释迦牟尼的遗迹，瞻仰了寺中三宝：一是佛澡罐，二是佛牙，三是佛扫帚，皆为佛陀真迹。在这里，玄奘还遇到了从北印度来的年轻僧人慧性（即般若羯罗）。慧性天资聪慧且博学多才，玄奘与他结为益友，在这里住了月余，同他就读"一切有部"的论著《毗婆沙论》。伽蓝还有印度磔迦国的小乘三藏法爱、法性二位法师。

玄奘向他们学习小乘佛典并讨论问题，结果他们都自叹不如，四人从此成为好友。

自缚喝国南行，经过锐末陀国、胡寔健国（今阿富汗西北部的巴尔干以南地区），国王请玄奘到那里讲经，玄奘无法推脱，在那里住了些时日。后又同慧性法师相随入揭职国（今阿富汗），从这里向东南行再次来到一座大雪山脚下，这座大雪山就是著名的兴都库什山。兴都库什山的主体位于亚洲中南部的阿富汗境内，是中亚、西亚、南亚沙漠地区的主要水源地之一，顶部终年被积雪覆盖，不但是印度河与阿姆河的分水岭，也是一条重要的气候景观分界线。公元三四世纪，佛教在当地盛行，人们在山壁上陆续开凿了六千多个大小土窟，这些土窟后来成为来往旅客和朝拜者的临时住所。玄奘一行在穿越兴都库什山的时候很可能就曾在其中的某个土窟停留过。

在这片横亘千里的大雪山中，有一个非常著名的佛教国家，名叫梵衍那国，这个国家的王城就是位于兴都库什山腹地、古丝绸之路上最为繁忙的商业和交通枢纽——巴米扬城（今阿富汗首都喀布尔以西）。

梵衍那国是一个山国，地处雪山之中，居民依山傍谷，依地形营建城镇，都城长六七里，就建在山崖之上。那大雪山山高谷深，峰峦险峻，四季风雪接连不断，人行小道崎岖难走，比起凌山、沙碛更为险阻，积雪最深达数丈，行旅非常危险。玄奘一行历尽艰辛，方才翻过大雪山到达梵衍那国的都城。国王亲自出迎，玄奘在王宫住了几天，还在该国两位高僧陪同下到各地巡礼参观。

第十六讲 | 质子伽蓝显神奇

梵衍那国也是个虔诚的佛教国家，有数千名僧人，信奉小乘佛教的说出世部。当然，梵衍那国给人们留下最深印象的不是它险要的地理位置和独特的风俗习惯，而是两尊大佛：

> 王城东北山阿有立佛石像，高百四五十尺，金色晃曜，宝饰焕烂。东有伽蓝，此国先王之所建也。伽蓝东有鍮石释迦佛立像，高百余尺，分身别铸，总合成立。（《大唐西域记》）

玄奘的这段描写，很可能是全世界最早的对巴米扬大佛的记载。根据玄奘的观察，由于铜佛太过高大沉重，所以梵衍那人采用了高超的分身合铸技术，将佛像身体的各个部位分开来铸造，然后再将其拼装组合成完整的铜佛。另一尊高百四五十尺，是在山崖上摩崖雕刻而成的石佛，就是后来举世瞩目的巴米扬大佛。

巴米扬大佛曾是世界上最高的立佛，距今已有一千五百多年，因雕凿在巴米扬河谷边山崖南面的断崖上，故被称为"巴米扬大佛"。两尊巨佛，一尊建造于公元5世纪，高55米，身披红色袈裟，名叫塞尔萨尔；另一尊建造于公元1世纪，高38米，身披蓝色袈裟，名叫沙玛玛。公元4世纪和7世纪，晋代高僧法显和唐代高僧玄奘都曾先后到过这里，并在其各自的著作《佛国记》和《大唐西域记》中对巴米扬大佛作了生动的描述。

关于巴米扬的两尊大佛，该国两位高僧陪同玄奘巡礼时，玄奘观察特为细致，还专门进行了记载：

先说西大佛，按照《大唐西域记》的记录顺序看，他们先去膜拜了位于"王城东北山阿"的大佛龛中的西大佛。"高百四五十尺，金色晃曜，宝饰焕烂"的西大佛映入眼帘，玄奘忠实地将自己的眼前所见记录了下来。目前已知，实测高度近 55 米的大佛，要先在砾岩上摩崖刻出全身，再涂上一层土打底，以勾勒衣服的线条；接着要再涂一层石膏，使佛像周身更加光滑；最后才在最顶层涂色，为大佛做整体修饰。玄奘所写的"金色晃曜"，我们无法明确判断是指大佛全身金光闪闪，还是指未被僧衣遮住的部分为金色。另外，后一句中的"宝饰焕烂"一词，也不确定指的到底是衣服的设计，是大佛周身装饰的璎珞（用金、银、珠宝、珍珠等串成的饰品），还是描述佛龛整体庄严肃穆。但是，西大佛的美轮美奂是无可争议的。

接下来，玄奘一行前往的就是比古伽蓝更往东的"释迦佛"（也叫东大佛）。玄奘仰望着近在咫尺的释迦佛立像，记录下"高百余尺"，由"鍮石"铸成。该佛像高约百尺，与实测高度 38 米也大致吻合。玄奘能将东西两座大佛的高度把握得如此准确，或是因为他现场请教过了解兴建佛像细节的相关人员。然而，玄奘说西大佛是"石像"，东大佛又怎么会是"鍮石"所铸？玄奘在《大唐西域记》卷二起首的《印度总述》中记录印度产量丰富的矿石时，写到"鍮石"与金、银、白玉（白玛瑙）、火珠（水晶）为同等珍贵之物。据说在中国，鍮石指"自然铜之精也"，虽属于铜，但为"呈金黄色"的合金。玄奘敢称东大佛由"鍮石"制成，大概是因为他认为此佛像明显经铸造而成。可即便如此，一次性铸成规模如此宏大的佛像，几乎也是不可能的。如果佛像真是铸造而成，那么它肯定和其他大佛一样，先被分成多个小部分铸造后再结合为整体，除此之外别无他法。正因如此，玄奘才在后文记录"分身别铸，总合成立"。

实际上，佛像应该是经粗加工后涂以石灰泥进行修饰，再加涂红色涂料，最后覆上金皮。或许金皮很厚，误导法师确信此佛像是铸造而成的了。2001年3月12日，塔利班轰毁了此佛，大佛化为残块与尘土，却也在无意中揭示了我们此前未知的各种真相。

巴米扬大佛惨遭炸毁，不但使当地的旅游业受到毁灭性打击，也给世界佛教带来了不可挽回的损失。

在梵衍那国停留半个月后，玄奘来到了象征着当时中亚和印度的分界线的黑岭。不过，现实中的地理分界线不会像地图上那么清楚简单。任何文明之间都会有一片缓冲地带，生活在缓冲地带的人们身上往往带有两种文明的印记，而玄奘来到的就是这样一个处在两种文明交会处的国家——迦毕试国。这里是西突厥的最南疆，即今阿富汗首都喀布尔。

到此，统叶护可汗派来的翻译使者，完成了护送玄奘的任务返回国去。

这迦毕试国，方圆四千多里，北靠雪山，其余三面环绕着黑岭。国王是刹帝利种姓，治国有方，很有智慧计谋，勇猛暴躁，威震邻国，统治属国十余个。国内有寺院一百多座，僧徒六千多人，信奉大乘佛教，因接近印度，街上到处可以见到婆罗门教徒，他们听说中国有一位玄奘法师到时，王与诸僧出城门迎接。玄奘到来后，受到了国王和僧人们的热情欢迎，甚至还发生了各所寺院"争夺"玄奘的盛况，他们认为能够邀请一位大唐高僧前往自己的庙里居住，对当地任何一所寺院来说都是一件非常有面子的事。正在大家你一言我一语相持不下时，一位僧人突然大声喊道：

> 我寺本汉天子儿作。今从彼来，先宜过我寺！

意思是说：我们这所寺庙原本就是汉朝皇帝的儿子所修建，现在法师从汉地（大唐）来，理应先住在我们这里！

此言一出，众皆哗然，也引来了玄奘的注意。迦毕试国地处中亚和印度交界处，离中原万里之遥，居然会有一位汉人天子的儿子在这里修建寺庙！这个王子为何会来到迦毕试国，又为何要建造这座庙，当中又发生了怎样的故事？简简单单的一句话，顿时勾起了玄奘强烈的好奇心。

原来，那个喊话僧人所在的寺庙名叫质子伽蓝。质子，顾名思义，就是人质；伽蓝，就是庙，即一座用来居住人质的庙。在当地语言中，这座庙还有另外一个名字，叫沙落迦寺，翻译成汉语正是洛阳庙，所以这座寺庙又叫洛阳寺。

正可谓他乡遇故人，洛阳是玄奘从小生活、学习、成长的地方，每个人对幼年生活过的地方都会格外有感情，能够在万里之外的异国他乡看到一座以故乡城市命名的寺庙，玄奘心中自然是激动万分，当即决定在洛阳寺落脚。既然叫质子伽蓝，可见修建这座寺庙的王子当初是被当作人质送到此地。虽然这位王子的身份已经很难考证，但是从实际情况看，王子很有可能是东汉人：

其一，当时的贵霜王朝在第三代国王迦腻色迦的统治下国势强大，一度扩张到葱岭以东，西域各国不得不纷纷派遣人质以示友好。

其二，从政治上看，东汉建立后政治重心东移，对西域的控制和扩张远不及西汉，更多的是采取外交等派遣使者的方式来维持西域和平,而迦腻色迦王很可能也派出使者前往东汉。

其三,从国力上看,东汉和贵霜王朝在外交地位上大致对等,存在交换人质的可能。

其四,伽蓝意为洛阳,而洛阳正是当时东汉王朝的都城,也是王子离开前生活的地方。

在这几个因素的共同作用下,这位东汉王子来到了贵霜国。不过他的人质生活却不像秦始皇在赵国时那般悲惨,据《大唐西域记》记载:

> 迦腻色迦王既得质子,特加礼命,寒暑改馆,冬居印度诸国,夏还迦毕试国,春、秋止健驮逻国。故质子三时住处,各建伽蓝。

意思是说:迦腻色迦王迎来这位汉朝的质子后,给了他特别的礼遇:冬天请他前往温暖的印度去避寒,夏天再把他请回地处雪山之中的迦毕试国来避暑,到了春、秋天,就把他送去健陀逻国享受鲜花,每到一处,都会为他修建伽蓝居住。位于迦毕试国王城的洛阳寺,应该就是由质子夏季避暑的别墅所改建的。

迦腻色迦王(约78—120年),贵霜王朝第三代国王。在他的治理下,贵霜国占领了北印度全境,其势力西达咸海,东抵葱岭,南及印度河流域上游,北望中亚,定都布路沙布逻城(今巴基斯坦白沙瓦地区),创建了自阿育王以后最强大的印度大帝国。迦腻色迦王信奉佛教,极力保护佛典,加上他开疆拓土,开启了东西方文明的要道,使得佛教在各民族间迅速传播,促进了大乘经典的编纂,也就是印度佛教史上的第四次经典结集。迦腻色迦王也因此与阿育王并称印度佛教史上的两大转轮圣王。

迦腻色迦王还建造了许多佛塔,据《法显传》、《洛阳伽蓝记》卷五、《大唐西域记》卷二记载,迦腻色迦王曾在都城郊外建造了雀离大塔与迦腻色迦僧伽蓝。雀离大塔位于布路沙布逻城的东南七八里处,塔高四十余丈,众宝装饰,壮丽威严,改变了原来的覆钵式结构,创建了五层楼式的佛塔,是法显所见最为壮观的一座佛塔。迦腻色迦僧伽蓝则建在雀离大塔西面,到玄奘西行时已成废墟。

然而当玄奘来到"洛阳寺"的时候,看到的却是另一番景象:寺庙残破不堪,院内杂草丛生,就连佛像都有脱落和毁坏。如此重要的一座寺庙,为何在几百年间得不到修缮呢?

原来,质子在世时就居住在这里(当时可能还是别墅),他也是一个信佛之人,因此在旁边的山上凿了不少石室作为自己打坐修佛的地方。我们知道,佛教是在东汉初年(汉明帝时)才传入中原,并且留下了著名的"白马驮经"的故事,洛阳白马寺也是中国最早的寺庙。这位王子很可能在离开洛阳之前就已信奉佛教,本身就希望能够前往当时佛学最为昌盛的印度求学,这才被东汉朝廷以"人质"的形式派往贵霜国,而不是中原王朝惯用的公主和亲。

白马驮经与质子东来,这可以说是中国与印度最早的佛学交流,也见证了中印友好往来的一段佳话。

相传在这几间石室里藏有大量珠宝,旁边墙上还刻有铭文、绘有壁画,如果有人前来盗取珠宝,墙上的铭文和壁画上的药叉就会发出各种声音,变出各种恐怖的形象来吓阻他们。关于宝藏的另一个说法是，质子在寺庙建造的时候就预先在东门外的一座佛像脚下埋藏了很多财宝金钱，在自己去世或回国后可以用来修缮寺庙，这在当地是一个众人皆知的秘密。

有个贵族在得知这个消息后，几次三番带兵前来，想要从神像脚下挖掘宝藏，但是每次开挖时附近就会地动山摇，神像头上的那只鹦鹉像还会张开翅膀发出非常凄厉恐怖的叫声，硬是把这些居心不良之人吓得难以得逞。不仅如此，就连庙里的僧人想要动用这批珠宝来修缮损毁的佛像，也会发生之前那样的状况，久而久之，"洛阳寺"便逐渐破败，成了玄奘当时看到的这个样子。

现在，洛阳寺里的僧人见玄奘是从质子故国而来，觉得这是上天赐予洛阳寺的机缘，认为只有玄奘才能帮助他们打开宝藏重修寺庙，所以才把这个故事原原本本地告诉了玄奘。

按照"事不关己，高高挂起"的处世原则，玄奘此时最大的任务是抓紧时间前往印度，尽量不要被别的事务所耽搁，就像在活国没有参与咀度设一家的宫廷变乱一样，但是玄奘没有这么做。

事不关己和明哲保身可以让人省去很多麻烦，却非那些有崇高信仰者的精神准则。

在玄奘看来，宫廷变乱是"俗务"，不是一个僧人应该插手的事情，而帮助洛阳寺的僧人们取宝是为了修缮寺庙，是同行间的"分内之事"，可以为自己的西行求法之路积德行善，更是大乘佛教"普度众生"的核心教义所在，自然是责无旁贷。于是，玄奘就带领僧人们到质子画像前去祷告。据《大慈恩寺三藏法师传》卷二载：

> 质子原藏此宝拟营功德，今开施用，诚是其时。……如蒙许者，奘自观开，称知斤数，以付所司，如法修造，不令虚费。唯神之灵，愿垂体察。

意思是说：质子殿下您藏起这批财宝原本就是为了留给后人使用以求积德行善，今天我把它打开来用以修缮寺庙正是时候。……如果您答应的话，我一打开地窖，就会亲自称好它们的分量，然后交给相关衙门，保证物尽其用，绝不白白浪费您留下来的每一分钱。

玄奘的话似乎感动了质子的在天之灵，在他带领僧人们在神像脚下开挖的时候，四周风平浪静，顶上那只鹦鹉也不叫了，没有出现任何异常状况。挖到地底下七八尺的时候，众人发现了一个大铜器，抬出来看，里面装有数百斤黄金和数十颗明珠——质子传说果然是真的。

此时，众人无不对玄奘佩服得五体投地，玄奘就用这笔钱将洛阳寺翻修一新。

此后，玄奘在迦毕试国逗留数日，与当地僧人交流佛法，凭借卓绝的见识和精湛的修为博得了国王与僧人们的一致敬重。但是对玄奘来说，这只能算是西行途中的一个小小插曲，他心中的圣地只有一个，就是位于黑岭另一侧的印度。

迦毕试国王城修建在群山腹地，是一处易守难攻的天险，进出都十分困难，所以玄奘离开的时候还要再次穿越被冰雪所覆盖的黑岭。有了翻越凌山和兴都库什山的经验，再加上准备充分，玄奘一行在穿越黑岭时并没有遇到太多的危险，此后又向东行走六百多里，终于进入了当时的北印度境内。

・・・

［玄奘带着巡礼巴米扬的兴致，在迦毕试国的质子伽蓝，又称洛阳寺的寺院，完成了僧人"积德行善，普度众生"的神圣使命。下面他将和他的团队进入北印度。初入佛国玄奘又会见到哪些佛教圣迹？请看下一讲"学经迦湿弥罗国"。］

第十七讲
学经迦湿弥罗国

（字幕·旁白）

　　玄奘进入了心中的圣地印度之后，充满了无限的激情和好奇，留下诸多珍贵而有趣的记载。然而，玄奘来佛国的愿望是求学，他不会忘记这一信念和使命，他的一切行为都围绕这一中心进行。接下来，他在迦湿弥罗国遇到了印度高僧僧称大师，就在这里停留了两年，专心钻研这里完备的佛经。

　　上一讲讲到玄奘在质子伽蓝的神奇表现，给印度僧人和国王留下了美好的印象。

　　玄奘从这里辞别了众人，又与他的随行人员会合向东南走了五百多里，到健陀逻国，其国东临信度河，都城布路沙布罗（今巴基斯坦的白沙瓦）。白沙瓦是今巴基斯坦的西北边防重镇，是当年佛教东传和丝绸之路的文化中心。这是个具有光荣历史的国家，国多圣哲，古代印巴次大陆的佛教著名论师如那罗延天、无著菩萨、世亲菩萨、法救、如意、胁尊者等都出生于此地。同时，健陀逻又是印度佛教艺术的发源地之一。佛教艺术在公元前 2 世纪盛行于印度河流域，南北朝时期随佛教输入中国，对我国影响极大，在建筑和雕塑方面，它是一种融古希腊艺术与印度艺术为一体而产生的"健陀逻艺术"。

通常人们把佛像和寺庙联系在一起，很难想象没有佛像的寺庙。然而，释迦牟尼涅槃后五六百年里寺庙没有供奉任何佛像。这是因为佛陀在世时就不同意偶像崇拜，他曾一再告诉弟子们，他的法比他的人更重要，佛陀让弟子们用菩提树或油灯来代表他。因为菩提树是他成道的象征，而油灯则是佛法为众人带来光明的象征。这就是至今人们在寺庙里燃灯或者蜡烛的原因。

随着佛教的发展，人们希望能见到佛陀的形象，于是公元前 1 世纪第一个释迦牟尼的佛像诞生了，卷曲的头发，高直的鼻梁，身着古代希腊人宽松的外袍，生动表现了佛陀的庄严、安详、宁静、平和、慈悲且充满爱心与智慧。这就是健陀逻艺术的伟大和对人类文明作出的杰出贡献。

在都城白沙瓦，还有许多佛教圣迹，城外东北有佛钵宝台，城外东南八九里有一棵宝树，叫"毕钵罗树"，高百余尺，过去四佛并坐树下，树下有四座如来佛像。离宝树不远，有一浮图，是迦腻色迦王所造，高四百尺，单是这座塔基周围就有一里半，高一百五十尺。塔顶起金刚相轮二十五层，中藏如来舍利一斛。大浮图西南百余步有白石像，高一丈八尺，北面而立，雕塑极为生动，完全是健陀逻风格。玄奘一边参观巡礼，一边把高昌王和统叶护可汗赠送他的金、银、绫、绢等财物分赠给各个大佛寺、大佛塔中的僧众。从此到乌铎迦汉荼城（今巴基斯坦阿托克之北）；又向东北行六百余里，到达乌仗那国，首都叫瞢揭厘城（今巴基斯坦杜西里山西北）。

乌仗那国从前佛教极为发达，有伽蓝一千四百所，僧徒一万八千人，玄奘去的时候，佛教已经衰落，寺宇大半荒芜，僧徒也大大减少。其国僧律仪训传有五部：一、法密部；二、化地部；三、饮光部；四、说一切有部；五、大众部。境内的佛塔圣迹很多，玄奘一一朝拜。其中达丽罗川旁有一寺院，寺内有木刻弥勒佛像，高有一百多尺，雕刻非常生动，是由一位末田底迦阿罗汉所造，传说他凭神力带领一百人升天，亲自观察菩萨的妙相，三次观察才渐次完成。玄奘为了朝拜这尊伟大的佛像，曾以绳索攀登险峻的山路，通过高耸的吊桥，再走一千里路才到达。

玄奘参观完木雕圣迹之后，又还归健陀逻国的乌铎迦汉荼城，南渡信度河，至咀叉始罗国（今巴基斯坦北拉瓦尔品第西北五十余里的沙台里）。玄奘到达这里时，这个国家国力已衰，附属迦湿弥罗国，城东南的山上有阿育王的佛塔。一行人再渡信度河往东南二百余里到大石门。相传当年摩诃萨埵王子曾在此看到一只饿虎，带着七个虎子，王子怜悯它们，就用竹片刺破自己的身体，让老虎吸他的血，可是最后老虎却把王子吃了，其地被王子血所染呈红色，上面长着鲜红的草木，玄奘看了叹息不已。

由大石门东南走山道行五百余里至乌剌尸国（今巴基斯坦北部赫沙勒一带）；又向东南攀登高山，过一座铁桥，行千余里至迦湿弥罗国（今印度克什米尔）。

迦湿弥罗国（故都在今印度克什米尔控制区的斯利那加）地处健陀逻国东北，喜马拉雅山南麓，其领土大致相当于现在的印度西北部和巴基斯坦东北部。这个国家历史悠久，也被翻译成羯湿弥罗国、个湿蜜罗国、个失蜜，是玄奘西行路上一个十分重要的国家，玄奘在这里停留了两年时间。

西行、游历、学习、辩经，玄奘离印度越来越近，名气也越来越大。他的取经队伍刚刚到达迦湿弥罗国的边境要塞石门，国王就派大队人马前往迎接，保护玄奘一行顺利通过石门，并且亲自在一个名叫达摩舍罗的地方举行了盛大的欢迎仪式，国王和大臣、高僧们带着一千多人的队伍手持鲜花等候在大道旁，玄奘一到，大家就开始撒花，还请玄奘坐上一头大象，簇拥着这位大唐高僧浩浩荡荡地往王城进发。

图 17-1　迦湿弥罗国以象舆队伍迎接玄奘到来

来到王城后，国王把玄奘一行安置在一处寺庙内，然后把玄奘请进宫，举行了盛大的宴会，接下来就开始请玄奘讲经。迦湿弥罗国有一位名叫僧称的高僧，博学多才、修为精湛，七十多岁的他与玄奘一见如故，当即决定为玄奘开课，把自己的全部所学传授给这位亦徒亦友的年轻僧人。由于年事已高，僧称法师平时很少亲自讲经，所以开课的消息一经传开，顿时在国内引起轰动，原本为玄奘一人准备的授课，一下子吸引了远近周边的数百位高僧前来听讲。在僧称的亲自指点下，玄奘如鱼得水，学业大为精进，不但学得又好又快，而且还提出了很多自己的见解，令僧称法师大为感慨：

> 此支那僧智力宏赡，顾此众中无能出者，以其明懿，足继世亲昆季之风，所恨生乎远国，不早接圣贤遗芳耳！

意思是说：玄奘的才智实在太高了，我看，在迦湿弥罗没有人能够超过他，他的学识修养足以继承无著、世亲兄弟的风骨，只可惜他出生的国家太遥远了，没有机会早点感受到大德圣贤的风采点化。

人的名，树的影，僧称法师对玄奘的夸赞让不少已经在迦湿弥罗国求法修行多年的僧人们觉得很不服气，这些僧人们的学识虽然比不上僧称，但在当时都已经算得上小有名气，于是纷纷前去向玄奘挑战；面对挑战，玄奘从容应对，将这些挑战者一一驳倒，终于让整个迦湿弥罗佛教界为之折服。

玄奘为什么会在迦湿弥罗国停留两年呢？是因为国王的盛情款待和僧称法师的谆谆教诲吗？恐怕不仅仅是这样。迦湿弥罗国本身就具有悠久的佛教历史和深厚的佛学底蕴，这才是玄奘停下脚步潜心学习的最重要原因。与其他的佛教国家相比，迦湿弥罗国到底有哪些特别之处呢？这得从印度历史上著名的迦腻色迦王说起。

迦腻色迦王是阿育王之后对印度佛教影响最大的一位国王。他在位时，贵霜王朝国力强盛，为了教化四方，迦腻色迦王大力推行佛教，但是当时的佛教已经分成很多流派，各派之间互不服气，相互攻击，给佛教的传播带来了极大的影响。有人就向迦腻色迦王提出建议，利用王国的权威召开一次佛教大会，用以正本清源。迦腻色迦王接受了这个建议，立刻下令召集全印度的高僧，集结的地点恰恰就在迦湿弥罗！

大会召开后，高僧云集，盛况空前，问题也随之出现：那么多僧人汇集在一起，鱼目混珠、良莠不齐，每天吵闹争执，使得整个大会混乱不堪。为了让大会继续下去，迦腻色迦王决定从数千名僧人中挑选真正有才学的高僧来进行佛典集结。经过繁复而严格的选拔，四百九十九位僧人被留下，但由于阿育王时期的第三次佛典集结是由五百位高僧来完成，所以还需要再找一人凑足五百之数。

这时，有一个衣衫褴褛的僧人来到国王专门为集结佛经修建的寺庙门口，那些已经被选上的高僧看不起他，让他回去好好修炼修炼再过来，谁知这个僧人却不屑道：

> 我顾无学，其犹洟唾，志求佛果，不趋小径。掷此缕丸，未坠于地，必当证得无学圣果。

意思是说：我看起来确实不学无术，但是想要证得圣果就跟流涕、吐口水一样容易；我立志追求佛果，但不会像你们那样用一些雕虫小技。我现在就把这个锦囊抛上天，在它掉下来之前，我就能修成圣果。众僧不信，于是这个僧人就把锦囊抛向天空，结果锦囊果然没有落下，神灵还在天空中显灵，说此人当在今生证得圣果，然后在来世接弥勒的班，岂能在此追求这样的小果呢？那些看不起他的僧人们顿时对他刮目相看，引为上宾，这个僧人就是著名的世友法师。

此后，世友就与其余四百九十九位高僧一起编纂了《大毗婆沙论》，将原本纷乱繁杂的佛经整理集结完毕。迦腻色迦王随即下令将佛经镂镌于铜牒上，再封存于石函中，还专门建造了一座佛塔用来保存经典。

相传，迦湿弥罗国是由药叉神保护，为了不让外道窃取损坏千辛万苦完成的经论，国王规定，如果有人想要学习，就必须在这座塔中受业。从这个角度看，第四次佛教集结让迦湿弥罗完成了印度佛教历史上的一次壮举，也让当地陷入了一种保守自闭的风气中。当月氏、安息、康居等西域诸国的高僧纷纷前往中原译经传道时，号称佛教鼎盛之地的迦湿弥罗国却无一人东行弘法。

迦湿弥罗国以小乘佛教著称，但是公元4世纪后，其所传经典也包含了一些大乘佛教的内容，并且在态度上逐渐开放。十六国时期的著名僧人佛图澄在来到中原前就曾在迦湿弥罗修学佛法；一代高僧鸠摩罗什也曾在迦湿弥罗师从盘头达多研习小乘佛教经典。鸠摩罗什回到龟兹后，反面宣扬起了大乘佛法，盘头达多得知后，不顾年高体弱，长途跋涉来到龟兹会见鸠摩罗什，聆听大乘教义，最终转信大乘佛教。

这些都是发生在玄奘之前的故事，玄奘到达迦湿弥罗的时候，虽然当地的佛教已不如当年那般兴盛，但依旧保留着由世友等五百位高僧编写集结的完整佛经。这一点对玄奘来说非常重要，就好比给了他一次在正式前往最高佛教学府那烂陀寺深造之前进入预科班学习的机会。

我们知道，在当时，佛教经典都是由梵文书写，人们交流佛典甚至辩经也都是用梵文，玄奘的梵文虽然不错，但那都是在中原和沿途游历时陆续学习积累而来，或者可以说没有经过系统学习，想要在那烂陀寺与那些高僧交流学习，就必须具备相当熟练甚至是精通的梵文水平。

所以，这一次玄奘没有急着赶路，而是在迦湿弥罗国停了下来，就像当年在高昌国逗留一样，他需要为接下来的旅程和游学进行知识上的准备。玄奘在这里做了三件事：一是当地的国王非常热情，愿意供奉玄奘，这是物质保障；二是玄奘需要系统学习梵文，在印度，交流学习的主要形式就是辩经，辩经一靠学识、二靠反应、三靠说话技巧，如果同等修为，一个口齿伶俐、一个结结巴巴，高下立现；三是迦湿弥罗收藏了大量珍贵而完备的佛典，玄奘需要在这里对印度佛学进行一次系统学习和全面了解，所以，在这里一学就是两年。

唐贞观三年（629年），玄奘三十岁。他从迦湿弥罗国启程向西南行七百里来到半笯嗟国（今克什米尔的布恩契），又向东行四百余里到曷逻阇补罗国（今克什米尔南部的拉加奥利一带）。再东南下山渡水七百余里抵磔迦国（今巴基斯坦的锡亚尔克特，一说在今印度与巴基斯坦两国北部旁遮普一带）。

自滥波国到磔迦国，都属北印度境，是印度边荒地带。这里的风俗礼仪，稍殊于印度内地，民风尤其凶悍，在这一带，玄奘一行曾遭到一次要钱也要命的洗劫。

在磔迦国他们巡礼了有世亲菩萨制《胜义谛论》处及过去四佛说法处。从此出那罗僧诃城，到了波罗奢原始大森林，一望郁郁苍苍，无边无际，还有些千年古藤纠缠树枝垂下百丈长条，林中不时有大象出没，群猴跳跃。他们在林中走了好几里，忽然一声呼啸，林中冲出五十多个强盗，不仅法师和同伴们所带衣物钱财被抢劫一空，而且强盗们还穷追不舍要他们纳命，强盗们将他们追到一个已经干枯的水池旁，要一总加以杀害。玄奘看见池旁一些荆棘树丛，上面长满藤蔓，池水将枯，只剩得池底一洼死水。玄奘和同来的小和尚伏在地上，往荆棘丛中一望，见池那厢有一水穴，可容一人匍匐而过，二人趁着嘈杂混乱之际，靠池底草木掩护，偷偷从小水穴口逃出，一口气飞跑了二三里。出了森林边缘，恰好碰着一个正在耕地的婆罗门，婆罗门弄清他们是被强盗追赶后，大惊，马上解下耕牛，向村中吹起螺号。村人闻警，便打起鼓来，集合了八九十人，拿着兵器，一窝蜂向林中跑去。强盗们一看村中自卫队人多，纷纷逃入林间，一霎间无影无踪。玄奘和村人们赶到水池旁，解救了被绑而未被杀的同伴，各自安慰一番，又把剩下的衣物分给众人，大家在回村路上人人抱怨，个个悲泣，只有玄奘若无其事，并无忧色。众人问："衣物钱财全被洗劫，只剩得一个光身子，大师您怎么毫不在乎？"玄奘心平气和地回答道："我们中国有句古话叫'天地之大宝曰生'，这世上最宝贵的无非是生命，生命保住了，其他身外之物的损失，又算得了什么？"众人听了稍为宽解。

第二天，他们来到磔迦国的东境一大城，在城西一个大庵罗林中，晤见一位据说已有七百岁的老婆罗门，他是印度哲学大师龙树的学生。这位婆罗门学识渊博、相貌魁梧，看上去不过三十来岁，他的两个侍者也已一百多岁。他对印度最古老的宗教典籍《吠陀》极为精通。《吠陀》学为印度宗教哲学及文学之基础，是属国民的、民间的自然宗教圣典，最初的婆罗门阶级即因师弟相传背诵这个被民间认为具有超人咒力的经典而受到尊重，并被视为与神同等，终而获得无上的地位和势力。这部《吠陀》等于是他们这个阶级的权力源泉。玄奘与之相见，对谈十分投机。他闻法师一行遇盗，于是在镇里号召大家施敬，不几天，人们捐献来许多衣物、布匹和素食果品，玄奘一一分给伙伴们。玄奘在此停留一个月，跟他学了《百论》《广百论》《吠陀经》以及《奥意书》，才离开这里继续他的旅行。

玄奘离开磔迦国，告别老婆罗门，向东行五百余里到至那仆底国（今印度旁遮普邦费罗兹普尔附近），至那仆底国和中印文化交流颇有关系。"至那仆底"的意思是"汉封"，所以又叫"汉门"。从前迦腻色迦王在位时武力极盛，号令西域各国。中国有一个王国，就是前面在迦毕试国时曾提到的，送王子到这里当人质的王国。迦腻色迦王当时非常高兴，给予这位王子优厚的赏赐和隆重的接待：一年之中按照热、雨、寒三时调换处所，并派步、马、车、象四兵种担任警卫，这里是人质王子冬天居住的地方，所以此国叫至那仆底国。还说，印度原来不产桃和梨，是这位王子把桃和梨带来印度种植。古印度文把桃称至那你，意思是中国传来的；管梨叫至那罗阇弗咀逻，意思是汉朝王子。因此，这个国家的人民非常敬重唐王朝，他们指着玄奘说："这是我们先王的同国之人。"

玄奘到至那仆底国，住突舍萨那寺，寺里有一名僧人叫调伏光，本是北印度一位王子，美丰仪，通三藏，著有《五蕴论释》《唯识三十论释》。玄奘因此住下四个月，向调伏光学习《对法论》《显宗论》《理门论》等。之后，往东北行一百四五十里，至阇烂达罗国（今北印度境贾朗达尔），住四个月，从这国的名僧旃达罗伐摩学《众事分毗婆沙》。

从此东北攀登险径，行七百余里至屈露多国（今北印度境）。又南行七百余里，涉山渡河，至设多图卢国（今北印度境）。西南行八百余里，至波理夜呾罗国（今中印度境），方才走出北印度，到了中印度境内。

• • •

［玄奘贞观三年（629年）秋离开了迦湿弥罗国，向西南行，又经过北印度的几个国家，不久，在磔迦国的波罗奢原始大森林遭遇了惊险的一幕。进入中印度后，玄奘又留下了哪些传奇的记载？请看下一讲"北印度访佛影窟"。］

第十八讲
北印度访佛影窟

（字幕·旁白）

　　玄奘越来越近地走向了心中的圣地——印度。进入古印度的疆界后，玄奘在这个文明古国首先参拜的圣地是醯罗城，那里供奉有佛陀的顶骨舍利，继而，还有一个名叫佛影窟的洞窟，据记载说心诚的人可以看到佛陀的身影……

隋唐以前，中国人习惯把印度叫作"天竺"。玄奘西行后，在他写的《大唐西域记》中指出：

　　详夫天竺之称，异议纠纷，旧云身毒，或曰贤豆，今从正音，宜云印度。

玄奘告诉我们，以前所用的天竺或贤豆都不准确，按照正确的发音应该为印度。所以，很少有人知道全世界现在通用的印度这个名称是玄奘大师定名的。

古印度疆域辽阔，包括今天的印度、巴基斯坦、阿富汗、尼泊尔在内的广大地区，时间是公元 5 世纪到公元 6 世纪之间。古印度当时分为东、南、西、北、中五个部分，也叫五天竺，又叫五印度。在《大唐西域记》中玄奘这样记载：

> 五印度之境，周九万余里。三垂大海，北背雪山。北广南狭，形如半月。画野区分，七十余国。

玄奘进入印度，是先由北印度转入中印度，再由中印度转入东印度，又沿印度东海岸向南，到了南印度，然后由南印度绕行西印度，最后又回到中印度。在印度他所历经的共有七十多国。

北印度大国有迦湿弥罗国、滥波国、健陀逻国、乌仗那国、乌刺尸国、磔伽国，而以迦湿弥罗国为最大。这些国家，大多在现今的巴基斯坦、克什米尔、印度旁遮普邦一带。

中印度大国有羯若鞠阇国、秣菟罗国、萨他泥湿伐罗国、禄勒那国、秣底补罗国、垩醯掣呾逻国、劫比他国，而以羯若鞠阇国为最大。这些国家大多在现在的印度北方邦，恒河中游两岸，这一带佛迹最多。释迦牟尼诞生的迦毗罗卫国（现在尼泊尔南境），胜军王曾经建都的舍卫国，以及阿育王曾建都的摩揭陀国和王舍城，都在中印度一带。

东印度大国有迦摩缕波国、伊烂拿钵伐多国、瞻波国、奔那伐弹那国、三摩呾吒国，而以迦摩缕波国为最大。

南印度有许多国家，以达罗毗荼国为最大。

西印度也有许多国家，以摩诃刺侘国为最大。

玄奘周游五印度，访问了这些国家，他是中国历史上周游五印度的第一个旅行家。

玄奘越过了黑岭之后，首先进入北印度。他初入印度，感受到印度文化的新鲜，加之南国的风光，热带葱郁的树木，这些异国情调使他无比兴奋。那时的印度，正是佛教最后一个全盛时期。自释迦牟尼佛灭寂之后，孔雀王朝的阿育王（前273—前232年）由一个杀人如麻的暴君，如顿悟般地成为佛教的庇护者、传播者。他大兴佛寺，下令抄写佛经，将佛教定为国教，这是佛教第一个全盛时期。后来佛教中衰，到隋唐以后，婆罗门教才逐渐恢复兴盛。戒日王（590—647年）即位后国势强盛，他崇信佛教，重新统一了笈多王朝灭亡后崩溃分裂的北印度。

玄奘进入北印度，首先到滥波国（今阿富汗贾拉拉巴德以西喀布尔河北岸的拉格曼）。该国信奉大乘佛教，虽在阿富汗境内，但在文化上完全属于印度的体系，风俗习惯也和印度大同小异。玄奘在此停住三天，参观了十来所佛寺。后又到了那揭罗喝国，今阿富汗东境，这国不大，但它是北印度佛教较发达的一个国家。那揭罗喝国里有一座很有名的城市叫醯罗城，又叫佛顶骨城，是一处著名的佛教圣地。这座城市之所以被称为佛顶骨城，是因为城中保存着很多佛陀的遗物，尤其是那块珍贵的如来佛顶骨。

舍利子在印度语中叫作驮都，也叫设利罗，译成中文叫灵骨、身骨、遗身，是一个人往生，经过火葬后所留下的结晶体。舍利子与普通骸骨不同，有圆形、椭圆形、莲花形，甚至呈佛形或菩萨状，其颜色有白、黑、绿、红等，白色的属于骨骼，黑色的属于头发，红色的属于肌肉，也有其他颜色的舍利子。

在众多舍利子中，当数佛祖释迦牟尼的舍利子最为珍贵。相传，释迦牟尼涅槃后，他的弟子在火化其遗体时从灰烬中得到了一块头顶骨、四颗牙齿、一节中指指骨舍利子和八万四千颗珠状真身舍利子。这些遗留物被众信徒争相供奉，而佛顶骨无疑是其中最重要的一件圣物。

那么，这块象征着一座城市历史与传奇的佛顶骨究竟是怎样的呢？据《大慈恩寺三藏法师传》记载：

> 城有重阁，第二阁中有七宝小塔，如来顶骨在中。骨周一尺二寸，发孔分明，其色黄白，盛以宝函。

意思是说：这块珍贵的如来佛顶骨被供奉在城中一处楼阁第二层的七宝小塔里，佛顶骨呈黄白色，周长一尺二寸，发孔七窍分明，而且是用一只镶嵌有宝石的盒子来盛放。不仅如此，为了确保安全，这块佛顶骨还有着一套完备的管理制度：

> 国王敬重顶骨，虑人抄夺，乃取国中豪姓八人，人持一印，印封守护。清晨，八人俱到，各视其印，然后开户。（《法显传》）

意思是说：国王十分看重这块佛顶骨，为了避免它被掠夺抢走，就从国中找了八个有声望的豪族名人来共同看护，发给每人一套印章和钥匙，每天早上，要八个人全部亲自到场，在国王的监督下验证印章和钥匙，然后才能共同开启宝盒，取出佛顶骨来给大家瞻仰。

位于中国青海省循化撒拉族自治县的街子清真大寺就是采用这种多人共同保管的方式来保存中国最古老的手抄本《古兰经》。这部珍贵的《古兰经》大约成书于公元8世纪至13世纪，全书共30卷867页，分为上下两部，分别存放于两个木函之中。木函上有阿拉伯文和汉字书写的"古兰经"字样；《古兰经》封面为棕色的犀牛皮，经书纸张为白色，已经略显黄色，经文的黑色字迹非常清晰。相传这部《古兰经》是七百多年前撒拉族祖辈们在中亚撒马尔罕王朝东迁时带来的，迄今仍被撒拉族人视为民族至宝。

供人膜拜只是佛顶骨的一个作用，在当地的风俗中，人们还能通过一套仪式向佛顶骨拜求吉凶祸福，即取印。取印的过程是这样的：

> 欲知罪福相者，磨香末为泥，以帛练裹，隐于骨上，随其所得，以定吉凶。（《大慈恩寺三藏法师传》）

意思是说：如果想知道你的祸福吉凶，就把香末研磨成泥，用帛练包裹，轻轻地放在佛顶骨上面，然后佛顶骨就会在上面留下不同的印记，根据不同的印记来判断你的祸福吉凶，这就叫取印。

作为一名虔诚的佛家弟子，佛顶骨在玄奘眼中也是无比神圣灵验的圣物，他当然不会放过在此取印的机会，依样照做之后，居然取得了一个菩提树的印记！菩提树在佛教中象征着吉祥和功德圆满，这个印记无疑是在昭示玄奘的取经之旅将会取得一个十分完满的结果。与玄奘同来的两个僧人也跟着各自取印，结果年长者取得佛像、年轻者取得莲花像，都是十分吉利的象征。负责看护佛顶骨的婆罗门看到玄奘三人居然一连取到三个大吉印记，纷纷弹指散花表示祝贺，说这三个印记都罕见，足见玄奘佛缘之深。

醯罗城之所以能成为闻名印度的佛教圣地！一是佛顶骨，二是佛影窟。

醯罗城西南有一座已经荒芜了的寺庙，寺庙建在山上，在离开寺庙不远的地方有一处悬崖，佛影窟就是这处悬崖上的一个山洞。相传这个洞里曾经住着一条龙，如来降服此龙后，就把自己的影子留在了洞里。山洞洞口很小，里面却很宽敞，只有有佛缘的人才能在洞里看到佛的影子。

昔有佛影，焕若真容，相好具足，俨然如在。

这是《大唐西域记》对佛影窟的描述，对任何一个一心向佛的僧人来说，能够如此活灵活现地看到佛祖的形象无疑是一件梦寐以求的事情。前往佛影窟的路非常艰险，还经常会有强盗出没，两三年来前去参拜的人很少能够平安归来，所以去的人越来越少，但是玄奘还是决定去看一看。不过，那些被迦毕试国国王派来保护玄奘的侍从们却不愿意涉险，玄奘毅然决定孤身前往。

追求真理之路往往孤独，勇气、决心、信念，是你最好的战友。

在前往佛影窟途中，玄奘找不到人带路，幸好碰见了一个小孩子，这才带着他找到了一位认路的老人。

老人带着玄奘刚走了几里路，就在山路上撞见了五个手持钢刀的强盗。两千人的突厥马贼都没能把玄奘怎么样，何况只有这区区五个小蟊贼。玄奘丝毫不乱，非常从容潇洒地把帽子摘了。

玄奘是在装酷耍帅吗？显然不是。那他为什么要把帽子摘了呢？

其一，亮出僧人身份，一般来说僧人都比较穷，身上没什么值钱的东西。

其二，对于僧人，强盗一般只抢不杀，谁也不想因为一时贪念得罪佛祖。

五个强盗顿时恍然，面前原来是个和尚，胆子还不小，居然敢当着我们的面装酷。带头的强盗就问玄奘要去哪里？玄奘回答，我正打算前去参拜佛影。强盗觉得很奇怪，之前前去参拜佛影的几拨人都被他们给收拾了，这个和尚居然还敢来，于是又问，你难道没有听说这里有贼吗？玄奘回答：

> 贼者，人也。今为礼佛，虽猛兽盈衢，奘犹不惧，况檀越之辈是人乎！

意思是说：贼也是人啊。我今天来是为了参拜佛影，就算漫山遍野都是猛兽我都不会害怕，何况你们几个小贼！玄奘的这句抢白是既大胆又在理，那就是要钱没有，要命一条，你们看着办。

几个强盗一听觉得有点道理，再说一个僧人、一个老人身上也没什么财物，反正抢不到什么东西了，杀僧人还会遭报应，还不如跟他们一起去看看那个佛影。

就这样，五个强盗和玄奘跟随老人来到了佛影窟所在的地方。佛影窟坐东朝西，站在洞口往里看，里面黑漆漆的什么都看不清楚。五个强盗不敢贸然进入，玄奘只好自己进洞，按照老人的指点先直走五十步，在碰到东面的石壁时退后站定，然后开始祷告，那里就是传说中佛影出现的地方。

玄奘一边叩头，一边诚心祈祷，然而一百多拜之后，山洞里依然黑乎乎的什么都没看见。玄奘开始忏悔，他觉得是因为自己业障太深，诚心不够，佛祖才不肯现身影。想到这里，玄奘心头一酸，悲从中来，泪流满面，然后继续念经、参拜。又是一百多拜，山洞东面的石壁上终于出现了钵盂大小的一点光晕。

玄奘大喜过望，正要再拜，那点光晕却一闪而逝，就此熄灭。此时的玄奘悲喜交加，喜的是自己的诚心终于打动了佛祖，终于让佛祖现身了；悲的是诚心不够，佛祖不肯长久停留，于是继续参拜、继续念经。

功夫不负有心人，在玄奘的念经和参拜声中，山洞的石壁上再次出现了斑驳的光晕，但又马上散去。这给了玄奘更大的信心，发誓不见佛影就不离开山洞。又是二百多拜，山洞里突然出现一道强光，石壁上终于有了完整的佛影！

> 见如来影皎然在壁，如云开雾，忽睹金山，妙相熙融，神姿晃昱……佛身及袈裟并赤黄色，自膝已上相好极明，华座已下稍似微昧，左右及背后菩萨、圣僧等影亦皆具有。

从《大慈恩寺三藏法师传》的记载来看，石壁上的佛影非常清晰，如来佛祖披着赤黄色的袈裟，脚下是依稀可见的莲花宝座，就连佛祖身后的菩萨、圣僧的影子都能看得清清楚楚。

任何文字都难以描绘玄奘当时的激动心情，唯一知道的是，他马上起身跑到洞外，召唤守在外面的老人和五个强盗赶快举火把进来。但是等这六个人举着火把进来的时候，佛影一下子就消失了。玄奘立刻想到是火光盖住了佛影，于是让他们把火把熄灭，然后继续叩头念经，终于再次看到了佛影。

精诚所至，金石为开，一旦下定决心，就要把事情坚持到底。

直到佛光散去，玄奘等人才依依不舍地离开山洞。就在玄奘打算返回的时候，也许是受到了佛影的感化，五个强盗突然扔掉钢刀，请求玄奘为他们授戒。玄奘当即答应，大乘佛教的教义之一便是普度众生，此行不但看到了佛影，还能度化这伙强盗，自然令他喜出望外。

那么，佛影的显像究竟是杜撰，还是真实存在的呢？

为了证实佛影窟的传说，日本有一位名叫足立喜六的学者就曾亲自前往进行实地考察，并在《法显传考证》中写道："石窟在石山之绝壁，西南向，入口狭小，内深，有不完全之采光窗，斜阳射入，津滴内壁，故投映影像。"也就是说，这个山洞很可能暗合了某种光学构造。由于洞很深而且有缝隙，缝隙能够采光却不完全，加上石壁上凝结有水汽，因此光线照射进来后，折射在有水汽的石壁上，就会呈现出各种影像。这类由光线折射和视觉误差产生的影像效果，在中国很多名胜古刹中都有提及，可见《大慈恩寺三藏法师传》中关于佛影窟的记载并非子虚乌有。

参拜完神奇的佛影窟后，玄奘回到了佛顶骨城与同伴们会合，沿着喀布尔河谷继续向东南进发，就此离开阿富汗，进入了现在的巴基斯坦境内。贞观二年（628年）秋，玄奘来到北印度境内直达健陀逻国的都城布路沙布逻（今巴基斯坦白沙瓦市西北）。

健陀逻国，意为香花之国，东临印度河，其创始者原为大月氏人，后来亚历山大大帝东征至此，带来了希腊文化，留下了大量希腊风格的雕塑艺术。健陀逻人汲取古埃及、希腊、罗马、波斯的雕刻手法，并加以发展，逐渐形成了举世闻名的健陀逻艺术，而健陀逻艺术最重要的内容就是佛教艺术。在健陀逻，佛教艺术受到希腊艺术的影响，从而形成了塑像、壁画的传统，这才有了后来的佛像。这种艺术形式对中国产生了巨大的影响，中国的佛教绘画、雕塑、壁画、石窟，大多带有明显的健陀逻艺术风格。

随着佛教的传播，健陀逻艺术越过北方葱岭进入西域，再由西域传到中原，进而影响北魏的佛教艺术；随后又经由朝鲜传入日本，影响了飞鸟时代的建筑和雕刻；另一派则往南传入缅甸、暹罗、交趾等东南亚地区。

然而，当玄奘到达这里的时候，健陀逻国已经衰落，不复往日胜景。据《大唐西域记》卷二记载：

> 王族绝嗣，役属迦毕试国。邑里空荒，居人稀少……僧伽蓝十余所，摧残荒废，芜漫萧条，诸窣堵波颇多颓圮。

意思是说：健陀逻国的王族已经没有了后人，现在从属于迦毕试国。城市里空旷荒芜，居民稀少；十几所寺庙残破荒废，杂草丛生，就连佛塔也倒塌了。相信当时看到这番景象的玄奘一定非常难过。在他看来，印度应该是一个佛教繁荣昌盛、佛学流派众多、信徒数十万、高僧大德遍地的地方，然而现实却让他有了一丝担忧，像健陀逻这样象征着佛教最高艺术水平、有着许多著名佛典传说的佛教圣地尚且衰落至此，那么佛教在印度别的地方的境况又如何呢？

人生最大的遗憾不是得不到，而是明明能够触及却又擦肩而过。

如果说进入印度前玄奘怀着的是一种求学求知的紧迫感，那么现在，当他站在荒草丛中那一尊尊栩栩如生、形象鲜活的健陀逻佛像前面时，他的心情变得焦虑。

他担心自己来晚了,担心自己错过佛教在印度的最好时光,担心所求不得,因而有了命运的紧迫感。

健陀逻国虽然衰落了,但是由迦腻色迦王所建造的佛塔和寺庙还在。这所迦腻色迦寺,还住过佛教历史上两位极具传奇色彩的人物——胁尊者和如意大师。

相传胁尊者年轻时并非佛教徒,直到八十岁时方才出家,很多人觉得他是因为年纪大了想去庙里混饭吃,而不可能取得多少佛学修为。面对人们的嘲笑,胁尊者当场发誓:

> 我若不通三藏理,不断三界欲,得六神通,具八解脱,终不以胁而至于席。

意思是说:我如果不能透彻理解佛教三藏的含义,断不了三界欲念,不能让六神通达,使整个身心都得到解脱,这辈子我就绝不让自己的胁骨碰到席子!这个誓言在常人看来非常奇怪,普通人赌咒发誓,或者刀山火海、海枯石烂,或者五雷轰顶、不得好死,怎么会跟胁骨扯上关系?这当中就牵涉一个僧人才有的习惯,僧人不能仰卧,也不能趴着睡,只能侧卧,所以胁骨一定会接触床铺;按照胁尊者的发誓,就等于不把佛经读透就不睡觉了。至于这位老人最后有没有把佛经读透、有没有不睡觉,史料没有记载,大家记住的只是这个别具一格的誓言,于是就称他为"胁尊者"。

胁尊者居住的房间就在寺庙三楼,而住在他楼下的,是另一位著名人物如意法师。这位如意法师,就是玄奘当初在龟兹与木叉毱多辩经时提到的《毗婆沙论》的撰写者。

如意法师自幼天资聪颖,少年成名,长大后游学四方,声望日隆。有一天,如意法师来到一个国家,这里的国王名叫超日王,每天都要施舍给国家里的穷人五亿金钱。大臣们非常担心,劝国王说再这样下去国库就要空了,只能通过增加赋税来维持国家的开销,这是在逼老百姓造反啊!超日王回答说这些钱又不是他挥霍掉的,而是施舍给穷人,穷人有了钱,又怎么会造反?

后来,超日王竟然悬赏一亿金钱让人提供一只野猪的消息。就在同一天,如意法师剃了一个头,居然也给了剃头的人一亿金钱。消息一传开,超日王觉得丢了面子,又没法用世俗的办法来对付如意法师,于是就找了一百个有学问的人向如意法师挑战。谁知如意法师一口气把其中九十九个人都驳倒了,但是如意法师再厉害也是人,终于因为疲倦和大意倒在了车轮战下,因为他把一个词组念颠倒了。这在印度辩经中是不被允许的,国王和一百个挑战者就认为如意法师输了。如意法师功亏一篑,负气之下,竟咬断了自己的舌头,很快一病不起,并在临终前给最得意的弟子世亲留下一张字条:

党援之众,无竟大义;群迷之中,无辩正论。

意思是说:跟这些只会跟着国王起哄而不是真正追求佛法大义的糊涂人没什么好辩论的。说完,如意大师就去世了。世亲法师成名后,请求继位的国王再次召集辩论,顺利击败对手,为师父平反正名。

世亲法师也是印度佛教历史上的一位重要人物,人称世亲菩萨。世亲是如意法师最得意的弟子,跟他的师父一样信奉小乘佛教,博闻强记,悟性非凡。当世亲斗败对手为如意法师平反后,他在小乘佛教界的声望达到了顶点。就在这个时候,他的哥哥无著菩萨，却从小乘佛教转信大乘佛教。

世亲不明白哥哥为什么要转信大乘佛教，于是就离开北印度前往求教。当他来到恒河边上时，无著菩萨已经等在河边一座古老的砖质佛塔里。但是，无著菩萨没有马上与弟弟见面，而是让自己的弟子在当天夜里前往世亲所住的房间窗外诵读《十地经》。但凡高僧，都对佛经有着过人的直觉，世亲一听到这部佛经的内容，马上明白自己以前所信仰的小乘佛学并不完备，过去所花的很多时间精力可都白费了。作为小乘佛教的大师，世亲经常攻击大乘学说，于是他开始忏悔，想要找到一个赎罪的办法，最后把所有的过错都归结到了舌头上，并且拿出一把锋利的小刀，准备把自己的舌头割掉。一直在屋外观察的无著菩萨立刻现身阻止了他，说过去你用舌头攻击大乘，以后也可以用舌头去弘扬大乘，何必把它割掉呢？在无著菩萨的开导下，世亲就在恒河边的这座佛塔前改信大乘佛教，后来成为大乘佛教的顶尖人物。

更为凑巧的是，世亲菩萨写《阿毗达磨俱舍论》的地方就在胁尊者房间东面的老屋里。迦腻色迦寺见证了印度历史上佛教最为昌盛的时代，也见证了一大批为了追求佛法真理者的动人故事。

在这样一个充满了岁月感和人文气息的地方，玄奘驻足良久，先贤故事固然值得追忆，但重新弘扬佛法的重任，却要由后来者去完成。

• • •

[在很多人看来，没有什么比生命更值得珍惜，但对玄

奘来说，信念和理想才是生命中最宝贵的东西；面对西行路上的种种危难和生死攸关，玄奘选择坦然、宽容和博爱，以此去感化别人……玄奘离开佛影窟以后，又去了哪些地方巡礼求学？请看下一讲"中印度恒河遇险"。]

第十九讲
中印度恒河遇险

（字幕·旁白）

　　玄奘进入中印度，先后游历三十多个国家，来到了曲女城，在这里他详细记载了一个仙人和戒日王的神奇传记。然后沿印度的恒河顺流而下，遇到了一帮信仰突迦天神的强盗，他们不仅抢劫财富，还选中了玄奘做祭祀用的人牲。玄奘努力辩解，还是被这群强盗拖上了祭坛。这是玄奘西行以来遇到的最危险的一次劫难，连他自己都确信躲不过去这一天了……

　　中印度是释迦牟尼成道的地方，是佛教重要的传播中心，几乎到处都有佛迹可寻。玄奘在此先后游历三十多国。他往东行五百余里到了古印度十六大国之一的秣菟罗国（今印度北方邦的朱姆那河流域）。我国东晋法显也曾来这里访问，这里的近护寺在印度佛教史上有着非常重要的地位。在这里玄奘礼拜了释迦如来诸圣弟子的遗身浮图，有舍利子、没特伽罗子、满慈子、罗怙罗、曼殊室利菩萨等。再往东北行五百多里到萨他泥湿伐罗国，都城在今印度旁遮普邦的塔内沙尔。

玄奘又东行四百多里,到窣禄勤那国(今印度北方邦西北部的台拉登和喜马偕尔区南部的西木耳一带),此国北靠大山,东临恒河。玄奘久闻恒河之名,知道是印度的一条圣河,很多宗教包括佛教都发源于恒河流域,是印度文明的摇篮。他首次站到恒河岸上,但见河水浩荡,波涛起伏,无边无际,心中无限感慨。看着那悠悠的逝水,想起了故国黄河。黄河孕育着中国的文明,恒河孕育着印度的文化,虽然思恋祖国,怀念故乡,但更感到来此之不易。

恒河是一条长二千七百公里的大河,源于喜马拉雅山,东南流入孟加拉湾。《大唐西域记》中说它"灵怪虽多,不为物害。其味甘美,细沙随流"。恒河自古就被印度人民尊为母亲河,认为恒河水是"福水",人们在此沐浴可消除罪孽,古时当地甚至有自溺习俗,直至今天每遇宗教节日,人们还是来恒河沐浴洁身。此国有大德名阇耶毱多,通三藏,玄奘遂往学习一冬半春,听他讲《经部毗婆沙》。

暮春三月,玄奘渡河东岸至秣底补罗国(今印度北方邦的马达瓦尔),停半春一夏向德光论师的弟子蜜多斯那学习《恒埵三弟铄论》《随发智论》等。往北行三百余里到婆罗吸摩补罗国,即传闻中的东女国(今印度北方邦西北部的迦尔瓦尔地区)。东女国东西长、南北窄,在大雪山中间,传说该国国王世代均由女人担任,男人不问政事,只从事战争及农耕。因为还有一个西女国,所以称此国为东女国。

从这里玄奘又回到中印度,向东南行四百余里,到达中印度的垩醯掣呾逻国(今印度北方邦罗希尔甘德东部的阿希查特拉地区),南行二百余里,渡恒河更西南行至毗罗删拿国(今印度北方邦的比尔沙尔），又东行二百余里，至劫比他国（都城在今印度北方邦法鲁迦巴德城西的桑基萨村）。

劫比他国城东二十余里有一所大寺院，院内有著名的"劫比他三宝阶"，是佛教的圣迹之一。

这三宝阶，南北排列，向东而下，是如来佛从三十三天降还人间的地方。据佛教传说，当年如来佛的母亲在生下他后即去世，依其生前造业，死后在忉利天，如来后来升到忉利天为母亲说法，三个月后准备降还人间。上天中央的统御者天帝释以其神力为他造三列台阶，中央用黄金铸成，左阶用水晶，右阶用白银。如来从善法堂起身，率领诸天神从中阶走下来；第九重天的大梵天王手执白拂走右侧银阶；天帝释持宝盖，走左侧水晶阶一起陪同下来；众天神凌空散花，齐声赞美如来功德。玄奘到时的几百年前那些台阶还在，但均遭破坏。玄奘见到的是后世国王在原地以砖石砌成，用珠宝装饰的著名的劫比他宝阶。台阶七十多尺宽，上建有精舍，精舍里有石佛像，佛像左右的台阶上侍立着天帝释和大梵天王走下来的像，形态酷似当年，旁有七丈高的石柱，是无忧王所建。

从劫比他国起身，往西北行二百里到羯若鞠阇国。它的都城曲女城也就是今印度北方邦的卡瑙季。这个国名是个兼顾音意的译名，"羯"，公羊割其势而为羯，意思是女性；鞠，弯曲也；阇，城门台。合起来的意思就是"曲腰女之城"，即曲女城。

这是一个生机勃勃的国家，方圆四千余里，西临恒河，国势十分强盛，是印度的政治中心，伟大的护教者、印度的中兴名君戒日王，是这个国家的统治者。都城曲女城方圆二十余里，玄奘在《大唐西域记》里这样描述：

> 城隍坚峻，台阁相望，花林池沼，光鲜澄镜。异方奇货，多聚于此……气序和洽，风俗淳质。容貌妍雅，服饰鲜绮。笃学游艺，谈论清远。

为什么叫曲女城呢？玄奘在这里听到一个传说——

这个地方过去有个国王，他非常贤明，很有威严。据说他有一千个儿子，而且个个都机智勇敢、能文能武，还有一百个女儿，个个都美丽端庄。那时候，有个仙人一直在附近打坐入定，时间一久就形如枯树，因此被称为"大树仙人"。照理说，他已经修行到这个份儿上了，应该不会再动凡心了，岂料有一天仙人在河边看见国王的女儿们正在洗澡，居然动了凡心欲念。于是来到王城，请求国王把女儿嫁给他，还说可以保佑这个国家繁荣昌盛。国王傻眼了，对仙人的法力很畏惧，也不敢拒绝，于是召集女儿们开会，问谁愿意嫁给这个大树仙人。这些女儿们尽管很崇拜这个仙人，但谁都不愿意嫁给他。这下国王发愁了，整天都愁眉苦脸，担心仙人发火，降下灾祸来。国王有个最小的女儿很孝顺，知道了父亲的心事就挺身而出，答应出嫁。国王大喜，备好了嫁妆，还非常隆重地亲自把女儿给仙人送去。不料这个仙人很挑剔，居然大发脾气："你对我这个老头子也太轻慢了吧，竟然拿这个丑女来敷衍我！"

这里和前面讲的似乎矛盾了：国王的一百个女儿都很美丽，为什么仙人说这个小女儿很丑呢？因为在古代印度，人们对女性的美是有特殊要求的，不光要容貌标致，还要身材丰满，比如壁画当中的女性菩萨都比较丰腴。这个女孩因为是最小的女儿，所以应该还是个小孩子，仙人当然不会满意了。国王百般解释，大树仙人根本不听,还念了一个恶毒的咒语:"九十九女,一时腰曲,形既毁弊,毕世无婚。"果然,国王那另外的九十九个女儿一下子腰全弯了,形象全毁,都别再想能嫁出去了。国王和仙人之间的这场斗争,以仙人的胜利而告终。从此以后,这个城市就叫曲女城了。

玄奘记载的当然不仅仅是这些传说,还记录了古印度一代名王戒日王的世系和功绩,这在史料缺乏的印度,就格外显得珍贵了。

羯若鞠阇国那时在位的国王戒日王,本是吠奢阶级人,姓喜增(梵文是曷利沙伐弹那),父王死后,长兄即位,仁慈爱民,举国称颂。这时东印度金耳国的设赏迦王妒忌他英明果断,认为邻国有贤主必为我国后患,便设下一计,诱请他到国内赴宴,并把他杀害了。消息传来,举国悲悼,大臣等商议共立其弟戒日王。这时戒日王还很年轻,登位后即整军经武,席卷北印,攻破东印度的金耳国为兄报仇。接着躬亲国政,励精图治,把国家治理得井井有条。当时他拥有象兵五千、骑兵两万、步兵五万,他亲率军队从西往东,用武力讨伐不肯称臣的国家,经过六年的征战,终于征服了五印度国。那时他的象兵增加到六万,骑兵达到十万,以后连续三十年,天下太平,政局稳定。

戒日王信奉佛法,天下太平后,通令境内不许杀生,大兴土木,广建佛寺,境内有寺院一百多所,僧侣一万余人,大小乘俱学。每五年召开一次无遮大会,拿出仓库中所有财物,施舍给众生,只把兵器留下来。每年还召集一次各国佛教徒都参加的大会,逢三、逢七这两天遍供众僧,他弘扬佛法的功德可以和阿育王比美。玄奘到达时,戒日王用兵在外,未及相见。他在此住三个月，从毗离耶犀那三藏研究佛法，学习了佛使撰写的《毗婆沙》、日胄撰写的《毗婆沙》。

从曲女城东南行六百余里，渡恒河，南至阿逾陀国，都城在今印度北部法特普尔一带。此国为印度佛教徒的六大圣地之一。城西北有高二百余尺的佛塔，为阿育王所建，据说，佛陀在此地说过法。

城西南五六里有古寺，据说是无著菩萨说法处。无著菩萨为健陀逻国人，佛陀灭度后一千年出世，从化地部出家，后弘大乘。弟弟世亲菩萨于说一切有部出家，后亦改宗大乘。无著菩萨据说晚上升天直接受教于弥勒菩萨，白天再回到这古寺为众说教，弥勒传给他的正是玄奘到印度中心要学的《瑜伽师地论》。他们兄弟出生的年代大约比玄奘早两个世纪，在六朝乃至隋唐间中国佛教的十三个宗派中，有七个以他们兄弟为远祖或远祖之一，如涅槃宗、地论宗、净土宗、禅宗、俱舍宗（以上以世亲为远祖），摄论宗、法相宗（以上以无著为远祖）。以上除俱舍宗外，均属大乘佛教。他们著述极丰，才气横溢，造诣之深，影响之巨，为印度佛学的一代宗师，如《摄大乘论》《显扬圣教论》《对法论》《唯识论》《俱舍论》等，都出自他们之手。

玄奘自阿逾陀国瞻礼圣迹后，即顺恒河和八十余人同船东下，向阿耶穆佉国进发。这恒河是印度第一大河，亚热带丛林非常繁茂，葱郁幽深。忽然一声锣响，两岸各十余条贼船迎流而出。玄奘坐的船上大家慌作一团，有几个胆小的，急得想投河。贼拥船上岸，令八十余旅客尽脱衣服，搜求珍宝。

长途跋涉和丰富的阅历让玄奘有着超乎常人的直觉和观察力，他发现这些人不像是普通的强盗，他们的一言一行似乎是在按照一种既定的流程行进，而且在搜得钱财后也没有放人的意思，好像在等待一件什么事情。最后，玄奘从他们的对话中得悉，这些人并非强盗，而是一伙突伽天神的信徒：

> 然彼群盗素事突伽天神，每于秋中觅一人质状端美，杀取肉血用以祠之，以祈嘉福。

也就是说，每到秋天，这伙突伽天神的信徒们就要根据教义寻找一个身体强健、样貌端庄的人来献祭，然后把他杀了，用他的血肉祭祀神灵，祈求天神的保佑和赐福。

印度古代宗教纷繁复杂，突伽天神是印度教中一个重要的大神，因为是女神所以才译成难近母。难近母是印度教神话中湿婆的妻子——雪山女神的多种形象之一，也是性力派崇拜的主神之一，在印度被当作降魔女神而受崇拜，名字取自她所消灭的罗刹"难于接近"。在大多数绘画和雕塑中，难近母皮肤黄色，坐骑是虎或狮有八、十或者十八臂，持诸神所赐的各类武器，其中有长矛或一条毒蛇。每年九、十月举行的难近母节是印度东南地区最隆重的节日，信徒们将特制的难近母像供奉九天后沉入水中，并举行大规模的游行和庆祝活动。

性力派同时是印度教三大派别之一，主要崇拜时母、难近母和吉祥天女等。玄奘到达印度时，正好是这个教派比较兴盛的时期。在这个教派的众多祭祀仪式中，人牲是最为残忍也是最为虔诚的一种，就是拿活人的血肉献祭。在这些突伽信徒看来，杀人献祭不但不是犯罪，还能洗刷自己前世今生的罪孽，让女神把祥瑞降临到自己身上，所以完全不会对此感到害怕和愧疚。他们守在恒河岸边的密林中劫掠，不但能获得钱财，还能解决人牲来源的问题，可谓一举两得。不过性力派对人牲的要求很高，并不是随随便便抓一个人就能用来献给女神，所以搜索钱财只是其次，挑选人牲才是关键。玄奘的出现无疑让他们喜出望外：

> 我等祭神时欲将过，不能得人，今此沙门形貌淑美，杀用祠之，岂非吉也！

意思是说：当时正好到了夏末秋初要杀人祭祀天神的时间，而这伙信徒还没找到合适的"祭品"，眼看着祭祀时间就要到了，绝对不能再错过。现在这个沙门（僧人，指玄奘）姿容伟岸、气度不凡，而且身材健壮、皮肤细嫩，显然是绝佳的人选，把他杀了来祭女神，是最合适、最吉利的事了！

信徒们很高兴，这一趟活儿，不但抢到了大量财物，还解决了迫在眉睫的人牲问题，于是一把将玄奘从人群中拉了出来，亮出了早已准备好的绳索和钢刀。

这时的玄奘恐怕已经意识到了自己即将成为对方献祭给女神的"贡品"，如果说普通的强盗还能试着用佛理去感化，那么面对这伙邪恶的异教徒，面对西行以来最大的危险，玄奘该怎么办？且看玄奘的应对方式。

一是，不慌乱。慌乱只会让事态进一步恶化，只有镇定才能想出应对之策。

二是，不求饶。每个人都有尊严，即便面对死亡，头可断、血可流，脊梁不能弯，何况此时讨饶也未必有用，还会让整个队伍失去生存的勇气。

三是，不动摇。但并非坐以待毙，不论面对何种险境，都不能动摇活下去和解决问题的信心,只有这样,才能冷静妥当地争取生机。

一个人的素质只有在最危急的关头才能显露出来,是骡子是马,一目了然。《大慈恩寺三藏法师传》这样记载:

> 以奘秽陋之身,得充祠祭,实非敢惜。但以远来,意者欲礼菩提树像……并请问经法。此心未遂,檀越杀之,恐非吉也。

玄奘平静地对那些信徒们说:以我这样污秽丑陋的身躯,竟然可以充当天神的祭品,实在是非常的意外和荣幸,绝对不会舍不得这副躯体;但是我远道而来,为的就是参拜佛像……求真经、问大法,这个心愿还没有达成,施主们现在就把我杀了,哪怕我死了,心中的怨念太甚,恐怕对女神也会很不吉利。

玄奘既没有让他们放了自己,也没有站在佛教的立场上大肆批驳他们所信奉的女神,而是心平气和地站在信徒们的角度替他们"考虑",仿佛一个长者在与犯了错的后辈们谈话,既避免激怒对方,又婉转地表达了自己的意思。

当然,在这个时候,玄奘的同伴中也有不少人站出来表示愿意代替他去献祭。但是有玄奘这样的"美玉"在场,信徒们又岂会看得上这些资质平庸的"顽石"。

从心理学的角度来看,对方越是在乎的东西,就越是宝贵;越是宝贵的东西用来充当祭品就越有效。正所谓"关心则乱",同伴们的舍身救人,其实是帮了玄奘一个大大的倒忙。

信徒们全然无视玄奘的"善解人意"和同伴的苦苦哀求,欢叫跳跃着开始了祭祀仪式:

信徒首领一边派人取水，一边让人在树林里打扫出一块平整的空地，再用水和泥土建起一座临时的祭台。祭台建完后，在信徒们的众目睽睽之下，首领又命令两名手下拿着刀把玄奘押到祭台前，用恒河里的水把玄奘身上洗干净，然后闭上眼睛。只见玄奘嘴里念念有词，仿佛在等待最神圣时刻的到来。

西行以来，玄奘经历过大大小小数十次仪式，然而这一次，却是最特别，也最令他难忘。

事情到了这个地步，眼看已经没有挽回的余地，玄奘的同伴们纷纷开始哭泣。他们实在不愿意看到学识渊博、人格高尚的玄奘法师就这样成为异教徒的刀下之鬼。然而，即将成为祭品的玄奘依旧十分平静，没有露出半点害怕的神情，反倒让信徒们犹豫起来。他为什么没一点反应，他难道不怕死吗？

然而，玄奘让他们失望了，这个"完美人牲"既不反抗，也不配合，只是一言不发地站在那里，仿佛已把一切都看透——既然躲不过，任何挣扎、努力都是徒劳的，索性从容一点，坦然面对生死成败。玄奘平静地对信徒首领道：

愿赐少时，莫相逼恼，使我安心欢喜取灭。

意思是说：请你们稍微给我一点儿时间，不要逼我太甚，让我可以平心静气、高高兴兴地念佛，自己化灭。

化灭，是高僧去世的一种形式，玄奘是想以自己的方式来结束生命。在中国大多数信佛之人在受苦受累或者遭遇困境时第一个想到的都会是观音菩萨，"救苦救难观世音"更是成为一种约定俗成的说法。然而此刻，玄奘闭上眼睛念诵的却是弥勒佛的名号。为什么不念观音而念弥勒？

玄奘时刻不忘的，不是自己的生命，而是西行求法的目的。之所以要西行，很大程度上是为了一部名叫《瑜伽师地论》的经书，而这部经书恰恰又是由弥勒菩萨亲口授传下来的。

在很多人眼里，没有什么比生命更宝贵；可在玄奘看来，生命的价值远不及信念和追求更重要。

玄奘在念弥勒菩萨的时候，脑海里到底在想什么呢？

玄奘想的是不能忘记自己毕生追求的目标，即便生命行将结束，也不能忘记一直坚持的信念。

玄奘想的是希望自己在生命结束以后，能够往生在弥勒菩萨身边，供养弥勒菩萨，学习《瑜伽师地论》。

玄奘想的是许个愿，他希望自己学会《瑜伽师地论》后还能再次转生为人，用从弥勒菩萨那里学到的《瑜伽师地论》去教化那些杀害他的性力派信徒，以免他们再次为祸人间。

发完心愿后，玄奘收拾情绪，很快进入了入定状态。他觉得自己好像来到了须弥山前，极目远眺，隐约能见弥勒菩萨坐在庄严的莲花宝座上，周围还环绕着很多天上的神仙。这时候的玄奘整个身心都已进入了一种忘我的境界。他忘记了自己正身处祭坛，头顶上还有一把明晃晃的钢刀；忘记了身旁穷凶极恶的强盗们，忘记了一切危险……

哭声回荡在恒河岸边，几十名同伴大哭起来，他们只能眼睁睁看着玄奘法师一步步走向死亡而无能为力。在他们看来，目睹一位高僧在自己眼前为贼人所害是一种莫大的罪过，他们想用泪水来洗刷身上的罪孽，他们想用哭声来打动上天、打动神佛，让他们显灵来挽救法师的生命……然而一切都是徒劳，他们只能用哭声给法师送行。

在信徒首领长长的念咒声中，祭祀仪式开始了，站在玄奘身边的大汉举起了手中的钢刀……所有人都闭上了眼睛，信徒们是为了表示虔诚，而玄奘的同伴则是不忍再看。千钧一发之际，《大慈恩寺三藏法师传》这样记载：

> 须臾之间黑风四起，折树飞沙，河流涌浪，船舫漂覆。

是的，当时就是这样，连老天都愤怒了！

顷刻间，漫天黑风四起，恒河边沙尘暴起，和着被刮断的树枝卷向半空，平静的河面顿时涌起滔天大浪，将水匪和玄奘一行所乘坐的船只全部打翻卷走，水面上和岸边一片混乱。

突如其来的变故让所有人都惊骇莫名，不管是玄奘的同伴还是信徒们全都不敢相信自己的眼睛，狂风大浪就像是恒河的神灵发出的警告，让他们赶紧停下献祭仪式！

信徒们纷纷放下手中刀棍，首领连忙抓来一人，指着兀自端坐不动的玄奘问道：

> 沙门从何处来？名字何等？

他们似乎也意识到了这个僧人来历不凡，身份很不一般。那名同伴反应也很快，觉得这是个解救玄奘的好机会，他对信徒首领说："这就是那个从东土大唐来印度求法的玄奘法师啊，各位如果杀了他，就会犯下不可饶恕的滔天大罪。从这场风波的样子来看，你们的天神已经发怒，你们还是立刻停止杀戮，赶紧忏悔为好。"

信徒们马上就慌了，他们原本就觉得这场"天灾"是因为自己在供奉和献祭的过程中出了什么问题，或是诚心不够而惹怒了天神，现在一听这话，再回头看看仍然一动不动、神色镇定坐在祭坛上的玄奘，更觉得这位来自东土大唐的僧人非同寻常。这场突如其来的风波，一定是天神在警告他们不可拿他献祭！

接下来，信徒首领"扑通"一声跪倒在地，他的同伙们也一个个拜倒在地，对着玄奘开始大声忏悔。

然而玄奘还是一动不动地坐在那儿。

信徒们更加不安了，如果玄奘按照他自己说的那样自己化灭了，那还是等于间接死在他们手上。在众人惶恐的眼神中，信徒首领战战兢兢地爬上祭坛，伸出手，用手指轻轻碰了一下玄奘的手臂，想知道玄奘是否已经化灭。一触之下，玄奘就被惊醒了，用一种在我们现在看来不可思议的神情问道：

时至耶？

意思是说：献祭的时候到了吗？

信徒们见玄奘还活着，顿时欢声雷动，首领连忙退开几步，一边叩头，一边发誓不会再拿法师您来当祭品，希望玄奘能够接受他们的忏悔。

"这是怎么一回事啊？"相信玄奘在心里一定会这样问自己，但是他没有表现出任何觉得意外和不可思议的神色，十分坦然地接受了他们的忏悔。这让信徒们更加觉得他是天神的化身，一场劫难也就以这样一种极具戏剧性的结局收场了。

不过事情还没有结束，玄奘可不是那种保住了性命拔腿就跑之人。命运不可抗拒，但机会却是由人来掌握，既然峰回路转，你们这些异教徒就好好听我讲经吧！

坚持自己的信念不难，难的是用信念和行动去感化别人。

于是，玄奘趁热打铁，开始向信徒们讲述一些最基本的佛学道理，指出用抢劫和杀人来祭祀神灵是要遭到报应的，何必用短暂的今生种下来世无边的苦楚呢？还奉劝他们应该珍惜生命，不要再种恶果。

诚惶诚恐的信徒们很快为玄奘的学识和气度所折服，一边磕头忏悔，一边把兵器集中起来丢进恒河，还把从玄奘一行那里抢来的东西悉数归还。做完这些后，这些突伽信徒觉得还不足以赎罪，又请求玄奘为他们授戒，集体成了佛教居士。

恒河遇险，可以说是玄奘在西行途中，甚至是他一生中所遭遇到的最危险的一次劫难，他的生命险些就留在了前往那烂陀寺的路上。然而，凭借过人的心理素质和宽容博大的胸襟，玄奘不但死里逃生，还成功地让一批穷凶极恶的"异教徒"改变信仰，成为虔诚的佛教居士，不能不说是一次奇迹。

这次死里逃生和度化异教徒的经历让玄奘在印度愈加知名，俨然已是一段神话的传说。

一次劫难没有让玄奘丧失前进的信心和勇气，死里逃生的经历让他觉得佛祖和菩萨一定在冥冥之中保佑自己，有了神明的保佑，哪怕前路再危险、再困难，也没有什么可怕的。就这样，玄奘和他的同伴们收拾行囊，在改邪归正的"居士"们的帮助下找到了一条大船，继续沿恒河顺流而下。

· · ·

[在紧要关头，玄奘盘坐净念弥勒菩萨的名号，使他

逃过一劫。实际上，就在自己生命行将结束的那一刻，玄奘心里牢记着的还是他西行求法的最终目的——求得《瑜伽师地论》，而这部经相传就是弥勒菩萨口授的。所以，在这个当口，玄奘念诵弥勒菩萨是希望自己在此生学不到的，即使往生也到弥勒菩萨身边，学习《瑜伽师地论》，所以他念弥勒菩萨是很有道理的。接下来，玄奘又经历了些什么？请看下一讲"释迦故乡蓝毗尼"。]

第二十讲
释迦故乡蓝毗尼

（字幕·旁白）

　　玄奘在中印度接近迦毗罗卫国（今尼泊尔）一带，走近了佛国印度的中心。这里到处是释迦牟尼生前留下的圣地，根据玄奘在《大唐西域记》的记载，玄奘不放弃任何一处圣迹地巡礼，显然放慢了步伐。在这里玄奘看到了什么，发生了什么，会令玄奘激动不已……

　　玄奘所处的时代，除了大唐和西突厥，整个亚洲被无数个国家分割得支离破碎，大一些的相当于一个州郡，小一些的就只是一座或几座城市，而玄奘接下来到达的钵罗耶伽国（今印度北方邦的阿拉哈巴德地区），就是一个位于恒河和阎牟那河交汇处非常重要的国家。

　　人类文明大多是依河流而生，大地是母亲，大河就是母亲的乳汁。恒河和阎牟那河是印度北方最重要的两条河流，都流传着许许多多的传奇故事。古印度的两大史诗《摩诃婆罗多》和《罗摩衍那》都曾提到这里，因此被人们看作圣河。

▼

《摩诃婆罗多》和《罗摩衍那》是古印度最著名的两大史诗，是在长达数世纪的时间里在民间口头流传的基础上发展起来的，包括许多各具特色的诗篇和大量民间口头创作，成分繁多、内容庞杂，是印度后世各类文学艺术创作汲取素材的重要来源。在这当中，《摩诃婆罗多》被看成"历史传说"，而《罗摩衍那》则被看成"最初的诗"，成为后世诗歌的典范。

▼

在两条圣河交汇的地方，正是钵罗耶伽。当地有一个奇特的现象：两条大河交汇处的水面颜色深浅不同，这在现在看来并不奇怪，中国古代就有"泾清渭浊"之说，甚至同一条河流的主航道两侧都会出现水面颜色不同的情况，可在古代印度，这个现象就被人们看成是神明在此会合的象征。再加上当地土地肥沃、气候舒适、物产丰富，钵罗耶伽也就逐渐成了古印度的圣地，同时也是重要的宗教浴场之一。古印度人宗教信仰浓厚，他们相信，只要在圣河里沐浴，就能洗去一切罪恶，如果把沐浴的地点选在两条圣河的交汇处的钵罗耶伽，效果就会加倍。

直到今天印度人还保留着在圣河沐浴的传统，从阿拉哈巴德到恒河下游另一座重要的城市瓦拉纳西，成千上万的印度教徒每天清晨都会聚集在恒河沿岸。恒河发源于印度北部旁遮普喜马拉雅山，流经整个印度北部，长久以来都被视为"圣河"。根据印度教传说，恒河是印度的"圣母"，而取自河中的水更是被教徒视为圣水，成为祭祀活动中必不可少之物。因此，每天都有成千上万人脱光衣物在河水中浸泡沐浴，意在洗去罪恶，以求神明赐福。教徒们死后,骨灰也会被撒入河中,以期修成正果,一些地方甚至不顾禁令直接将死尸扔入河中。此外,恒河两岸每天还会向河中排放上亿吨污水,今天的恒河早已不是玄奘看到的那条清澈明净的"圣河",而是成了一条名副其实的"污水河"。据印度卫生部门统计,经常在恒河中沐浴的人有40%－50%会患上皮肤病和胃部疾病。尽管如此,虔诚的教徒们依旧在河中浸泡、沐浴,甚至还会喝下一两口发黑的河水。

当年玄奘来到这里的时候,他又看到了哪些独特的景象呢?

首先是,沐浴。这应该是最普遍、最普通的一种群众性行为,大家没事就拖家带口来圣河洗洗澡、擦擦身。就像希腊传说中的海神忒提斯提着刚出生的阿喀琉斯的脚踝倒浸在冥河里,好让儿子在神水的沐浴下祛百病和刀枪不入是一个想法。

其次是,自杀。据说两河交汇的地方神明聚集,无疑是最佳的自杀升天寻求超脱之处。因此,每年都会有数以百计的人来到钵罗耶伽,焚香沐浴,绝食七天,然后抱着沙袋、大石头、铁块之类的东西沉河自杀。

其三是,修炼。有的人觉得沐浴洗澡效果不好,也不够虔诚,溺水自杀又太急功近利,所以外道们(外道,是佛教徒对非佛教徒的统一称呼)选择了很多匪夷所思的办法在此修行。

修行显然不是一件容易的事,如果容易,岂不是人人都能修行?想要修行,就必须先在树林里砍树,把大树砍断后砍掉枝叶,只留下光秃秃的树干,接着把树干抬到河边,锯成长短不一的木桩,然后派人下水,找到合适的地点之后,就在河面上打下一根长木桩,然后在这根长木桩旁再竖一根矮一点的木桩,两根都必须露出水面。每天天亮,外道们就从岸边涉水爬上这一对一对的木桩，一只手抓住高柱子，一只脚踩住矮柱子，另一只手和另一只脚凌空张开，整个人抬头挺胸、腰板伸直，面孔还要对着太阳的方向。早晨，太阳从东方升起，外道们就面朝东方；正午，太阳升到天顶，外道们也跟着仰面朝天；傍晚，日落西山，外道们继续追随夕阳……整个过程中，所有修行者的身子就会以一只手抓住高柱子为轴心慢慢旋转，日出日落，象征着天人合一、往生轮回，长时间修炼，不但能强身健体，还会让精神得到升华。

印度素来以歌舞闻名，这种修炼方式所展现出来的形体美感，就融入了舞蹈的元素。可以试想一下，当几十上百名外道以同样的姿势、同样的节奏迎着太阳在河面上缓缓旋转，这是何等奇特而壮观的景象啊！

当然，也有人转到中途跌落圣河，在外道们看来，这就是升天，超脱了。相传，最虔诚的信徒不论刮风下雨每天都会来河上修炼，几十年坚持不懈，直到落水升天。

离开了沐浴在两条圣河光辉下的钵罗耶伽国后，玄奘一行来到了憍赏弥国。玄奘到达的时候，佛教在当地已经衰落，外道势力大为兴盛，然而玄奘依然记录了这个国家。因为这里曾是护法菩萨降服外道一举成名的地方，而护法菩萨，正是玄奘西行的目的地——那烂陀寺寺主戒贤法师的师父。

东行五百余里，到鞞索迦国，再东北行五百余里到达室罗伐悉底国，一名舍卫国，在今尼泊尔和印度的边境一带，玄奘到这里时整个舍卫城已经荒芜，不过城中还有居民。从前有伽蓝好几百所，现大半已经荒废，僧徒无几。从这里向南走便到了有名的"祇树给孤独园"了。

"祇树给孤独园"又名"祇园精舍",它的兴建缘起,玄奘记载的传说是这样的:大约在公元前526年,舍卫城里有一位家财万贯却仁慈悲悯的长者,名叫苏达多,乐善好施,经常济助贫困人民,因此大家都称他为"给孤独长者",意思是"无可比拟的布施者"。有一次,他前往王舍城做买卖,巧遇佛陀居住于寒林丘冢间说法,当下就皈依了三宝,成为一名虔诚的在家居士,并告诉佛陀他将终生虔敬供养僧团,包括衣被、饮食、房舍、床卧、随病汤药等一切所需,希望世尊能到舍卫城净住说法。佛陀接受后,给孤独长者回到舍卫城立刻物色合适的土地,以便建造精舍请佛陀前来净住。舍卫城南端一座美丽的花园吸引了他,那是舍卫城王子的"祇陀洹花园",他就直接向祇陀王子表明想要购买花园的心意。

然而,王子相当喜爱这座林园,又不想直接拒绝这位仁厚善良的长者,就故意刁难道:"要买祇陀洹花园可以,但价码是铺满整座花园的金币。"虔敬的给孤独长者并未因此退缩。

他打开家中的金库,变卖所有值钱的资产换成金币,一块一块地铺在花园之中,最后,还差一小块空地未能铺满,但金币已用尽了。此时祇陀王子来到花园中,他告诉长者:"既然这块土地和旁边的树木都未铺上金币,那么它们仍然是属于我的。不过看到你如此诚心尽力,使我深深感动。这件事也算我一份,就用我的树木在这块空地上盖一座精舍,献给那智者吧!"

就这样,由祇陀王子捐树,给孤独长者献地造就的这座林园精舍,普遍称它为"祇树给孤独园"。

这座"祇园精舍"释迦牟尼后半生曾在此居住了二十五年,不少佛教经典如《金刚经》《阿弥陀佛经》都是在这里诞生的。

玄奘到了园中，不胜恋慕，礼拜了许多佛迹，睹物思情，想起释迦佛祖在祇园的种种教论，又想到预言所说"佛灭后一千五百年，其教法将在印度绝迹"之说法就在眼前，不禁黯然神伤。

从舍卫城东南行八百余里到劫比罗伐窣堵国（即迦毗罗卫国，都城在今尼泊尔南部蓝毗尼园遗址周围），这是印度的一个古国，是释迦牟尼的诞生地。

玄奘怀着十分崇敬的心情走进了这座古城。自释迦佛灭度到这时已一千五百多年，公元404年东晋法显来时，这里已是人烟稀少，路上常有白象、狮子伤人；到玄奘来时，这里荒废的程度较舍卫城有过之而无不及，剩下的只是筑墙的砖块堆而已。宫城尚在，周围十五里，完全用砖建成，极为坚固。宫城之中，便是释迦牟尼的父亲净饭王故宫遗址，正中有地基隆起，这便是当年大殿所在。此地盖有一座精舍，玄奘进去看时，中间供着净饭王像，往北去是释迦牟尼的母亲摩耶夫人的寝宫遗址，上面也盖有一座精舍，中间供着摩耶夫人像。旁边不远，又有所精舍，便是释迦牟尼诞生的地方，里面供着释迦降生之像。

在故城北面有阿育王石柱，高数十尺，据说是阿育王从前建造地狱的地方。玄奘在这里一住七天，到处巡礼圣迹。

关于阿育王石柱，《法显传》只记载了六根，而玄奘在《大唐西域记》里说见到了十六根，其中尼泊尔佛陀的故乡有三根。

原来阿育王（前273—前237年）在位的日子里，他曾经命人雕刻了一批石柱竖立于次大陆各地，包括今天的尼泊尔境内的一些地方，这批石柱被称为阿育王石柱。阿育王石柱往往刻有铭文，并把自己下达的有关诏书刻于柱上，被称为阿育王铭文。现在发现的这些阿育王铭文成了重建印度古代史的一个重要参考。

1896年，西方考古学家在这里发现了一根石柱，不久，石柱上的铭文被解读出来，上面写道："天爱喜见王（即阿育王）于灌顶之第二十年亲自访问此地，并在此地进行了礼拜。由于世尊诞生在这里，所以他下令蠲免蓝毗尼村的土地年贡并废除普通税率，厘定只缴收成的八分之一。"这根石柱的发现证明了这样几个问题：一是，印度的释迦牟尼确实系真人存在，不是传说中的神，是他创立了佛教；二是，铭文证明了阿育王这个国王的存在以及他的基本业绩和治国方略；三是，可以确定释迦牟尼的出生地就在蓝毗尼；四是，释迦牟尼的出生地蓝毗尼就在迦毗罗卫国。

据佛经说，释迦牟尼是公元前565年印度历四月三十日晚上降生，即中国阴历五月十五日。但也有说是四月二十日，即中国阴历五月初五，比孔子早十四年出生。"释迦"是种族名，"牟尼"是寂默的意思。释迦牟尼是他成佛以后的名号，关于佛陀灭寂的年代，多数学者认为当为公元前486年左右。

释迦牟尼的父亲净饭王，姓瞿昙，释迦牟尼的俗名叫悉达多，母亲摩耶夫人生下他七日即死，姨母摩诃波阇波提将其抚养成人。从小净饭王即聘请婆罗门学者教其文学《吠陀》等，又请人授以武艺，十七岁娶耶输陀罗为妃，某日偶乘车出城，见衰病及死者，深悟世界之无常，遂决意出家，但父亲不准。不久耶输妃怀孕，他认为已可告慰父王，于十二月初八，乘白马飞奔出城，入蓝摩国剃发，到摩揭陀国王舍城边求道，修习各种禅定。先后苦修六年仍感难以悟道，乃起身沐浴于尼连禅河，在一棵毕钵罗树下打坐默想，发誓不成正觉终不起坐。至二月初八夜忽睹启明星而大彻大悟，从而成为佛陀，那棵毕钵罗树，因此更名为"菩提树"，时年三十五岁。于是他周游四方，化导众生，凡四十余载，最后在拘尸那揭罗城金河河岸的娑罗双树间寂灭。这是佛陀的简要经历。

围绕释迦佛在印度有六大佛教圣地：一是迦毗罗卫国释迦的诞生地，二是菩提树释迦得道的地方，三是鹿野苑释迦初转法轮的地方，四是给孤独园释迦常住的地方，五是灵鹫山释迦说教的地方，六是拘尸那揭罗城释迦涅槃的地方。这六大佛教圣地，都是释迦佛本生故事所从出的地方，也是后世佛教艺术的主要题材，到目前玄奘已经看了两处。

在这座古城里，释迦牟尼早年活动的遗迹传闻还有许多。宫城故基东北有一座塔，据说是"阿私陀仙"相太子（释迦佛）处，宫城左右两面，则是太子同诸释种角力的地方。城门四门遗址还在，是当年太子驾车出巡的时候，看见老者、病者、死者和沙门，见人不能摆脱生、老、病、死之苦，因此悲哀回驾的地方。和玄奘同来的一位印度朋友指着一处说道："这就是太子骑马逾城出家逃跑的地方。"玄奘看了，点头赞叹。古城里的斑斑遗迹，引起了玄奘无限的思慕与依恋。

从古城向东五百多里，穿过一片大荒林，便到了蓝摩国（今尼泊尔南部的达马普里）。此国居民稀少，在故城东边，有一砖塔，高一百多尺，据佛教神话中传说在释迦涅槃之后，这一国的国王，分得一份舍利回来，遂造了这座砖塔，以后常放光芒。再往东走百多里，穿过一片大森林，又见一座塔，是阿育王所建。相传太子逾城出走至此，决心出家为僧，他解下宝衣，卸下天冠、髻珠，与骑来的白马一起交给他的随从带回去报告净饭王知道，便是这个地方。另外，还有太子剃发处，也盖有塔作为纪念。

玄奘从这里出了大森林，进入拘尸那揭罗国。这里是释迦涅槃和焚身之地，在今印度、尼泊尔边境一带。所谓"寂灭""圆寂""灭度"意思相同，均为"涅槃"之意译。在有关释迦牟尼的传说中，"佛""佛陀""佛祖""如来""世尊""释迦佛"均为释迦牟尼的简称。所谓"涅槃"，梵语为"涅槃那"，本意是熄灭，也就是永离诸趣，入于不生不灭之门。凡人不论圣贤与否皆难免一死，但对菩萨而言，死去的只是他的幻身，至于他的本性本体，则不生不灭，所以他们死去就叫"涅槃"。

玄奘来到这个国家时，它已经极为荒凉。城内东北角有一座塔，便是阿育王所建的"准陀故宅"，宅中有一口井，井水还很清澈，说是为释迦牟尼做饭而凿。西北三四里渡无胜河，离河边不远，便到了娑罗树林。这里长着八棵一般高的娑罗树，有树似槲，皮青叶白，叶阔光润，娑罗树下便是如来涅槃处。又有大砖精舍，内安如来涅槃像，北首而卧，双目微闭，神态安详。旁有大塔，高二百余尺，阿育王所造。前立石柱，记佛涅槃事，不书年月。相传，佛处世八十年，于吠舍佉月后半月第十五日圆寂；说一切有部则云，佛于迦剌底迦月后半月（唐历九月初八）圆寂。自佛涅槃以来，到玄奘到时，有人说一千二百年，有人说一千五百年，或云九百多年未满千年。除此大塔之外，还有许多小塔，分别纪念"如来坐金棺为母说法""出臂问阿难"（阿难是释迦十大弟子之一，也是他的堂弟）"现足示迦叶""香木焚身""八王分骨"等。

"八王分骨"是释迦牟尼涅槃后七天,就在拘尸那揭罗国城北河边"荼毗"(梵语之火化)。荼毗后,由摩揭陀、毗舍离、迦毗罗卫、拘尸那揭罗等共八个国家平均分配,是为"佛骨八分"之由来。

玄奘来到这里,在佛祖寂灭处跪拜,感叹不已,面对佛祖涅槃像沉思良久,感到心灵震颤。他突然感悟道:"佛未在,法犹在。佛即法,法即佛,佛法一身。弘扬佛法,法即永存。"

我们现在到印度能看到的这座"佛祖涅槃像"是英国的考古学家康宁汉姆依据玄奘《大唐西域记》的记载于1875年发掘出土的。他惊呼:"毫无疑问这就是玄奘当年目睹的那尊塑像了。"康宁汉姆在发掘报告中兴奋地说:"我们无论怎么样夸大玄奘的重要性都不为过,中世纪印度的历史漆黑一片,他是唯一的亮光。"

自从康宁汉姆发掘出佛陀涅槃像之后,这个当年的拘尸那揭罗便走出了历史的墓葬,世界各地的佛教徒又开始到此朝圣了。

从拘尸那揭罗国再往前走五百多里,玄奘来到婆罗痆斯国(今印度北方邦的大城市瓦腊纳西)。

这是中印度的一个大国,周围四千余里,都城瓦腊纳西古称迦尸,是光明之城的意思。法显西行求法时称它为波罗奈城。玄奘在《大唐西域记》里这样描述瓦腊纳西:

> ……国大都城西临殑伽河,长十八九里,广五六里……居人殷盛,家积巨万,宝盈奇货。人性温恭,俗重强学……

瓦腊纳西是一座典型的印度教城市,全印度最著名的迦尸印度教大学就坐落在这里。玄奘看见了大城中有天祠二十所,这些天祠建盖得十分宏丽，多为亭台楼阁，雕石纹木，里面供着"大自在天"，即婆罗门教所奉世主，亦称"湿婆天"。直到现在为止，此地的庙宇，仍被认为是最神圣的地方，而流经城外这段恒河也是印度人民最崇拜的圣水河。当年释迦牟尼选择这个城市作为"初转法轮"的圣地，是很有深意的。

从瓦腊纳西向东北行十多里便到了有名的"鹿野苑"，这是佛祖初转法轮的地方，也是佛教六大圣地之一。原来佛祖释迦牟尼在菩提树下得道后，最先来到鹿野苑为曾经追随过自己的憍陈如等五人传道说法。这五个人原来都是释迦佛的侍从，随他外出修行，因久未得道，就背弃了他来到这里，佛陀找到他们后，憍陈如等五人就成了佛陀的第一批弟子。所谓初转法轮，就是指释迦牟尼首次讲述佛教教义。

鹿野苑到处都是佛陀的圣迹，这个寺院分为八个部分，有围墙连接，只见台观连云，长廊四合，高楼重阁，穷极宏丽，寺内僧侣一千五百多人，都学小乘正量部法。在大围墙内有精舍，高二百余尺，上面有黄金做的庵没罗果浮图。有基陛数层，每层数十级，上面是许多砖龛，都隐隐刻着黄金佛像。佛龛一座连着一座，密如蜂房，在主要的一座佛龛中，有黄铜佛像，和如来真身一样高大，作转法轮的姿态。

精舍西南有石塔，为阿育王所建，高一百多尺。玄奘来巡礼时，塔基已倾陷，塔身尚余百尺。前面有一根石柱，高七十多尺，像玉一样润洁，映照清澈，如殷勤祈请，可以看见众生相，这是如来初转法轮的地方。当二百多年前法显来时，只有两所佛寺，玄奘来时已有三十多所，规模也比法显来时大多了。

关于鹿野苑得名的由来，《大唐西域记》中作了极为动人的描述。据说，释迦牟尼和提婆达多生前都做过鹿王，各带领五百头鹿。当时，有一位不仁慈的国王每天轮流从两群鹿中取一头以充膳食，提婆达多的那群鹿中有一头怀孕的雌鹿，这次轮着她呈献给国王，她对提婆达多说："虽然今天轮到我死了，但我腹中的小鹿却不该死。"鹿王提婆达多说："有谁不珍惜自己的生命？"怀孕的鹿叹道："我的大王不仁慈啊！死难就要降临到我们头上了。"随后，雌鹿向鹿王如来告急，鹿王如来很同情她，愿代替她献给国王充食就死。这事感动了国王，从此不再要他们献鹿。至此，这个地方就被称作施鹿林，也称鹿野。

在鹿野苑寺院内的南面，有过去四佛经行处石刻画像，寺西有如来澡浴池，又有涤器池、浣衣池，池水很深，水色澄清皎洁，味又甘美，大旱不涸，久雨不溢。据神话传说池内有神龙守护，所以永久保持这样清洁。池侧不远有塔，这是如来修菩萨行时变为六牙白象施象牙于猎人处，又有度憍陈如等五名弟子处。

鹿野苑东行二三里，有传说中的"烈士池"，池西有"三兽塔"，这是释迦牟尼修菩萨行时烧身的地方。

这"三兽塔"流传着一个美丽的神话传说。据《大唐西域记》记载：据说，从前有狐、兔、猿三兽生活在这片森林中，其中兔是释迦牟尼的前身。天帝释为考验它们是否真心修行，便变成一位老者向他们求食。狐沿着水边叼到一条鲤鱼，猿在树林中采集奇花异果赠与老者。只有兔子空手而返，回来后便对狐和猿说："请你们为我找些柴草来。"点燃后兔说："我没有什么拿来给老人充饥，只有我这微弱的身体可供老人一餐。"说罢跳入火中，于是天帝释恢复原身从余烬中收捡起骸骨把它安放在月亮里,以便传给后世知道。从此,月亮中便有了兔子,后人便在这里建塔纪念。

玄奘依依不舍地离开鹿野苑,沿恒河东下,行三百余里,到战主国(其都城在今印度北方邦的迦齐浦耳)。从此东北渡恒河四五十里,至毗舍离国(其都城在今印度的巴萨尔),此国周围五千余里,土壤肥沃,多产庵没罗果、茂遮果,玄奘来时都城已经荒毁,居人甚少。原有的一百多座佛寺都已倾颓,树林形迹全无,池水干涸几成平地。毗舍离国残破的景象令玄奘十分感慨。不过,不少圣迹在玄奘时代还可以见到,玄奘一一巡礼参拜。从这里南渡恒河,上了岸就至摩揭陀国(今印度比哈尔邦的巴特那和加雅一带)。

摩揭陀国是中印度的一个大国,《新唐书·西域传上》中说"天竺国,汉身毒国也,或曰摩伽(竭)陀",是玄奘跋涉千山万水来印度取经的主要目的地。国周围五千多里,自古即为印度水陆交通之重地,历史悠久,文物昌盛,人民崇尚学术,礼圣敬贤。境内有伽蓝五十余所,僧侣万余人,多学大乘教法,是当时少数几个佛教仍很兴盛的中心之一。《大唐西域记》十二卷中,摩揭陀一国即占去第八、第九两卷,于此可见一斑。

因为它是孔雀王朝伟大的护教者——阿育王的都城所在地,也是释迦牟尼佛深入禅定,降服诸魔,看破生老病死痛苦之本源,得大解脱,成正觉的地方,是佛教生命的起源地。佛陀一生中的大部分时间都在摩揭陀国度过,有关佛陀的生平胜迹也大都在王舍城地区,所以这里一直被视为圣地。

进入摩揭陀国,先到一座古城,南有阿育王故城遗址,故城北临恒河,有石柱高数十尺,为阿育王建造地狱处。地狱南有塔，说是阿育王造八万四千座塔之一，中有如来舍利一升，据传每放神光。还有精舍一所，中有如来所履石，石上有佛双迹，长一尺八寸、广六寸，叫作"佛脚印"，两足下有千辐轮相，十指端有万字花纹。据佛教传说，这是如来将要涅槃以前，从毗舍离国到此，立在南岸大方石上，对尊者阿难说道："这是我最后一次眺望金刚座和王舍城所留下的足迹啊！"

玄奘巡礼该国的故都遗迹计有三处，其中两处是孔雀王朝之前频毗娑罗国王在位时建立的王舍城，和稍后旧城被毁之后，又建的新王舍城，另一处是阿育王新迁的都城波吒厘子城。这些在玄奘到时，早成了一片废墟，法师在此停留七日，便向菩提树圣迹出发。

· · ·

[玄奘在释迦牟尼诞生地迦毗罗卫国（今尼泊尔的蓝毗尼）巡礼了释迦佛出家前后的诸多圣迹，带着崇敬、带着惊奇、带着收获继续在摩揭陀国的周边圣地巡礼，但他迫不及待地还是朝着此行的目的地——那烂陀寺进发，请看下一讲"那烂陀求学奇缘"。]

第二十一讲
那烂陀求学奇缘

（字幕·旁白）

玄奘之所以千里迢迢、冒死西行，其目的就是到印度求佛法、取真经。现在离那烂陀寺仅一步之遥，玄奘心情极为复杂，是情怯圣境，还是迷茫不解，因为他目睹在佛教发源地的佛教却是一片衰败景象。那么，前面那所世界佛教的最高学府会是什么样子呢？玄奘在那里又发生了什么故事呢？

尼连禅河的菩提树，是玄奘来到摩揭陀国最想去膜拜的圣地，这是印度六大佛教圣地之一。他先到底罗磔迦寺，再往南走一百多里就到了菩提树的所在地了。

菩提树是释迦牟尼成正果的地方，四面都由垣墙围着，东西长、南北狭，周五百余步。当年，释迦牟尼也是想按照婆罗门的方式找出解脱人生痛苦之道，毅然抛下妻子出家，认为想求得灵魂的宁静，只有从一个禁欲主义者做起。他访问学者，向他们求教，在王舍城附近的尼连禅河西岸的树林里苦苦修炼六年，其方式包括绝食，结果只落得骨瘦如柴，所谓解脱之道毫无所获。

于是，他认为苦修无益，先在尼连禅河洗个澡，然后接受一位牧女送给他的乳酪而逐渐恢复体力。最后，就在玄奘眼前的菩提树下独坐思维，到四十九天拂晓前，他看到天空的启明星，突然豁然开悟，看破一切事物真相，彻悟宇宙真理。他的思想信条可概括于四谛（即真理）中：一是，肯定人生无常，必受生老病死之苦，是为"苦谛"；二是，欲念是一切痛苦的根源，是为"集谛"；三是，唯有断绝一切欲念烦恼，达到涅槃至境，才能灭尽一切痛苦，是为"灭谛"；四是，要进入涅槃至境的办法，就得从八正道着手，是为"道谛"。"八正道"是正见、正思维、正语、正业、正命、正精进、正念、正定。

从此，释迦牟尼就成为佛，即佛陀，和大觉悟者。据说他是太古以来的第二十五个佛，佛号就叫释迦牟尼。

在菩提树前，玄奘看到千年古树愈老愈显得苍劲，但见树高叶茂，树茎黄白，枝叶青润，秋冬不凋，佛在时高数百尺，屡经残伐，今有五丈余。据说每年到了释迦佛涅槃那一天，树叶忽然脱落，但经过一宿，又茂盛如初。每年到这一天，各国国王带领百官，共集树下，用乳汁来浇灌，然后燃灯散花，收叶而去。

菩提树下，释迦牟尼开悟的座位，叫作"金刚座"。据佛典的说法，这个金刚座是开天辟地之初，和大地同时形成，位于三千大千世界的最中央。世界的最下层叫风轮，依虚空而住，厚数百亿里，其上为水轮，水轮之上为金轮。厚度都在亿里计，金刚座就在金轮之上，它是一个周围百余步的最坚固之岩石，说它"坚固难坏，能沮万物"。据说太古以来，一切菩萨要登正觉成佛，都要坐在这里才能降伏心中之魔，所以又叫作"成道处"或"道场"。但是，一般人即使在菩提树下，也无法看到金刚座。

玄奘站在菩提树下，回想自进入印度以来，目睹佛教中心之一无著、世亲两菩萨之出生地健陀逻国的荒废，另一佛教中心乌仗那国的残破，当年佛说服外道地钵罗耶伽已全部沦为婆罗门天下，佛主要说法处祇园精舍和舍卫城之崩毁，佛陀涅槃处拘尸那揭罗的一片荒凉，毗舍离的朽木残株，以及阿育王佛教护教者故都已成废墟，再就是佛陀故乡迦毗罗卫城的断垣残壁……这一幅幅佛教沦入末路的景象，早已使玄奘触目惊心，感叹不已！现在又看到菩提树下，观世音菩萨像已没土至胸，佛教灭亡的预言果将应验。想到此，百感交集，悲从中来：

> 五体投地，悲哀懊恼……佛成道时，不知漂沦何趣。今于像季，方乃至斯；缅惟业障，一何深重。

这里的五体投地并不是说玄奘对佛祖的事迹和精神感动得五体投地，而是整个人拜倒在地，发自内心的悲哀和懊恼——佛祖得道的时候我在哪里啊？为什么没能早生几百年，与佛祖生在同一个时代，偏偏在"像季"（像季，就是指佛法衰落但尚未完结）才来到这里，可见我罪孽深重到了何种地步！

玄奘的哭声惊动了数千个"解夏"（指僧人结束一段修行生活）归来的僧人，他们被玄奘的虔诚打动，也哀叹佛教在印度的衰败，于是纷纷围着他落泪。

玄奘所处的时代，佛教在中国方兴未艾。佛教从东汉时传入中原，经过魏晋南北朝四百年的动荡融合，随着隋唐大一统盛世的出现，已经逐渐形成了极具东方特色的佛教体系。虽然这个体系在玄奘看来并不完善，很多经文在传播和翻译过程中出现了巨大的偏差（这也正是玄奘决意西行取经的最主要原因），但从总体上看，佛教在中原地区还是呈现出整合向上的趋势；同时，西域和吐蕃（今青藏地区）的佛教也在以不同形式发展着。与之相反的是，在发源地印度，经过四次大规模经典集结的佛教却呈现出盛极而衰的态势。玄奘一路走来，极少碰到能够让他长时间停下脚步求教的高僧大德，他看到的大多是荒废破败的庙宇寺院，抚今追昔的先贤往事，充斥世间的异教外道……

也许，玄奘已经感觉到了仅凭他的力量和那烂陀寺也难改变佛教在印度的命运；也许，他的本意只是学习，但是现在，他觉得自己不能坐视那些珍贵的佛典因为印度佛教的衰落而流失散落。

玄奘相信，一切事皆有因果循环，人们无法改变结果，只能在力所能及的范围内尽力而为。所以，他决定把佛典中最精华、最核心、最重要的那些经卷尽可能地运回中原去，是传道，是授业，也是保护。

佛教在中原的混乱缺失和在印度的萎靡衰败加重了玄奘肩头的责任，每经过一个地方，每看到一处荒废的寺庙，前往那烂陀寺的意念就愈加强烈。只有在那里，才能找到最完整、最精深的佛典；只有在那里，才能遇到最博学、最有才华的高僧贤者；只有在那里，才能完成肩头担负的使命，了却心愿。

经过这多天的佛迹参拜，玄奘"脚踏实地"地去感受了佛祖传道授业到过的地方，这也是他放松心情、调整状态的过程。

到了第十天，那烂陀寺派来迎接玄奘的人到了。玄奘当时在印度已经是一个家喻户晓的人物，因此那烂陀寺毫不吝啬表达自己的诚意，直接派出四位高僧前去迎接玄奘。这是何等的礼遇啊！也说明那烂陀寺绝非关起门来做学问的地方，作为印度佛教的最高学府，它有着自己的信息渠道和人脉网络，很可能在玄奘进入印度之初，他们就已听说有这么一个来自东土大唐的高僧要来此求法学习，甚至连玄奘一路上所经历的传奇故事都知道得清清楚楚，否则，又如何会对玄奘的行踪把握得如此准确呢？

四位高僧先把玄奘请到一处庄园里吃饭休息，不久，又有二百多名僧人和一千多名那烂陀寺的信众带着华盖、鲜花、香料，组成庞大的欢迎队伍前来迎接。热情的僧人和居士们一边赞美玄奘，一边浩浩荡荡地簇拥着他前往那烂陀寺。

当欢迎的队伍到达那烂陀寺时，所有僧人早已等候在寺院外的广场上，热情地向玄奘致以最诚挚的问候和祝福。随后，玄奘被安排在寺主座位旁坐下，玄奘入座后，众人才依次坐下。众人就座后，派遣一位名叫维那的管事击响犍椎（寺院中敲打发声的器具之类，如木鱼、钟、磬等）宣唱，从这一刻起，玄奘就正式成为那烂陀寺的一员，可以平等享受寺内僧人的一切待遇。

玄奘前往那烂陀寺的最大心愿当然是拜见寺主戒贤法师，不过即便是最出色的留学生，也不可能一进校门就见到校长。拜见戒贤法师是一件十分庄严而隆重的事情，当然需要一定的仪式和程序，据《大慈恩寺三藏法师传》记载：

> 仍差二十人非老非少、闲解经律、威仪整齐者,将法师参正法藏。

意思是说:那烂陀寺派了二十位与玄奘年纪相仿、精通经律、长相威严端庄、仪表整齐的僧人陪同玄奘前去拜参正法藏——戒贤法师。之所以要派二十个人陪同玄奘一同前去,一方面是表示对玄奘的重视,另一方面也是在显示那烂陀寺的实力——先是四位高级教授,然后是二十位学问精深就连相貌都不逊于你的博士后,好让求学者收起傲气。当然,玄奘始终是以非常虔诚、谦逊的姿态前来求学,并没有半点倨傲之心。

经过一番烦琐而隆重的礼节后,戒贤法师开口了,问玄奘从哪里来?玄奘回答:

> 从支那国来,欲依师学《瑜伽论》。

意思是说:"弟子我从支那国(即东土大唐)来,想要跟着法师您学习《瑜伽师地论》。"这原本是一个再正常不过的回答,没想到却让戒贤法师突然放声大哭起来,这让在场的所有人摸不着头脑。在众人眼中,戒贤法师一直是一位法相庄严的得道高僧,为何会在听到玄奘的回答后一把鼻涕一把泪,不顾形象地大哭起来呢?

此时的玄奘也感到非常奇怪,不过他并不觉得自己的回答有什么不妥,也不便去问戒贤法师为何要痛哭,只是十分平静地坐在那里,静观其变。戒贤法师没有多说什么,而是让坐在一旁的亲侄子觉贤法师给大家讲一下发生在三年前患病的那段痛苦往事。

觉贤法师也是那烂陀寺中一位以博学多才、能言善辩著称的

高僧,请他来讲这段往事有三个好处:

一是戒贤法师觉得自己年纪大了(当时已经一百零六岁),刚刚又沉浸在悲痛之中,担心自己一边流眼泪一边喘气,讲不好故事。

二是由别人来讲自己的故事可以增加可信度。

三是觉贤法师口才好,更能生动再现当时的情景、打动众人。

觉贤点点头,又叹了口气,垂泪给众人讲述了一段三年前的往事。觉贤说:"戒贤法师三年前患有痛风病,每次发作,都会手脚抽筋,关节像火烧刀割一样疼痛,服药缓解一阵后又会发作。痛风病已经到了无法忍受的地步,戒贤法师觉得再这样痛苦地活着也没什么意思了,就打算用绝食来了结生命。某一天夜里,戒贤法师做了一个梦,梦里出现了三位神仙,一位黄金色,一位琉璃色,一位银白色,其中一个神仙就问戒贤法师:

> 汝欲弃此身耶?经云:"说身有苦,不说厌离于身。"汝于过去曾作国王,多恼众生,故招此报。

意思是说:你打算就这样放弃自己的生命吗?佛经上讲,人生是由苦难组成的,但是佛经上并没有讲,因为人生苦难就可以用自杀来逃避。因为你前世是一个国王,给众生带来了许多烦恼苦难,这才招来今生的报应啊!然后,这位神仙又劝戒贤法师,应该好好反省过去的罪孽,真诚地忏悔和改过,才能减轻痛苦。只要一边忍受痛苦,一边宣扬佛法,身体的痛苦自然而然就会消除;如果仅仅只是想以自杀来了结,那只不过是治标不治本,苦难还会继续转到来世中去。

戒贤法师听完后，连忙参拜这三位神仙。金色神仙指着琉璃色神仙对戒贤法师说，你认识他吗？这就是观自在菩萨；又指着那位银白色的神仙说，这是慈氏菩萨，也就是弥勒菩萨。由于戒贤法师所精研的《瑜伽师地论》正是由弥勒菩萨所口授，所以他当即跪倒在慈氏菩萨面前，表示来世想投胎到他身边。慈氏菩萨回答：只要你广传正法，来世就能生在我身边。

黄金色仙人又道，我是曼殊室利菩萨，我们见你准备白白放弃自己的生命，而不打算忍受痛苦，用有限的生命去做一些有益的事情，所以才来劝你，你应该听从我们的劝告，好好地把《瑜伽师地论》这部经书发扬光大，你身上的病痛就会慢慢好转。最后，曼殊室利菩萨又告诉戒贤法师，说支那国会有一个僧人前来印度跟从你学习佛法，你一定要等他前来。

从这以后，戒贤法师听从三位菩萨的教诲，一边忍受痛苦弘扬佛法，一边等待着支那国僧人的到来，慢慢地，他身上的病痛确实减轻了不少。"

这是戒贤法师第一次公开讲述这段故事，这种跨越时空的宿命因缘一旦得到实现，当然会让所有人惊叹不已，也让戒贤法师感慨不已，这才有了那场不顾形象地号啕大哭。

戒贤法师的梦原本跟玄奘没有关系，但是当他听到菩萨在梦中居然提到了自己将要前来印度求法学习之事，自然是又意外又激动，再次礼拜戒贤法师，并表示：

若如所说，玄奘当尽力听习，愿尊慈悲摄受教诲。

戒贤法师非常高兴地答应了玄奘的请求，不过他还是有点不放心，又问玄奘在路上走了几年，玄奘回答说三年。如此一来，三年前的梦境全部应验，戒贤法师愈加高兴，当即安排玄奘在那烂陀寺入住。

那烂陀寺坐落在今印度比哈尔邦中部都会巴特那东南九十公里处，规模宏大，曾有多达九百万卷的藏书，历代学者辈出，鼎盛时期曾有上万僧人学者云集于此研习佛法，盛况空前。那烂陀在梵文里的意思是施无厌，即永远不知疲倦施舍。

那烂陀寺并非单独一座寺庙，而是由一组寺庙组成的寺庙群。在漫长的岁月里，有六代帝王先后在此营建寺院，不过那烂陀寺之所以成为举世闻名的佛教最高学府，不只是因为它的建筑规模和建筑造诣，更在于它的藏经数量和学术水平。那烂陀寺有三座藏经阁，分别是宝云、宝海和宝洋，从名字上就可以看出其藏经的丰富程度。

玄奘到达那烂陀寺的时候，虽然整个印度的佛教大环境正在衰落，但那烂陀寺依旧保持着全盛时期的规模，常住在那里学习的主客僧人就达万人，而且学风极其开放，古印度的各种学派，只要你有真才实学，都能在这里找到一席之地，因此很多非佛教徒也在这里学习，人数比僧人更多。

当然，衡量一座高等学府不单要看其藏书多少和学生数量，更重要的是师资力量和教学水平。在这一点上，那烂陀寺在当时也算是首屈一指，寺内高僧大师无数，几乎云集了世界各地的顶尖佛学研究者，因而也吸引了无数"留学生"前来观摩学习。

玄奘不是第一个来到那烂陀寺学习的中国人，也肯定不是最后一个。据梁启超先生《一千五百年前中国留学生》一文中统计，从公元3世纪到8世纪共约169名僧人赴印度求学。玄奘则是其中名气最大、成果最多、最具划时代意义的一位，堪称中国历史上最伟大的留学生。

正因为前来留学的中国僧人实在太多，为了方便生活和学习，他们就固定居住在位于那烂陀寺东面五十里处的另一座寺庙里，这座寺庙的名字就叫汉寺。不过在那烂陀寺的僧人们看来，玄奘绝非寻常留学生，也不存在交流困难的问题，所以没有安排他入住汉寺，而是直接将他请到了本院。

为了让这位来自东土大唐的高僧能够在寺中安心学习，那烂陀寺在各个方面都给玄奘以特殊的照顾。作为外国留学生的玄奘一进学校，并没有和同学们一起住进普通的僧舍，而是直接入住幼日王院的四楼，也就是觉贤法师的楼上。一般来说，住在楼上要比住在楼下尊贵，玄奘一来就能住在觉贤法师楼上，可见那烂陀寺对他的重视。但是过了七天，那烂陀寺校委会觉得这样还是亏待了玄奘，于是又把他安排到戒贤法师的老师，也就是护法菩萨故居北面的精舍里，让他独自居住，以便进行学术研究。

玄奘在那烂陀寺不但住得舒服，而且吃得也好，那烂陀寺不但提供给他丰富的食物，而且每种食物都是经过精心挑选，几乎可以与国王的膳食相媲美。此外，那烂陀寺校委会还专门派了婆罗门、净人各一名前去照顾玄奘的饮食起居。如果，玄奘要离开寺院外出，学校还特地提供给他一头大象。"行乘象舆"在印度，只有最尊贵、最富有的人才能乘坐大象，可见玄奘在衣食住行上享受的都是最高级的待遇。

对方给你开出的条件越好，别人对你的关注就越多，你肩头的责任和压力就越大，玄奘很清楚这一点，因此那些物质生活上的享受对他来说就没放在心上，等待他的，将是充实而艰巨的求学之路。

在那烂陀寺安置之后，玄奘向王舍城观礼圣迹，他把这次游历作为自己求学生涯的开始。在这次巡圣即将结束的时候，玄奘来到一座山前，这座山的东北方有一座庙，梵文名字叫鸽子庙。就像迦毕试国的质子伽蓝被称为"洛阳庙"一样，古印度很多城市和寺庙都是以人名或发生过的故事来命名。这座庙为什么会被称为"鸽子庙"呢？

相传有个捕鸟人，在山上张了一张网，整整一天一夜都没有捕到鸟，因此迁怒于正在附近寺庙传法的释迦牟尼，意思是释迦牟尼的传法把鸟全都吓跑了，害得他全家人都没有东西吃。释迦牟尼让他回去生一堆火，问题自然就会解决。捕鸟人就照做了。这时，释迦牟尼突然变成一只鸽子，然后投火而死。捕鸟人把鸽子烤熟了拿去给妻儿饱餐一顿，后来才知道鸽子是佛陀变的，于是他出家成了一个虔诚的佛教徒。所以，如来传法的那座伽蓝就被人们称为鸽子庙。

在鸽子庙的东面还有一座塔，名叫大雁塔，也是因故事得名：

相传这里的僧人原来都修炼小乘佛教，吃三净肉。有一天负责找肉的僧人因为找不到肉而围着塔团团转，一抬头，看见一群大雁正从天上飞过，于是就很无奈地说：菩萨啊，今天僧人都已经没有肉吃了，你知不知道啊！话音刚落，就有一只大雁离开队列掉了下来，活活摔死在他跟前，僧人大惊，连忙把这事告诉了同伴。众人觉得这是佛在用实际行动告诉他们愿意牺牲自己帮助众生，这只大雁一定是佛的化身，而"舍身成仁"

正是大乘佛教所弘扬的内容之一。僧人受到了感化，不但没有去吃这只大雁，而且从此改信大乘佛教，还把这只大雁埋起来，为它修了一座塔，名字就叫大雁塔。

这座塔给玄奘留下了极深的印象，它的故事也远远没有结束，当然，那都是发生在玄奘回国后十几年的事了。现在让我们重新回到玄奘在那烂陀寺的求学生涯上来。

玄奘巡礼了那烂陀寺周边的灵鹫山、王舍城和七叶窟结集地等圣迹后，公元 632 年，三十三岁的玄奘回到了那烂陀寺。不过，让他万万没有想到的是，就在他离开那烂陀寺期间，那烂陀寺的寺主，当世最杰出的佛学大师，一百零六岁的戒贤法师毅然决定为这位来自东方的学生亲自授课，授课的内容正是玄奘梦寐以求的佛学巨著——《瑜伽师地论》！

听到此消息的那一刻，玄奘热泪盈眶，甚至不知道该用怎样的语言、怎样的敬意去表达心中的感激之情，他能做的，只有打起精神，用全身心去聆听戒贤大师的教诲，不辜负大师的一番心意。

戒贤法师亲自授课的消息很快传遍了整个那烂陀寺，对前来求学的僧人来说，能够听戒贤法师讲经，那可是千载难逢的好机会！到了开讲授课的那一天，足足有数千人云集到露天的讲坛周围，场面空前壮观。

万众瞩目之下，戒贤法师开始讲述《瑜伽师地论》。谁知授课开始不久，戒贤法师刚刚讲到序篇时，就有人在人群外面放声痛哭，之后又放声大笑，引来全场侧目。

戒贤法师觉得很奇怪，以为是故意来捣乱的外道，于是就派人前去询问。一问之下才知道，原来这是一个来自东印度的婆罗门，此人曾经在观自在菩萨面前发誓要成为国王，发完誓后，菩萨居然现身了，还对他说：

> 汝勿作此愿！后某年月日那烂陀寺戒贤法师为支那国僧讲《瑜伽论》，汝当往听。因此闻法后得见佛，何用王为！

意思是说：你不要在我面前发这种可笑的愿望！某年某月某日，那烂陀寺的戒贤法师要为一个来自支那的僧人开讲《瑜伽师地论》，你可以前去听讲，听完后就能了解佛法，就等于见到了佛，还用得着去当什么国王！这个婆罗门等啊等，终于等到了玄奘来到、戒贤法师开坛讲经的这一天，所发生的一切竟然与昔日的亲身经历完全吻合，所以他悲喜交加，先是大哭，然后大笑。

佛家特别相信因果循环之说，先有戒贤法师三年前忍痛布道只为等待玄奘到来的故事，而今又有婆罗门外道现身说法，使得所有人都相信这是上天注定要由戒贤法师为玄奘开讲《瑜伽师地论》，是大大的吉兆，因而全场欢声雷动，第一次讲经也在欢乐的氛围中得以继续。

《瑜伽师地论》，戒贤法师一讲就是十五个月，讲完之后，戒贤法师见那位婆罗门外道学习得十分认真刻苦，为人也谦逊友善，就派人把他送到了当时印度权势最大的国王戒日王那里。戒日王也是一位虔诚的佛教徒，对戒贤法师非常尊重，于是就赐予那位婆罗门三个村庄，成全了他当"国王"的心愿。

这位大名鼎鼎的戒日王和那烂陀寺关系密切，他和玄奘之间也会发生一段波澜壮阔的传奇故事，我们在后面还会详细提到。

《瑜伽师地论》是玄奘前去印度学习的主要目标之一，在这一年多的时间里，玄奘认认真真地把这部经从头到尾学了三遍。他如饥似渴地汲取着这部大乘佛教里规模最大、体系最完备、组织最严密、说理最透彻的权威著作。

玄奘在寺前后住了五年，潜心学习，共听《瑜伽师地论》三遍，《顺正理论》一遍，《显扬》《对法》各一遍，《因明》《声明》《集量》等论各二遍，《中论》《百论》各三遍。对在迦湿弥罗国已经学过的《俱舍》《婆沙》《六足》《阿毗昙》等论仅仅是提出若干疑义，请求解释。寺中所有佛教大小乘经典，他无不遍览，悉心研究，包括佛学、哲学及一切论著，他总是探微穷奥，融会贯通，可说是集其大成。

这五年是玄奘出国留学的巅峰时期，为了对玄奘一生之伟大有较深刻的认识，这期间他究竟学了些什么，似乎有进一步了解的必要。

佛教将一切学问归纳为两大类，即内学与外学。佛教本身的一切学说叫内学，佛教以外的诸学说叫外学。

古印度还有一种各派学者通用的学科分类法叫作五明学：一是声明，即文法学或文字、训诂学；二是工巧明，即美术、工艺、阴阳历算等技术；三是医方明，即医学药学；四是因明，即论理学或逻辑学；五是内明，即各派本身之哲学或宗教学，如佛教以三藏十二部教为内明，婆罗门教则以《吠陀》为内明。内明之外的四明为各派之共同科目。

五明之学，玄奘在那烂陀寺时，凭着他好学的个性，多有所学，但其中他用力最深的除内学外，要数因明、声明两学，此二者可以说是治学的基本工具。

声明学，即印度语文、文法之学。它包括三种文字：一是梵文，即印度古今文学的本源；二是巴拉克利文，即公元前5世纪印度民间形成的一种方言；三是巴利文，是巴拉克利文的进一步发展，最早的佛经就是用巴利文写的。以上这些古梵文，巴拉克利文及巴利文都是玄奘在那烂陀学声明学的范围，对它们已达到系统的认识。玄奘在声明学上的深厚功力为他以后回国从事翻译奠定了坚实的基础。

因明学，即印度固有的论理学或逻辑学。如果说声明学是对语文工具的研究，因明学可以说是运用语文的法术，是思想方法的范畴。因明学与唯识学同为佛教学理上最烦琐、最难研究的学问。因明属于各派共有，都用作以自己的思想理论与其他各派论辩时求胜的工具。自因明在佛教中被广泛运用后，这门五明中的佛教外学就变成了佛教内学重要的一环，造论讲学，无不遵循。在古印度对因明学贡献最大的，是世亲菩萨的弟子、南印度人陈那大师。

陈那大师有关因明的著作，以《因明正理门论》《集量论》为最著名。戒贤大师为玄奘讲了两遍，后来他回国后把《因明正理门论》及陈那弟子天主所著的《因明入正理论》都译成了中文传世。正是玄奘在因明学上的精学深悟，对以后将要提到的舌战诸论师，威震五印度，可以说起到了很大作用。

玄奘留住那烂陀寺时，以精通大小乘而声誉鹊起。实际上，他在学习古印度五明的同时，还旁及婆罗门的《吠陀》，对大小乘学更是追本探源。

什么是大小乘？所谓"乘"就是四匹马拉的车，它的意义在：运载众生，使他们各自到应该到的"果地"，果地就是修道以后所可获致的境地。"大乘"可以说是大车子，"小乘"是小车子。大乘佛教把原始佛教和部派佛教贬称为"小乘",而小乘佛教本身是不承认的,他们一直称为"南传上座部佛教"。

大乘和小乘的区别,表现在许多方面,首先在对佛陀释迦牟尼的看法上,小乘教一般把他看作教主、导师,是一个彻底觉悟的人;大乘教则把佛陀看作是威力广大、法力无边、全知全能的神。再者是大乘教徒的菩萨思想,他们主张可以在家修行,并不强调像小乘佛教徒那样,需要出家修行,这是大小乘的重要区别之一。

大乘教徒把菩萨的修行方法概括为"六度""四摄"。"六度"是指布施、持戒、忍辱、精进、禅定、般若,他们认为这六种方法是能够脱离生死苦海,达到涅槃彼岸的通道;"四摄"是指大乘教徒日常生活中应遵守的四个原则,具体是布施、爱语、利行、同事,大乘教徒认为这是菩萨普度众生时所应遵守的原则和方法。为了与小乘教相区别,大乘教把自己的思想学说称为"菩萨思想",把自己修行实践称作"菩萨行",把自己所遵奉的戒律称为"菩萨戒"。

在教义学说上,大、小乘的区别是,小乘佛教一般主张"我空法有",即否定个人的主观精神主体,但对客观世界的否定却不彻底,带有唯物思想倾向。大乘佛教主张"人法两空","性空幻有",既否定人的主观精神主体,又否定客观事物的存在。在修行目标上,小乘佛教把证得"阿罗汉"果位作为修行的最高目标,而大乘佛教则以普度众生为修行宗旨,以成佛作为最高修行目标。

在那烂陀寺的五年,玄奘内外学兼修,大小乘皆通,但玄奘是一个唯识论者,他见佛教哲学博大精深,并不以自己已经学到的知识为满足。五年以后,他辞别了戒贤法师,又想到各地游学,打算周游五印度。

· · ·

[求学那烂陀寺的五年很快就过去了,玄奘在这里学业大进,用当时印度的话说,已成为通古博今的大德高僧。戒贤大师告诉玄奘,你的学业已成,应该早日回国去传播佛法。但玄奘告诉师父,机会难得,还想南巡到印度别的地方游历求学。他为什么没有听从戒贤的劝诫呢?请看下一讲"巡礼游学五印度"。]

第二十二讲
巡礼游学五印度

（字幕·旁白）

　　玄奘离开那烂陀寺到五印度巡游求学，谁知这次南巡，竟然耗时五年时间，和在那烂陀寺的时间是一样的。求学路上又经历了哪些高僧大德？学到了哪些佛学经典？看到了哪些佛教圣迹？玄奘在《大唐西域记》中记载了些什么传奇故事？在游学将要结束时还做了一个奇特的梦，据说这个梦是"菩萨示兆"……

　　上一讲我们讲到，玄奘在那烂陀寺五年的留学生涯是成功的，是非常辉煌的。但作为一名虔诚的佛学弟子，他开始明确地认识到那烂陀寺也有所不足，并不能囊括佛教世界所有的学说和精华。印度是佛教王国，所以他想，在那烂陀寺没有能够提供和学到的，或者说尽管已经提供了，但不能让玄奘满意的，到五印度其他地方或许可以找到答案，这是玄奘南巡的初衷。很明显，那烂陀寺的五年留学生涯让东土的玄奘成熟了，作为一名学者，他有了自己的研究方向。

公元636年，唐贞观十年，玄奘三十七岁，开始了巡礼五印度的行程。他先顺恒河而东，向东印度出发，到了伊烂拿钵伐多国（今印度比哈尔邦的孟格尔地区），途中经过迦布德迦寺。寺南二三里有孤山，崇岩苍翠，水木清华，最中的精舍刻有檀木的观世音菩萨，雕像不大，菩萨手持莲花，据说非常灵验，每天都有很多人前来膜拜求愿，经常有几十个人以最虔诚的心实行七天或十四天的绝食。为怕群众污染了菩萨的圣洁，在周围七步处围了一圈木栏杆，人们许愿时，从栏杆外向菩萨掷花，以花的落点来决定吉凶。玄奘也去买了鲜花，编成三个花环，据《大慈恩寺三藏法师传》卷三记载，在这里玄奘向菩萨跪发三愿：

> 一者，于此学已还归本国，得平安无难者，愿华住尊手；二者，所修福慧，愿生睹史多宫事慈氏菩萨（即弥勒菩萨），若如意者，愿华贯挂尊两臂；三者，圣教称众生界中有一分无佛性者，玄奘今自疑不知有不，若有佛性，修行可成佛者，愿华贯挂尊颈项。

说罢，以花对着菩萨的手、臂、颈三个部位一一掷去，结果全部掷中，表示这三个愿望都可以达成。众人看了都拍手叫好，围着玄奘向他道喜，齐声说道："如此奇迹，得未曾有，待来日成道时，莫忘今日在此相聚的缘分，引导我们到彼岸吧！"

从迦布德迦寺渡河到南岸，走三百多里到伊烂挐钵伐多国，有寺院十多所，僧侣四千多，多学小乘佛教，说一切有部义。最有名的大德是如来密（怛他揭多毱多）、师子忍（羼底僧诃）两位，玄奘在这里住了一年，向他们学习《毗婆沙论》《顺正理论》等小乘论典。

一年后，玄奘从恒河南岸往东走三百余里到瞻波国（今印度北方邦的巴加尔普尔一带）。这个国是古印度十六国之一，异教盛行，习小乘佛教。据传，在太古时代，人们都住洞穴，某一天，有天女下凡，在恒河中沐浴，天女与水中精灵接触而生下四子，这四子把印度四分，各自为王，开始建造房子，其中一个就在瞻波国建城。国南界有森林，连绵二百余里，其间多有野象，数百为群。他们有纯熟的驯象师，到森林里设法捕捉野象，把野象驯成威猛无比的象军，在印度伊烂拏钵伐多、瞻波二国为最多。林中还有不少凶猛的犀牛、豺、黑豹等。行旅客商经过这座森林时都不免怀有戒心，所以玄奘来时，也结伴而行。

玄奘再东行四百多里至羯朱嗢祇罗国（今印度比哈尔邦东部的拉其马哈地区）。东渡恒河行六百余里至奔那伐弹那国（今孟加拉国北部地区）。这是个适于农耕、物产丰富的大国，方圆四千多里，是中印度一个繁盛之处。这里有特产水果面包树，结果大如冬瓜，切开里面有几十个小果，大如鹤卵，再破开小果，有黄赤色的果汁，味道异常甘美。玄奘问了当地人，说它或长在树枝上面，或结在树根下面，如茯苓一般。

从这里再往东行，渡过布拉马普特拉河，行九百多里到迦摩缕波国，这是东印度极东的一个大国，最初名为东辉国，后更名为迦摩缕波国。从这里再往东走，便是我国的云南边境，玄奘本可以从这里经云南、四川回到长安，可一打听，不但道路险阻，而且还有瘴气。所以，他仍决定周游五印度，由南印度而西印度，绕道西域再回中国。

迦摩缕波国是当时印度境内最早和我国交往的国家，对玄奘和唐使节都十分礼遇。

《新唐书·西域传》记载：贞观二十二年，"东天竺王尸鸠摩送牛马三万馈军……迦没路国（即迦摩缕波国）献异物，并上地图，请老子像"。

对于迦摩缕波国的地理和交通，《大唐西域记》里有一段很重要的叙述：

> 境接西南夷……详问土俗，可两月行，入蜀西南之境。

这里提到的西南夷是指我国西南部云南一带的少数民族兄弟。也就是说，东印度的迦摩缕波国东面是有交通线的，可达我国西南。

《大慈恩寺三藏法师传》没有记载玄奘到过迦摩缕波国，而是由奔那伐弹那国直接前往羯罗那苏伐剌那国。

从迦摩缕波国折回，再往东南行九百余里到羯罗拿苏伐剌那国（也就是金耳国，大约在今孟加拉国境内波格剌城东南达喀城附近），有佛寺十余所，僧侣三百多人，信奉小乘佛教，也有阿育王建的佛塔，据说释迦佛曾在此说法七天。

此地东南出至三摩呾吒国（今孟加拉国首府达卡附近），该国濒临大海，完全是海洋气候，适合植物生长，花木十分繁茂。玄奘到了一所佛寺，看见有一尊青玉佛像，高有八尺，雕刻十分精细，常有自然妙香，芬馨满院。五色光瑞，往往照亮天空。此国有寺院三十余所，僧徒二千余人，习上座部义。

自三摩呾吒国西行九百余里，到耽摩栗底国（今印度西孟加拉邦的塔姆鲁克）。在这里玄奘见到从祖国经海路运来的丝织品、竹制品和瓷器，倍感亲切。耽摩栗底国临近大海，隔海就是僧伽罗国，也就是今天的斯里兰卡了。他知道在二百多年前，法显来印度取经时，是从这里乘船归国的。

玄奘时闻海中有僧伽罗国，又称狮子国、师子国，想由此取海路去之，因为那里有通晓上座部三藏和懂得《瑜伽论》者。此时遇到一位从南印度来的僧人劝说："往师子国不须水路，海上多有恶风、药叉、涛波之难，船行十分困难。不如从南印度东南角乘船，三日可到。这样不但安全，还可沿途顺便看看圣迹。"

玄奘从耽摩栗底国西南行，先经过乌荼国（今印度奥里萨邦北部一带），再往西南行一千二百余里，至恭御陀国（今印度奥里萨邦的甘贾姆市西北处）。这是个崇尚武力而信奉外道的国家，玄奘到时，他们仍用贝壳、珍珠作为货币。

玄奘再往西南，经过一片大荒林，走一千四五百里，从东印度进入南印度，来到羯䴖伽国（今印度南哥达瓦里河下游一带）。这里大约在印度半岛狭长的东南沿海之中间地带，属于达罗毗荼人分布地区，气候酷热，到处是热带森林。森林中有一种青色野象，形体高大，是别的地方所看不到的。民风粗暴，但热情诚实。玄奘到了这里，挥汗如雨，同本地人谈话时，觉得说话音调不但和北、中印度不同，和东印度也有区别。他意识到，这是又到了一个别的境界了。该国有僧侣五百多人，学习上座部佛法。传说该国原有不少人口，因为有人触犯了住在山中的"五通仙"，仙人大怒，用咒术使无数人死亡，后来尽管由各地陆续移民来此，人口还是很少。

这个国家在佛教史上，曾发生一件相当重要的事情，即阿育王由一个残暴的君主,摇身一变成为一个伟大的护教者。阿育王原认为战争是统治一切的工具,公元261年发生在羯馀伽国的一场征伐战争中,双方战死十万人,俘虏十五万人,及因战争伤病饥荒死数十万人,阿育王眼见太过惨重,从而检讨战事之价值,最后他想到佛教的宽大与和平,应是最好最有利于解决统治的方法,从而皈依了佛教。

从恒河三角洲往西南进发以来,玄奘沿海岸而行,可是离开羯馀伽时,他做了内陆选择,走向印度中央的德干高原。行一千八百多里,复入中印度的南侨萨罗国(今印度纳格浦尔以南一带)。玄奘之所以要绕道而行,是因为他认为这个国家佛学十分发达,几位佛教学者都与此地有很深的渊源。在前边提到的北印度的那位七百岁老婆罗门称之为老师的龙树(龙猛)菩萨,就是其中的一个。他著述很多,在六朝隋唐间中国佛教诸宗中就有三论宗、净土宗、禅宗、华严宗、密宗等五宗以龙树菩萨为印度远祖之一。

另外一位名僧就是龙树的弟子提婆菩萨。这里还有个故事,据说龙树在城南一古伽蓝接受国王虔诚的供养,有一天,业已成名的提婆,远从僧伽罗(锡兰岛)来,要求和龙树辩论佛教教义,龙树得知后,不发一语,只把一个盛满水的僧钵,命弟子拿到伽蓝门口给提婆,提婆一看,也默不作声,只在钵中投下一根针。弟子拿回来后,龙树非常满意地说:"钵中装满水是代表我的道行。提婆往水里投针,是代表他要穷究真理,这种人才是深论佛理的最好对象,也是我理想的传人!"即令引入。于是两人成了师生兼好友,龙树后来就在这个伽蓝圆寂。

玄奘在此地停一月余，跟随精通因明的婆罗门学习《集量论》，可见他对逻辑训练的重视。

从南憍萨罗国复往东南海岸方向，经过一片大林，行九百余里又入南印度案达罗国（今印度安得拉邦北部哥拉瓦里河流域）。城侧西南二十余里有孤山，上有塔，是陈那菩萨于此作《因明论》处，玄奘也前往参拜。

案达罗国有一个令全世界人都惊叹的伟大艺术工程，即著名的埃洛拉石窟。这个石窟从3世纪案达罗国极盛时期开始挖凿，到玄奘去时，大约已凿了三百年，仅完成十二个石窟。玄奘在《大唐西域记》里赞叹道："重阁层台，制穷刳剡，佛像圣容，丽极工思。"后来婆罗门教徒及耆那教徒接着开凿，前后耗费一千年的时间才接力完成目前所知道的埃洛拉三十四石窟。

玄奘由案达罗国向南走千余里，到达䭾那羯磔迦国（都城在今印度安得拉邦的阿马拉瓦底）。他在《大唐西域记》中说该国"土地膏腴，稼穑殷盛。荒野多，邑居少。气序温暑，人貌厘黑。性猛烈，好学艺"。此国方圆六千余里，大都城方圆四十余里，境内寺庙很多，佛法极盛，可是近百年来，佛教却十分衰落。现存的还有二十余所，僧徒有一千余人，大多学习大众部教法；有外道神庙一百余所，异道很多。

在该国玄奘遇到两位博学高僧——苏部底与苏利耶，他们两人均精通大众部三藏，玄奘因而停留数月，向他们学习《根本阿毗达磨》等论。他们也跟玄奘学习大乘诸论，相互谈得投机，听说玄奘要去师子国，遂决定结伴同行，往各处巡礼圣迹。

由此向西行千余里到珠利耶国，据说这里是信奉耆那教的地区，而且是属于裸体派，他们一丝不挂，说天空就是他们的衣服；人口很少，盗匪特多，大约在今印度安得拉邦东南沿海的内洛尔一带。

再往南经过一片大森林，走一千五六百里到达罗毗荼国（今印度安得拉邦南部和泰米尔纳德邦北部地区）。其国方圆六千余里，大都城在建志补罗（今印度康契普腊姆）。正是通往锡兰岛（僧伽罗国）的海港，由此往锡兰只要三天的航行就可到达。

图 22-1　玄奘在南印度跟苏部底、苏利耶学习《根本阿毗达磨》等论

建志补罗城即护法菩萨本生之处。菩萨原系大臣之子，早岁出家，远离红尘，以后专精佛法，究通诸部，著有《声明杂论》二万五千颂，《释广百论》《唯识论》《因明》等几十部论典。这国的文字叫塔米尔文，其发展出的南印度文学，在印度文学上占有很重要的位置。境内佛教极为发达，有僧徒一万多人，都遵循、学习上座部佛法。玄奘和苏部底、苏利耶准备从这个印

度南海口渡海，前往师子国。

玄奘一行正要渡海前往，港口却一片混乱，原来有三百多名僧伽罗国的僧侣渡海前来，要到中印度去。经询问才知道，僧伽罗国王驾崩而发生内乱，全国陷入战乱饥荒，僧侣们无处安身，所以逃来印度避难。玄奘听了，大失所望，遂打消了前往师子国的念头。

玄奘与苏部底、苏利耶谈论佛经有暇，便向二人动问师子国的情况。师子国又名僧伽罗国，即锡兰国，今天叫斯里兰卡。关于这个国家的起源，有一个神话传说：很早很早以前，有一个南印度国王，遣自己的公主远嫁邻国，在迎亲途中，被一头狮子背到深山为妻，后来生下一男一女，均为人形，但性情凶暴如猛兽。男孩长大得知自己的来历后，即乘隙率领母亲和妹妹逃出深山，居住在他母亲国家的村子里。雄狮失去妻子，愤怒地出山骚扰过路行旅。国王不得已，悬赏征求勇士，欲加以射杀。男孩以为这个大灾难都因他们母子而起，就毅然应征。雄狮见亲子来，很快就软化，男孩乘机以暗藏之利刃刺杀之，雄狮在面露慈颜中死去。国王问男孩何以雄狮会变得温驯，男孩在一再逼问下，只得和盘托出，国王重承诺仍答应给他重赏，但认为只有他这种带兽性的人才下得了那种狠心，于是下令以两艘满载粮食和黄金的船，送他和妹妹出海，任其漂流自生自灭。这男孩一路漂流到一个宝岛，就下船定居。后来劫得前来岛上寻宝的商船上的妇女。经无数代繁衍，岛上人口渐多，自成一国，这便是狮子国的起源。他妹妹则漂流到波斯湾，为鬼魅所得，生下许多女儿，这是西女国的起源。这自然是神话传说，玄奘采集后带回国，编入《大唐西域记》。

玄奘放弃巡礼师子国的念头，和七十多名师子国逃难的僧侣们，只好从南印度绕道西印度，然后想再回到中印度。他们一路巡礼佛寺，走了两千多里，来到恭建那补罗国（今印度西南部的果阿邦），有佛寺一百多座，僧侣一万余人，大小乘教都信，但也有不少外道。王宫旁有座三百多僧侣的大佛寺，据说珍藏着释迦牟尼在太子时代戴的冠冕。城北有一片方圆三十多里的多罗树林，树叶很长，色彩光润，印度各地都用此来抄写佛经，据说最为名贵。

从此西北经大林暴兽之野，行二千四五百里，至摩诃剌佗国（今印度西海岸孟买邦西北部一带）。该国方圆六千多里，民风强悍，好勇尚武，轻生死而重节义，是南印度第一强国。国王是刹帝利种姓，手下有一支大军，拥有四个兵种：一是象军，二是马军，三是炮兵，四是步兵。兵马整齐，号令严明，打起仗来，所向无敌。假如将士战败，他不给任何处罚，只让他穿上女人的衣服而加以羞辱，很多将士因受不了而自杀。国王养了死士数千人、暴象数百头，每次临阵对敌，先叫死士喝酒，待其欲醉时，然后麾旗冲锋，甚至连大象也灌了酒，所以奋勇难当，令敌军望风披靡。戒日王自以为雄才大略，兵马强盛，屡次带兵征伐，也不能取胜。玄奘到了这里，见当地人体格魁梧、性情豪爽，和以前所历各国迥然不同。这国也有佛寺一百多所，僧徒五千多人，兼学大小乘佛法。另外也有婆罗门教的天祠，教徒属于"涂灰"一派。城内外有佛塔五座，都是阿育王所建，玄奘一一前往巡礼。

自此往西北走一千多里，渡过耐秣陀河，到达跋禄羯呫婆国（今印度西部的古吉拉特邦）。从此往西北行二千余里到摩腊婆国（即南罗罗国，在今印度孟买卡奇湾以东到中央邦马尔瓦一带）。此国与刚才提到的邻国正好相反，土地肥沃，物产丰富，人民以面食为主；文化方面尤其让玄奘感到舒服，语言清晰文雅，民风善良，特重学艺，是五印度中，足与摩揭陀国相提并论的文化大国。此国有佛寺一百多所，僧侣二万余人，信奉小乘佛教，亦有涂灰外道和事天外道的徒众。相传六十年前，出了一位名王，也叫戒日王，崇敬三宝，仁慈爱民，从他即位到去世之日，从没有厉言疾色。他一生力戒杀生，甚至连给象、马饮水也要先行滤过，说是怕杀了水中的生物。他在位五十多年，境内都充满了祥和之气，于是大兴土木，广造寺院，每年都设立无遮大会。玄奘去时，正值国王死后不久，百姓仍思念不已。玄奘看见此国佛法昌盛，心中高兴，便到处观光巡礼。从这里往东北行，玄奘到了今天位于奥兰加巴德附近的印度佛教艺术圣地——阿旃陀石窟。

阿旃陀石窟是印度最古老的石窟之一，最早建于公元前2世纪阿育王时代印度佛教鼎盛时期。自释迦牟尼寂灭200年后，佛教徒为了拜佛和研究佛经，组织了"圣伽"（即佛教经典）的结集，要选择一个远离世俗的山林深处作为结集场所，最后在孟买东北483公里德干高原的大彼帝河畔找到了一处幽静的地方，并把这个地方命名为"阿旃陀"，含有世外桃源的意思。于是开始在悬崖峭壁上，人工开凿了最早的一个石窟，现在编号为第十窟，这是个高57米、宽51米、深达120米的大神殿。自这座大神殿建成之后，声名远播，远近来山朝拜的僧侣络绎不绝。此后数百年间，历代王朝，踵事增华，又在不同的时期陆续开凿，到玄奘637年来到阿旃陀为止，一共开凿了29个石窟，其中4个塔形，余为精舍。

阿旃陀石窟是印度劳动人民以巧夺天工的勤劳双手，在悬崖峭壁上展现奇伟雄丽的艺术宝库。这里的造像和壁画，布局和谐，形象生动，色彩鲜艳，技巧精湛，虽以佛教传说为题材，却能反映公元前2世纪到公元7世纪印度的现实生活。

玄奘怀着留恋和惋惜的心情，离开了阿旃陀石窟。这个石窟从8世纪起已渐渐无人过问，经过千余年的荒凉冷落，被山巅崩颓的泥土流沙所湮没。直到1819年，英帝国殖民统治者的士兵在山上演习时，首先发现了它。1824年英国人詹姆士·亚历山大参观后才开始向外界人士介绍该石窟宏大壮丽的情景。现在考古学者根据玄奘《大唐西域记》的记载加以考订，才知道这就是有名的阿旃陀石窟。

玄奘从摩腊婆国往西北行二千四五百里至阿吒厘国（今印度西部的卡提阿瓦半岛一带），该国盛产胡椒和薰陆香树（即乳香，可入中药），叶似棠梨。从此西北行三日至契吒国（今印度卡奇湾北岸的卡奇地区）。自此北行千余里，至伐腊毗国（今印度孟买邦卡提阿瓦半岛东部的瓦拉市），这是一个物产、气候、民风与摩腊婆国相似的国家，富裕则有过之而无不及。有寺院百余所，僧侣六千余人，外道也特别多。释迦在世的时候，屡次来游此国，阿育王在释迦到过的地方都建有宝塔，以作纪念。国王是刹帝利种姓，是曲女城戒日王的女婿，性情急躁，举止粗鲁，可是敬奉三宝，尊重学者，他每年举行大会七天，礼聘各国名僧前来讲经，最后广施财物，因此佛教极为发达。

玄奘从此西北行七百余里，由南印度进入西印度到阿难陀补罗国。又西北行五百余里至苏刺陀国，自此东北行一千八百里至瞿折罗国，又东南行二千八百余里至邬阇衍那国，再东北行千余里至掷枳陀国，又北行九百余里，至摩醯湿伐罗补罗国，复入中印度境，又向西折回苏刺陀国。从苏刺陀国转向印度河下游，至阿点婆翅罗国（今巴基斯坦最大的城市卡拉奇一带）。当年玄奘到这里时，这里只是一个小渔村，如今已成为人口逾千万的大都市，而且是巴基斯坦的一个重要通商口岸。

玄奘从阿点婆翅罗国西行二千余里至狼揭罗国（今巴基斯坦俾路支省东南部一带），入西印度的极西境，临近大海，是通向西女国的要道。再往西北，就到了当时的波刺斯（波斯）国境，这里已不是印度境了。闻波斯国多珠宝、大锦、细褐、善马、骆驼等名产，释迦佛钵在此王宫。国东境有鹤秣城，西北接拂懔国（即东罗马帝国），西南海岛有西女国，都是女人无男子，多珍货，附属于拂懔国。

玄奘究竟到没到过波斯，历来说法不一：有人说他曾经到了波斯，有人说只是耳闻并未亲自到过。根据《大唐西域记》记载，他大概到过波斯东境的鹤秣城。

玄奘从波斯边境又回到西印度，自狼揭罗国东北行七百余里，至臂多势罗国（今巴基斯坦信德省的海德拉巴德地区）。此国没有国王，隶属于信度国，国土不是沙石就是盐碱，寒风凄厉而猛烈，多产宿麦，花果很少。城北十五六里的大森林中，有座塔高几百尺，为阿育王所建，塔中有舍利，时时放出光芒。

从此东北行三百余里，至阿軬荼国（今巴基斯坦信德省北部）；又东行七百余里，至信度国（今巴基斯坦旁遮普省西南部地区）。其地出金、银、鍮石、牛、羊、骆驼，还有赤盐、白盐、黑盐等。

从此东行九百余里，渡河东岸至茂罗三部卢国（今巴基斯坦旁遮普省中部地区）。又东北行七百余里，至钵伐多国（今印度克什米尔南部的查谟）。这国城外有座大佛寺，有一百多位僧侣，是大乘佛教的中心，也是最胜子大师著述《瑜伽师地论释》及贤爱论师、德光论师二位大师出家的地方。玄奘来到时，得知寺内有博学高僧两三位，因此就在此停留了两年，学习正量部《根本阿毗达磨》及《摄正法论》《教实论》等。

唐贞观十三年（639年），玄奘大师周游了东西南北中五印度之后返回那烂陀寺。参谒礼拜戒贤法师后，闻寺西不远有低罗择迦寺，出家大德名般若跋陀罗，本缚罗钵底人，于萨婆多部出家，通一切有部和《声明》《因明》等，法师就停两月，咨决所疑。从此复往距那烂陀寺六十多里的杖林山居士胜军论师所。胜军论师是苏剌陀国人，刹帝利种，幼而好学，先从贤爱论师学《因明》，又从安慧菩萨学《声明》和大、小乘论，又从戒贤法师学《瑜伽论》，乃至外籍群言，四《吠陀》典、天文、地理、医方、术数，无不究览根源，穷尽枝叶。因为他学贯古今，德高望重，所以摩揭陀国的先王曾礼聘他拜为国师，封地二十大邑，可是他坚辞不受。后来戒日王即位，又请为国师，封他乌荼国八十大邑，论师亦辞不受。每天在杖林山开佛学讲座，前来听讲的多达数百，僧俗两界都有。玄奘从学《唯识决择论》《意义理论》《成无畏论》《不住涅槃论》《十二因缘论》《庄严经论》，并就《瑜伽师地论》《因明》等疑难之处向他请教，前后学了两年时间。

就在跟胜军论师学习期间，有一天晚上，玄奘做了一个梦。梦里的那烂陀寺竟殿宇荒芜，到处系着水牛，满地污秽，看不见一个僧徒的影子。他从幼日王院的西门进去，一连走了好几个院子，仍不见人影。他心中纳闷，忽见第四重楼阁上站一位金色神人，法相庄严，光芒四射。他想上楼却上不去，金色神人开口说："我是曼殊室利菩萨，你前世罪业未了，不能上来！"然后向外面一指说："你看外面！"玄奘顺着他指的方向一看，只见寺外一派大火，红光遮天，整个村落都陷在火中。那火愈烧愈近，又听见百姓奔走号叫的声音。玄奘正待要问，听金人又说道："你赶紧回国去吧！此地十年以后，戒日王就要晏驾，印度将有一场大乱，你须要留心在意。"说完金人忽然不见了。

玄奘醒来，出了一身冷汗，更楼正打四更，他便把梦中情景和曼殊室利菩萨说的话告诉胜军居士。胜军道：

> 三界无安，或当如是。既有斯告，任仁者自图焉。

意思是说：世界本来就是不安宁的，这些事情也许真的会发生。既然有了这样的告诫，我看你还是自己认真考虑一下吧。玄奘一贯相信梦境，而他的梦境往往又都很灵验（就在玄奘回国后不久，这个梦应验了，使臣王玄策不但目睹了这一切的发生，还书写了大唐外交史上的另一段传奇故事），所以他立刻前往那烂陀寺，见母校和恩师最后一面。

按照传记的说法，后来到了唐朝永徽年间（650—655 年），戒日王果然死去，五印度发生大乱。幸亏玄奘先已回国，得以平安无事。实际上这个梦，是完全可以用心理学来解释的。玄奘西天取经已十余载，离开祖国越久，怀念故乡之心越切，这种下意识的情绪，便会在夜间形诸梦寐，这也是自然而然的现象。又加之他是信仰宗教的一个人，遂有"菩萨示兆"的梦境，自得此梦之后，玄奘渐动归国之念。

· · ·

［玄奘的这次巡礼游学，一下子又过了五个年头，周游了东、西、南、北、中五印度之后，然后重返那烂陀寺。之后在跟胜军大师学经时，玄奘做了非常奇特的一个梦，梦中情景改变了他在印度的留学计划。然而，事情并没有他想得那样顺利，玄奘回到那烂陀寺又发生了哪些重大事件？请看下一讲"那烂陀寺展才华"。］

第二十三讲
那烂陀寺展才华

（字幕·旁白）

　　玄奘结束南巡游学后，再次回到曾经生活学习过的那烂陀寺。然而，戒贤大师的安排，让玄奘在母校一次次地展露才华，但又让玄奘一次次地陷入辩经论战之中，对手越来越强，规模也越来越大，致使他回国的计划一次次搁浅和延误……

　　唐贞观十四年（640年），这一年玄奘四十一岁，拜别胜军大师后回到了那烂陀寺。事有凑巧，戒贤法师正准备给众人开课讲解《摄大乘论》《唯识决择论》等佛经，一见玄奘回来，就把这个光荣而艰巨的任务交给了他。玄奘当然不好拒绝恩师的盛情，只好留下来为众人讲经。与此同时，有一个名叫师子光的小乘佛教高僧也在那烂陀寺讲经，讲的内容正好与《瑜伽师地论》相对，并且经常攻击大乘学说。身为寺主的戒贤法师没有把师子光赶出去，而是派自己最得意的弟子玄奘，在师子光的讲坛旁边再开一门课，同时宣讲大乘佛教教义。

两位教授在同一时间同一地点宣扬完全相反的两种学说,这是何等壮观的学术胜景。两人一边讲课,一边相互辩论,几天下来,师子光无法自圆其说,被玄奘逼得节节败退。群众的眼睛是雪亮的,原本聚集在师子光讲坛前的学生们也觉得玄奘讲得有道理,纷纷改投玄奘门下。师子光辩不过玄奘,觉得很没面子,一气之下就离开了那烂陀寺,回到东印度,请自己的同学月亮师子法师前来助阵。

这位月亮师子法师不像师子光那样冲动,没有一上来就向玄奘挑战,而是先听了一节课。听完之后,月亮师子觉得自己根本不是玄奘的对手,不但不敢再去挑战,还对玄奘佩服得五体投地。一来二去,玄奘声望大涨,俨然成了那烂陀寺的"招牌"。

正所谓"福兮,祸之所伏",就在玄奘讲完经书准备告别那烂陀寺和恩师戒贤法师时,又一个突发事件让他不得不再次延缓回国计划。这件事情还要从之前提到过的,与那烂陀寺关系十分密切的戒日王说起。

据记载,戒日王在那烂陀寺旁边建造了一座十丈多高的全铜精舍,一下子成为全印度关注的焦点。有一次,戒日王经过一个名叫乌荼国的小国,那里的僧人都信奉小乘佛教,觉得大乘佛教华而不实,于是就讽刺戒日王说,您能在那烂陀寺旁边专门为戒贤法师造一座精舍,为什么不给迦波厘外道寺旁边也造一座?认为两者并无区别,同为外道。为了证明小乘学说才代表真正的佛法,他们还向戒日王推荐了一位名叫般若毱多的灌顶师(灌顶师,就是给南印度国王行灌顶礼的高僧)。般若毱多是南印度三代帝王的灌顶师,他在小乘佛教中的地位和威望几乎可以与戒贤法师在大乘佛教中的地位和威望相媲美，还著有一部专门用来攻击大乘学说的《破大乘论》。

戒日王与戒贤法师关系密切，在立场上也更倾向于大乘学说，否则也不会专门为那烂陀寺建造一座价格不菲的精舍，于是他就觉得这些小乘信徒有些不知天高地厚。那些小乘僧人见戒日王不相信他们的话，就希望以一场辩经来分出高下。在当时的印度，为高僧学者提供论战的物质保障是每一位国王的职责和荣耀，所以戒日王很快写了一封信给戒贤法师，意思是让戒贤法师从那烂陀寺中挑选出杰出弟子前去应战，教训一下那些诽谤大乘学说的小乘僧人。

戒贤法师看完信后，立即召集寺院全体成员开会讨论此事，最后推举了四个有资格代表那烂陀寺前去辩经的人选。然而在接下来的面试中，除玄奘外的其余三人都慑于般若毱多的威名而不敢前往。

问题来了，作为全印度最高佛教学府，那烂陀寺没有理由拒绝对方的挑战，尤其这次辩经还是由戒日王所组织的，如果不战，不仅仅那烂陀寺会名誉扫地，就连大乘佛教也会在印度抬不起头来。戒贤法师是寺主，当然不可能亲自上阵，再加上他年纪大了，精力、体力都不足以支撑一场大规模的辩经。

这样一来，原先的四个人选就只剩下玄奘一人，于危难时方显英雄本色！勇气与责任，让玄奘选择了挺身而出。

玄奘想到的不是自己的身份和在那烂陀寺的资历，而是必须这么做，表现出了中国人骨子里的那种铮铮铁骨与不屈气节。当然，玄奘这么做也有他的理由：

一是玄奘对自己的佛学修为很有信心，他对对方的小乘理论也很熟悉，对方根本不存在获胜的可能性，自己完全有能力、有把握击败他们。

二是玄奘从不打无准备之仗，也给自己和那烂陀寺找好了退路，由于他不是印度人，因此即便辩经失败，那也是一个东土僧人输了，不会有损那烂陀寺的声望。也就是说，尽管他代表那烂陀寺出战，赢了是那烂陀寺的光荣，输了是他一个人的责任。

玄奘的勇气和考虑周全让那烂陀寺的大德们十分感动。就在他们全力准备应战之时，戒日王又派来一名使者，让那烂陀寺的四位高僧留寺待命，这场涉及全印度大乘佛教与小乘佛教正统地位的辩经就此搁浅。但是麻烦并没有停止，一名顺世外道向那烂陀寺公然发起了挑战。

顺世外道是古印度九十六种外道中非常有名的一派。所谓"顺世"，就是顺着世界行事，与佛教一样反对婆罗门教，同时也否认业报、轮回的存在，认为世界是物质的，崇尚肉体的解放与自然，有些类似于魏晋玄学的精神境界，在本质上与佛教背道而驰。这个顺世外道不但人来了，还把自己的观点写成了四十条论据，而且还开出了一个令人侧目的"赌注"：

若有难破一条者，我则斩首相谢。

意思是说：如果有谁能驳倒我这四十条论据中的一条，我就砍下自己的头来谢罪。然后把论据和条件贴在那烂陀寺的正门上，公然向整个那烂陀寺宣战。可见，这个外道一上来就想用高昂的赌注来营造气势，震慑那烂陀寺，他也的确达到了目的，接连几天，那烂陀寺竟无一人出来应对。这正是这个顺世外道所要的效果：一上来就亮出王牌，让对方左右顾虑无从出招。就在这时，我们的玄奘法师再一次站了出来，而且是用一种任何人都没有想到的方式来应对：

> 遣房内净人出，取其义毁破，以足蹉蹋。

玄奘先是派伺候自己的那个净人出去把顺世外道贴在那烂陀寺正门上的四十条论据一把撕掉，然后才现身，用脚将撕下来的那些碎纸片狠狠践踏一番。玄奘这招"以其人之道，还治其人之身"又准又狠，不但在手段上不输给那个外道，而且在气势上也为那烂陀寺挣回了面子。被激怒了的外道当场就质问玄奘是什么人？玄奘大义凛然地说出了自己的身份："我是摩诃耶那提婆奴！"

这就是玄奘的印度名字，意思是大乘天的奴仆，即包括戒贤法师在内的所有天神菩萨的仆人。一听见这个名字，外道就知道遇到了劲敌，可见他早就听说过玄奘的大名，也很清楚玄奘的实力，嚣张的气焰一下子就被打掉了半截，竟想抽身而退，不跟玄奘辩论了。

玄奘知道了，就命人带他进寺，到戒贤法师面前并集合诸大德见证，开始辩论。玄奘道："你们立论的宗本，不外诸家。如铺多外道、离系外道、髅鬘外道、殊征伽外道，四种形服不同；数论外道、胜论外道，二家立义有别。大抵铺多外道，多以灰涂体，用为修道，犹如寝灶的猫狸，满身艾白。离系外道（亦叫耆那教）以赤身裸露为新奇，以把自己的头发一根根拔掉为功德，弄得皮开肉绽，状如临河的枯树。髅鬘外道（亦叫迦波厘派），以骷髅为花环，像装饰品一样戴在头上，或挂在脖子上，简直如坟场的野鬼。殊征伽外道，披服粪衣，还莫名其妙地吃屎喝尿，腥臊臭恶，根本就像跳到粪坑里的大疯猪。你们以此作为至道，岂不愚蠢万分！"

接着玄奘批判数论外道的"执偏成性"，胜论外道的"我见如山"，滔滔雄辩，口若悬河，如是往复数番，说得那位顺世派婆罗门从开始的"一招半式"到后来的"丢盔弃甲"，一句话也说不出反而坐在那里聆听，佩服得五体投地，最后站起来向法师谢罪道："我今服输，愿依前约！"

玄奘说："我们佛门弟子，以慈悲为怀，终不害人，这样好了，以后你就做我的侍从吧！"这个婆罗门高兴地接受，被带到玄奘的房里听差。知道这件事的人莫不称庆。

与顺世外道的辩论在玄奘看来只不过是一次小小的插曲，真正的强敌还是乌荼国那位小乘高僧般若毱多。在仔细阅读了他所撰写的《破大乘论》后，玄奘发现这的确是一部非常难解的经书。戒日王的命令随时都会到，如果连《破大乘论》都不能贯通，又如何去击败般若毱多？

当时那个被收为仆人的顺世外道就在玄奘房间里，玄奘就顺口问他有没有听说过《破大乘论》，谁知这个顺世外道不但听般若毱多讲过五遍，而且对这部经书相当精通。玄奘大喜过望，当即礼请顺世外道为自己开讲《破大乘论》。顺世外道惶恐不已，觉得自己现在是奴仆，根本没有给主人讲经的资格。面对学术问题，玄奘又表现出了虚心务实的一面：

此是他宗，我未曾见，汝但说无苦。

意思是说：这是别派的学说，我从来没有见过，所以你只管说，不要顾虑太多。顺世外道想了想，道：

> 若然，请至夜中，恐外人闻，从奴学法，污尊名称。

意思是说：如果是这样，那就请等到半夜，以免别人知道您向一个奴仆学法，玷污了您的名声。可见，这个顺世外道本性不坏，还能替玄奘着想。到了夜深人静时，顺世外道才把《破大乘论》完完整整地解释了一遍，不但解开了玄奘感到困惑的几处难点，还让玄奘找到了其间的不少破绽，进而拟定破解之法。

知彼只是第一步，接下来要做的是知己。

玄奘觉得光有思想上的准备还不够，还需要有理论支持，于是就针对《破大乘论》写了一部《破恶见论》，篇幅是《破大乘论》的两倍多，并且得到了戒贤法师等那烂陀寺高僧们的一致称赞。当然，玄奘没有忘记那个从"挑衅者"变成"有功之臣"的顺世外道，于是就把他放了。重归自由的顺世外道又喜又惊，叩拜完玄奘后就离开那烂陀寺返回了东印度。不过玄奘这一放，竟放出一堆大麻烦来，这是他万万没有料到的，我们回头再说。

准备完这一切后，玄奘觉得凭那烂陀寺高僧们的实力和《破恶见论》，即使没有他，那烂陀寺也已稳操胜券，所以再次决定回国。就在这时，玄奘的朋友，一个名叫伐阇罗的露形外道前来探望他。此人擅长算命，于是玄奘请他算上一卦。伐阇罗算完之后告诉玄奘，留在印度是最好的选择，回国也能顺利到达，但是会遭遇波折；至于玄奘的寿命，却只剩下十年，当然，如果上天眷顾，也许可以活得更长些。

不过，玄奘还有别的心事，在目睹了佛教在印度的衰落后，

"取经"在玄奘看来不仅是一种学习交流,更是保护佛典传承的必需,所以他边走边抄经,十几年来慢慢积累了数量庞大的经文和佛像,这些东西能否运回国才是他真正担心的,所以他又把这个担心告诉了伐阇罗。伐阇罗让他不用担心,戒日王和鸠摩罗王都会派人送他回国。对于这两位君王,玄奘都是只闻其名而未见过其人,他们又怎么会帮助自己呢?伐阇罗又告诉玄奘,鸠摩罗王已经派人来请他了,两三天就到,见到了鸠摩罗王,很快也能见到戒日王。

说完这些,伐阇罗就走了,玄奘也着手准备各项回国事宜。由于玄奘学问大、品行好、声望高,而且为那烂陀寺立下大功,所以当他要回国的消息传开后那烂陀寺的僧人们纷纷前来劝阻,在被玄奘婉言谢绝后,他们就前去恳求戒贤法师能够出面挽留。

戒贤法师应该是那烂陀寺中最洞悉世情也最了解玄奘之人,因而他只问玄奘自己有什么打算。玄奘说,这里是佛降生的地方,我怎么会不想留下呢?但是,我来印度的目的是求得大法,教化众生,又蒙恩师您传授《瑜伽师地论》,解开了我多年的疑惑。我游历佛迹,研习各派理论,觉得不虚此行,这才想把我所学到的东西运回国去翻译,使得更多人能感受到佛法,以此报答师父的恩情,所以才想早日归国。

听了玄奘这番发自肺腑的告白,戒贤法师十分感动,当即下令所有人不得挽留玄奘。

就在这时,伐阇罗的话应验了,鸠摩罗王派使者来到那烂陀寺,让戒贤法师把玄奘送到他那里去。那么,这位远在东印度的国王又是如何会找上门来的呢?原来那位被玄奘释放了的顺世外道回到东印度后,见到了当时在印度权势仅次于戒日王的鸠摩罗王，还在鸠摩罗王面前大大夸赞了玄奘一番。鸠摩罗王来了兴致，就想见一见玄奘，所以才派人送了封信给戒贤法师，希望他"成全"。

与般若毱多的辩论悬而未决，玄奘又要回国，鸠摩罗王又来横插一脚……思虑再三，左右为难的戒贤法师只好用玄奘要回国来婉拒鸠摩罗王。然而，玄奘还没上路，鸠摩罗王的第二封信又到了，态度十分强硬，玄奘必须先来见我一面，至于回国，我可以派人送他回到大唐，如果再推辞，就是看不起我鸠摩罗王！

一头是关系密切的戒日王，另一头是得罪不起的鸠摩罗王，两头都惹不起……戒贤法师没有办法，干脆来了个不闻不问，就这么拖着。鸠摩罗王不见玄奘人来，又等不到戒贤法师的答复，当即大怒，又派人给戒贤法师送去一封信，言下之意是：那烂陀寺觉得他是个恶王才不把人送来，以前恶王们做的那些破坏佛法、摧毁菩提树的事情，我也一样能做到，当我带大军杀到那烂陀寺的时候，请您不要追悔莫及！

收到这封信后，那烂陀寺上下哗然，鸠摩罗王是出了名的好勇斗狠，谁都不愿那烂陀寺因此遭到劫难。

摆在戒贤法师和玄奘面前的有三条路：

一条是，服软，送。现在把玄奘送过去，正在火头上的鸠摩罗王会怎么看待那烂陀寺，会怎么对待玄奘？屈从于某个国王，对超然的那烂陀寺来说就是一种羞辱。

一条是，等戒日王，不送。关系大乘佛教声望和地位的那场辩论还没下文，要是把玄奘送走了，戒日王来要人怎么办？到时候鸠摩罗王不放人又怎么办？

一条是，直接送玄奘回国。这是最无奈的一个办法，而且只能轻装上路，根本不能携带那些海量的经卷；再者，玄奘当年就是偷渡出关离开大唐，现在取经有成还让他偷渡回国，心理上接受不了。

实属无奈，戒贤法师当即把玄奘找来，语重心长地希望他还是能去一趟，只要能利用这个机会改变鸠摩罗王对佛教的看法，所有问题都会迎刃而解；如果不去，后果就会十分严重，尽力而为就行。

是走，是留？去，还是不去？

面对危险，玄奘再一次大无畏地站了出来，他不能让那烂陀寺因为自己而毁于一旦。

不出十日，玄奘到达时，鸠摩罗王亲自出迎，看见玄奘惠然肯来，而且举止大方、谈吐清雅，甚是喜欢。群臣迎拜，莫不赞叹。百姓扶老携幼，塞满途中。国王将玄奘迎入宫中，香花供养，日陈音乐、饮食并请受斋戒。玄奘为鸠摩罗王说法讲经广破邪徒，并答王"佛功德"问，造《三身论》三百颂，在这里接受供养一个多月。他曾经听说由此地到中国，可直通云南、四川，不过沿途极为艰险，兼以瘴气毒蛇，玄奘还是决定不走这条路线。

一个多月后，戒日王征战归来，想要继续那烂陀寺与般若毱多的那场辩论，后来才知道玄奘居然在鸠摩罗王那里，于是非常不快，当即派出使者前往鸠摩罗王那里，让他把玄奘送回来。作为印度实力仅次于戒日王的国王，鸠摩罗王一直想找机会跟戒日王较量一下，不但不放人，还撂下一句狠话：

> 我头可得，法师未可即来。

使者只好照实回报，戒日王听了怒不可遏，对大臣们说："鸠摩罗王这样轻我，如何为一僧发此粗语！"更遣使者前往说："我现在就要你的头，你立刻交给使者带回！"鸠摩罗王自知失言，为了消除误会，维持两国友好关系，当即准备象军二万、船三万艘，亲自护送玄奘法师前往，浩浩荡荡，溯恒河而上来见戒日王。约定在羯朱嗢祇罗国相见，并叫人在恒河北岸，筑下行宫，请玄奘到行宫安置，然后自己带了诸臣渡河来见戒日王。戒日王见他亲来甚喜，对他因过分仰慕玄奘出言不逊的事已不再追究，急着问玄奘人在何处？他回答："在北岸。"戒日王道："何不同来？"答道："大王钦贤爱道，岂可遣师来就？"戒日王道："对！对！王且回去，我明日就亲自去迎接他！"鸠摩罗王于是放心回到北岸，对玄奘述说经过情况，并对他说："依我判断，王虽说明日来，恐怕今晚就到，仍须候待。若来，法师尽管待在屋里等他来见你，不必理会他的到来。"玄奘道："依佛法，理应如是。"

到了夜里约一更时分，戒日王果然按捺不住迫切的心情，前来拜见玄奘。戒日王是怎么来拜见玄奘呢？他的排场很大，只见河中有数千炬烛，犹如白昼。因为他驻扎在恒河的南岸，而玄奘则在北岸的行宫里，他要见玄奘必须渡到北岸。于是，他就让人在河中点燃了几千支非常大的蜡烛，照得恒河像白天一样。不仅如此，他还动用了标志自己身份的"节步鼓"仪仗。原来，在整个印度，只有戒日王可以使用这样的仪仗，就是用几百面金鼓，戒日王每迈动一步，几百面金鼓同时敲一下。这场面可谓惊天动地！鸠摩罗王一听到这个声音，就知道戒日王来了。鸠摩罗王其实还是怕见戒日王的，所以一听到这个鼓声，就赶紧率领自己的臣下远远地到河边去等候戒日王。

• • •

［戒日王到了，中印文化史上最夺目的一页马上就要展开了，大家可别忘了，这一页是由印度权势最为显赫的戒日王和来自中土的留学生玄奘共同谱写的。一方是威名赫赫的帝王，一方是一位求法僧人，这种表面上的不相称和反差，难道不正衬托出了玄奘的伟大和独特吗？这次见面是怎样把玄奘送上了西行求法的巅峰的呢？请看下一讲"顶级挑战曲女城"。］

第二十四讲
顶级挑战曲女城

（字幕·旁白）

戒日王和鸠摩罗王为了争夺玄奘差点大动干戈。戒日王的目的是和戒贤有约，要请玄奘和小乘佛教宗师进行那场酝酿已久的辩论，以维护大乘佛教的声望。哪料想，这场顶级辩论无法进行，戒日王安排的另一场规模更加宏大的辩经大会却要召开，玄奘将如何面对这场既是风险挑战又是展露才华的机遇，历史是怎样记载的？

上一讲讲到，经过一番折腾，鸠摩罗王好不容易见到了玄奘。而在这个过程中，为了邀请玄奘，印度当时的两位威望最高的国王鸠摩罗王和戒日王发生了严重的争执，而且几乎兵戎相见。但是，当这三个人到了一起以后，场面却相当的和谐，没有闹出什么不可收拾的结果来。

戒日王和玄奘见面时候的对话比较完整地保留在《大慈恩寺三藏法师传》里，据记载，戒日王驾到，首先来到法师面前行印度的最敬礼——顶礼，先五体投地（两手膝及头部投地），而后以自己最尊的头部，去敬礼对方最卑的足部，散花瞻仰并致颂词。敬礼完毕后，戒日王以极为虔诚的心与玄奘交谈。

> 王又问曰："师从支那来，弟子闻彼国有《秦王破阵乐》歌舞之曲，未知秦王是何人？复有何功德，致此称扬？"

秦王就是唐太宗李世民未登基前的封号，唐高祖称帝初期，天下群雄尚未扫灭，武德二年（619年）秦王奉命大破群雄之一刘武周于山西介休县，后来刘武周逃至突厥而被突厥所害。军中为称颂这次胜利而作《秦王破阵乐》，李世民即位后，每逢宴会必定演奏助兴。后更令魏徵等人改作歌词，更名为《七德舞》，为唐朝自制三大乐舞之一。

玄奘大略把唐太宗的神武和爱民惜物、轻徭薄税、百姓如何富足等讲后，戒日王钦羡不已，英雄相惜之情油然而生。戒日王说："天下得这样一位明君，真是你们国家的福分。"接着又对玄奘说："弟子且还。明日迎师，愿师不惮烦劳，惠然肯来！"于是辞去。

玄奘在这次和戒日王的见面中，看来是以非常自豪、非常骄傲的口气为戒日王介绍了自己的祖国大唐，介绍了大唐的君主，并引发了戒日王的赞叹。

暂且先把戒日王和玄奘个人之间的交谈或者交往放下，我们首先要问的问题是：戒日王是印度的一个有代表性的而且排名第一的国王，那么他跟玄奘的见面在中印两国的历史上引发了什么后果？这是一个大问题，确实有非常重要的后果！

玄奘满带自豪地对自己祖国的这种介绍也好、赞叹也好，总之戒日王被震撼了，所以他迫不及待地派遣正式的使节"东面朝之"。在这里并不是随便用"迫不及待"这四个字的,这是有历史依据的。为什么这么说呢?中国和印度不同,中国有非常悠久的历史传统,如果有远方的异国派使节前来朝拜、朝见或者会见,那么皇帝就会因为自己的国家威名远扬而感到很高兴,就会吩咐臣子将其完整地记录下来。所以,在中国的史籍当中,很少会漏记某个远方的国家派使节来的史实。《旧唐书》《新唐书》这两部非常重要的正史,都对戒日王这次派正式使节到中国来有言之凿凿的明确记载,特别是《新唐书》,记载得极其清楚。

《新唐书·西域传》记载说,玄奘和戒日王见面后,戒日王当即表示:"我当东面朝之。"次年〔唐贞观十五年(641年)〕,果然派使者到大唐,唐太宗也派梁怀璥到印度访问,带着太宗的亲笔玺书,到曲女城来见戒日王,戒日王得报吃了一惊,问左右大臣:"自古以来,可否有过支那使人到过我国?"回答说:"没有。"戒日王用隆重的仪式,接受了唐朝的国书。这是第一次开启了中印外交之门,可说是玄奘之功劳。

玄奘这位偷渡出境的大唐僧人,现在已经肩负起了外交使节的使命,并给中印两国带来了辉煌的外交成果。而戒日王迫不及待地邀请玄奘见面,最终目的是和小乘佛教的宗师辩论。经历了一连串的波折,玄奘终于到来,那么接下来,众人期待已久的顶级辩论又会怎样发展呢?

果然,第二天的一大早,戒日王的使者就到了玄奘的住处。因为玄奘那时候还是跟鸠摩罗王住在一起,于是玄奘和鸠摩罗王就一起来到了戒日王的行宫,戒日王当然免不了"备陈珍膳,作乐散华,供养"。一切准备就绪,戒日王马上开口问玄奘:"听说师父您写了一本《制恶见论》,您带来了没有?"戒日王向玄奘索要的,正是当初玄奘为了应付那个小乘高僧的挑战而写的那部梵文论著《破恶见论》,它还有另一个名称《制恶见论》。玄奘这次也是有备而来,他随身携带着这部著作,于是就当即呈献给了戒日王。戒日王看完以后非常高兴,就对身边的那些小乘的高僧说:

> 弟子闻日光既出则萤烛夺明,天雷震音而锤凿绝响。师等所守之宗,他皆破讫,试可救看?

意思是说:弟子我听说,太阳一出来,萤火虫、蜡烛的光芒就不值得一提了;而天上如果打雷的话,地上的那些凿子、锤子等发出来的声音也就不值得一提了。你们信奉的宗派理论,这位法师都破了,你们看看,有什么办法补救啊?

显然,戒日王是把玄奘的著作比喻成太阳、比喻成天上的雷鸣,而把小乘佛教的一些观点比喻成蜡烛、比喻成地上的凿子啊锤子啊等叮叮当当的小声音。戒日王又接着说:"你们的那位大师般若毱多呢,自以为学问高超,见解深刻,渊博无比,首先起来倡导异见,经常诋毁大乘佛教。等到听说外国的大德来了,他就马上托词前往吠舍厘礼拜佛迹去了,逃避躲藏起来了。所以,我知道你们大概是没有什么能力来应对这位中土高僧了。"

戒日王有个妹妹,聪慧伶俐,善解正量部义,此时坐在戒日王身后,听玄奘畅论大乘小乘的得失,赞叹不已。

听说自己追随的那位高僧逃走了,而且又看到戒日王作为一代帝王如此敬仰玄奘,那些小乘的僧人已经没有一个敢站出来说话了。这也就意味着整个那烂陀寺的高僧大德们为之担心不已的和小乘佛教之间的那场辩论，就不用进行了。接下来，按照当时印度高僧见国王一般的传统，玄奘在戒日王那里还进行了比较简短的讲经。这让国王身边的小乘佛教徒都改信了大乘佛教。

但是，玄奘的这次讲经又带来了出人意料的结果。

原来印度的一代名王戒日王听了玄奘精彩的讲经后，又有了新的考虑。他要举行一场更大规模的辩经大会，让玄奘面对全印度顶级法师们的挑战。于是，他对玄奘这样说：

> 师《论》大好，弟子及此诸师普皆信伏，但恐余国小乘外道尚守愚迷，望于曲女城为师作一会，命五印度沙门、婆罗门、外道等，示大乘微妙之理，绝其毁谤之心；显师盛德之高，摧其我慢之意。

意思是说：师父的讲解太精彩了，弟子我和我身边的这些高僧都已经信服了。但是，弟子我担心其他地方的小乘佛教、外道，至今还很愚昧，还在固执己见。所以，希望师父您在曲女城举行一次辩论法会，我将下令让全印度的沙门、婆罗门、外道都来参加。师父您就利用这次机会向他们展示大乘佛教的精微玄妙，使这些外道也好、婆罗门也好、小乘佛教徒也好，彻底地死了诽谤大乘佛教的心思。这样，一来可以展现师父您高超的学问，二来可以摧毁那些自以为是、各执己见的人的习惯和偏见。"不知师意如何？"玄奘点头同意。

戒日王性格非常干脆，说做就做，所以他当天就颁布命令，通知当时五印度（所谓"五印度"，就是北印度、东印度、西印度、南印度和中印度的合称）所有的宗教人士，让他们选出顶尖的人，定期汇集到曲女城，来观看大唐高僧玄奘讲经，来参与辩论。

显而易见，玄奘，来自我们东土大唐的异国高僧，必须独自一人肩负起维护当时佛教世界最高学府那烂陀寺学术声望、学术地位的重任，以及维护大乘佛教的地位和声誉的重任。这一副担子用"千斤重担"也未必足以形容。古往今来，留学生的数量，如同恒河沙数，但是话又说回来，在数量如恒河沙数的留学生中，难道还能挑出第二个像玄奘这样的人物吗？

玄奘在印度已经建立了作为一个异国留学生所能建立的很高的荣誉了。他已经被邀请在那烂陀寺开设唯识宗的课程，这可谓当时的顶尖学科，而且又是在顶尖的学府那烂陀寺开课，这就好像一个中国的留学生跑到牛津和剑桥去讲莎士比亚。玄奘在佛学的造诣上已经达到如此的高度，难道玄奘不知道，这次辩论赢则罢了，输的话岂不是名誉毁于一旦，以前的努力不也前功尽弃了吗？他当然知道。但是，从我们现在能够看到的所有的历史记载来看，玄奘绝对没有丝毫的退缩和畏惧。

▼

戒日王的决定，让玄奘由原来的应战方变成挑战方，由四人团队作战变成单打独斗，从面对一个人变成面对全印度所有高手，一旦失误，玄奘就将身败名裂。是登上西行求法生涯的顶峰，还是身败名裂？是玄奘必须面对的抉择！

▼

唐贞观十五年（641年）初春，玄奘到达了曲女城。在曲女城的这场辩论是不是整个印度历史上规模最大的讲经辩论会，我们不敢百分之一百地肯定，然而，我们有百分之一百的把握可以说，这肯定是印度历史上时间最为确定、记载最为详尽的一次讲经辩论大会。那么，这次讲经辩论大会到底有多么大的规模？我们先来看一些数字。

戒日王带着人在恒河南岸往曲女城走的这一路上，就吸引了几十万人，跟在戒日王的队伍后面；鸠摩罗王带着二万象军在北岸，恒河上还有数万艘舰船，一路上锣鼓齐鸣、曲乐连天，足足走了九十天！在这三个月的时间里，恒河成了全印度关注的焦点，无数人从四面八方赶来，到达曲女城的时候，光是尾随而至的民众就达数十万人！

曲女城的大会的东道主当然是戒日王和鸠摩罗王，有资格参加的包括全印度其他十八位国王，僧人三千余人，婆罗门和外道二千余人，还有那烂陀寺派来观摩的一千多人。这些僧人、婆罗门、外道都是每个宗派、学派挑选出来的顶尖人物，再加上他们的随从、护卫、仆人，乘坐的马匹、大象，等等，整个曲女城方圆几十里之内人山人海，盛况空前！

那么大规模的活动，戒日王事先已经预料到了，他早就下令，在当地预先建造了两座大草殿——因为时间紧急，他根本来不及建造很恢宏的佛殿去准备安放佛像，以及安置前来参加会议的人们，每座草殿可以容纳一千余人。戒日王自己，包括像玄奘这样的，当然不会住在草殿里，所以，在会场的西面还专门建造了行宫，行宫的东面修建了寺院和高达百余尺的宝台，用来供奉黄金佛像，佛像的高度和戒日王的身高一样。宝台南面，有专门浴佛的地方，就是给佛用鲜花洗浴，表示一种尊崇。这些描写并非夸张，如果大家有机会到印度看看，那个年代遗留至今的佛教建筑，那些塔今天依然那么巍峨高大。

图24-1　曲女城盛会，玄奘誉满五印度

这时是仲春二月，从初一开始，国王就开始向参加会议的人施舍食物等各种各样的东西，到了二十一日，大会的序幕才正式拉开。在入场式上，乐队奏出优美的音乐，首先进入会场的是一个模仿释迦牟尼升天为母说法后返回下界情景的队伍。戒日王扮作帝释天，手持白拂，走在队伍的右侧；鸠摩罗王扮作大梵天，手持宝盖，走在队伍的左侧，都戴天冠，披华鬘，垂缨佩玉，分外庄严。两王之间是背着一尊三尺多高黄金佛像的巨象，巨象披戴得十分华丽漂亮。又盛装两头大象，载着华宝鲜花随佛像后，一路散花前进。再请玄奘法师同各国门师等，各乘大象次列王后，又调三百头大象给诸国国王、大臣、大德等乘坐，浩浩荡荡向大会会场进发。

到达会场时，一齐下乘，黄金佛像由戒日王供入宝殿，戒日王与玄奘依次供养，然后命十八国王入；诸国僧名称最高、文义最博者一千多人入；又请婆罗门及其他各教有名望的五百多人入；诸国大臣等二百余人入；此外道俗，各令于院门外分别安置，列队礼拜。大家礼拜已毕，戒日王发下号令，叫殿内殿外一齐开宴。宴罢，用金盘一个、金碗七只、金澡罐一个、金锡杖一柄、金钱三千枚、上等㲲衣三十件，献给释迦佛。此外，法师同各位高僧，也各有布施，布施的衣物堆积如山。

入场仪式毕，在主会场中设一宝床，戒日王恭请玄奘法师升上七宝庄严的论坛高坐，并宣布玄奘为论主，然后由来自那烂陀寺的明贤法师为众宣读玄奘所写的大乘讲义《制恶见论》，同时另写一份悬挂会场门外，示一切人，并声明：

若其间有一字无理能难破者，请斩首相谢。

这是最终极的条件了，以性命相搏。这也可以表明，玄奘对自己的佛学修养，对自己的立论已经自信到了什么程度。

一般印度的宗教都讲求慈悲为怀，就算输了也不会要你真的斩首相谢。但是如果人家说要的话，你是没有任何选择的。当然也会出现一些非常特殊的派别，比如像前面讲过的玄奘遇见的突伽天神要杀人祭祀。玄奘就立出这么一个条件，不给自己留下退路。

但是一整天下来，整个会场鸦雀无声，没有一个人出来跟玄奘辩论。戒日王感到出乎意料，十分欣喜。大家无话，各自回自己住所。

第二天早晨，天朗气清，五印度僧俗大众，仍归集会，听玄奘继续说法。玄奘讲完大乘,再开讲他的主要论题——《制恶见论》,专驳小乘一派诋毁大乘的一些偏见,会场空气顿时紧张起来。大乘派僧众暗暗喝彩,小乘派教徒心中干急。玄奘一连讲了五天,愈讲愈有精神,他一口流利的中印度话,说的道理明白,辩论流畅,所有在场听讲的人莫不心中佩服,有的人暗暗点头。这样的盛会,连续开到第五天,小乘、外道眼见毁其宗,怀恨在心,便暗中商量道:"中国和尚如此猖狂,须给他一点颜色才好。"密谋暗中加以伤害玄奘。戒日王得知,出布告宣示道:

> 支那法师者,神宇冲旷,解行渊深,为伏群邪,来游此国,显扬大法,汲引愚迷,妖妄之徒,不知惭悔,谋为不轨,翻起害心,此而可容,孰不可恕!众有一人伤触法师者,斩其首,毁骂者截其舌。其欲申辞救义,不拘此限。

戒日王这个布告光明正大,他提倡学术方面的自由讨论,但禁止宗派方面的暗害歧视。布告一出,小乘及其他各派不敢蠢动,一连过了十八天,没有一人对玄奘表示异议。到了最后一天,玄奘法师又升上宝床,作出结论,他称扬大乘佛教,赞佛功德,令无数人放弃"露形涂黑"的邪道,进入"圆明寂静"的正见,离开"我见如山"的小乘,走入"一真遍味"的大乘。使六大师、九十六外道,同证菩提(觉性),齐修慧业。十八日功德圆满,皆大欢喜,戒日王对法师愈发尊敬。计施法师金钱一万、银钱三万、上等氍衣一百领。十八国王亦各施珍宝,法师一皆不受。

戒日王见玄奘坚决不受,就按照印度习俗,规定凡是法会论战获胜者,都要骑大象游行一周。戒日王乃命侍臣们装饰一大象,象背上装着宝幢,请玄奘乘坐,玄奘辞谢谦让不允,戒日王道:"古来法尔,事不可违。"于是玄奘不敢违例,骑上大象由众臣陪护巡行,戒日王还手持玄奘的袈裟,在会场内外遍唱:

> 支那国法师立大乘义,破诸异见,自十八日来无敢论者,普宜知之。

于是,万众欢腾,争送法师以崇高的称号,大乘教僧众尊称他为"摩诃耶那提婆",意为大乘天;小乘教僧众也都承认玄奘学问渊博,辩才出众,尊称他为"木叉提婆",意为解脱天。

大家纷纷焚香、散花、礼敬表示庆祝。从此,玄奘声振五印,家喻户晓。这次曲女城大会,正是玄奘留学印度的最高潮,"大乘天"之名,誉满五印度,简直是如日中天。同时,这也是他留学生涯的结束。早在他辞别那烂陀寺诸大德时,就已经把预备带回国的佛像、经典全部带在身边,打算大会结束后就立刻上路,所以即向戒日王辞行,准备回国。戒日王又挽留他参与五年一度,为期七十五天的无遮大会,玄奘欣然应允,这是一个规模极大的施舍大会,已经举行到第六次了。

到了这一年的腊月二十一日,大队车仗,就向钵罗耶伽国大施场进发。这个大施场,在两条河之间,恒河在其北、阎牟那河在其南,俱从西北向东流,到此汇合。在两河汇合处的西面有一块高地,周围十四五里,宽阔平坦,自古以来诸王就在此布施,所以叫大施场。据说在那里布施所得的功德,要比在别处多上千百倍。戒日王通令全印度的佛教僧侣、婆罗门外道、其他教徒以及贫穷孤独的人们到大施场来受施。参加曲女城大会的人，很多直接赶到施场，十八国国王也随戒日王参加。在大施场上面，先竖起芦苇作为篱笆，作正方形，每一面各长一千步，中间盖起草堂数十间，安放各种珍宝，都是金、银、珍珠、红玻璃、宝帝青珠、大青珠等。篱笆外面，另外造了饭厅食堂。宝库的前面，造长屋一百多行，每行可坐一千多人。一切布置就绪，选定吉日良辰，戒日王和鸠摩罗王，各自率领水军，跋吒王率领象军，分水陆两路齐集会场，十八国国王以次陪列。这是印度历史上空前的一次盛会，上自王公贵族，下至平民百姓，从四面八方赶来，大会那天，总共聚集了各界人士五十余万人。据《大慈恩寺三藏法师传》记载：

第一日，在大施场草殿内安置佛像，布施上宝、上衣及美餐，作乐散花。

第二日，安"日天"像，施宝及衣，为第一日的半数。

第三日，安"自在天"像，施舍数如第二日。

第四日起，施僧万余人，长屋百行俱坐，每人施金钱百文、珠一枚，氎衣一具和饮食、鲜花。

第五番，施婆罗门，二十余日才遍。

第六番，施外道，十四日才遍。

第七番，施远方来求者，十日才遍。

第八番，施诸贫穷孤独者，一月才遍。

这样一来，戒日王把五年来府库中所有的积蓄及私人财产，施舍得干干净净，唯留象、马、兵器，甚至连身上所穿戴的东西也一律施舍。他认为把财物全部施舍给天下百姓，等于"藏富于民"。然后，他向妹妹讨来粗布衣服一套穿上，礼拜十方诸佛。大会结束后，各国国王又自动花钱，将戒日王施舍出去的私人衣物等赎回来献还给他，以示敬意，费了几天工夫才凑齐恢复原状。

这种辩论大会与无遮大会的宏大场面及普施精神，实在是当时印度国力富强、佛教兴盛的表现，玄奘目睹了这一幕幕感人的场面，愈发感叹万分。

· · ·

［曲女城的顶级挑战，把玄奘的留学生涯画上了圆满的句号，玄奘的名字使五印度百姓家喻户晓。他把学识与人品完美结合，他把佛学辩争与和合诸宗有机统一，在印度创下了独一无二的佛学高地。由一个留学僧转变成为一个学者，玄奘把自己的专业和事业做到了顶峰；作为一个普通的支那人，玄奘身上所具有的谦逊淡泊，更令异国人肃然起敬。接下来玄奘作出了回国的选择。故事将怎样发展？请看下一讲"印度留学忆师承"。］

第二十五讲
印度留学忆师承

（字幕·旁白）

　　五印度五年一次的辩经大会结束，玄奘已非常圆满地结束了西行求法的生涯。他重向戒日王提出东归回国，戒日王没有马上答复，而是邀请玄奘去另一地区参加一场他举办的第六次无遮大会，为期七十五天。当然，这与玄奘立马回国的愿望相悖，但兹事体大，玄奘无法推脱，答应欣然前往。由于这一期时间较长，玄奘有时间静下心来，认真梳理一下西行留学的各位师承。他永远不会忘记这些异国大师，这些大师让玄奘逐步成熟起来，由一个求学僧华丽转身成为一个五印度尊崇的、至高无上的、五明学佛学权威。玄奘双手合十，在心底里道一声："谢谢恩师们！"

　　从唐贞观十五年（641年）开始，玄奘先是应东印度鸠摩罗王所请，为王讲经一个多月，接着又应戒日王所请，参加了五年一度的曲女城辩经大会和为期七十五天的无遮大会。在这一年多的时间里，玄奘做的这两件大事，为西行取经画上了圆满的句号。

就在参加无遮大会期间，玄奘认真回顾了他历经千难万险、九死一生、西行求法的经历。从步入北印度的那一刻起，十几年间，他巡礼诸邦，遍参名师，求学问道，不但对大乘佛学的经典深入研读，而且对小乘佛教及婆罗门外道的学问也有精深探索，对流行在五印度的五明学包括声明、因明、工巧明、医方明和内明也都一一探求，融会贯通。想到这些，玄奘无限感慨，在求知路上，是五印度诸大德高僧们的循循善诱、无私教诲，才使得他这个支那留学生有了精学深悟的条件和机会，也对理解佛学百科达到了一个系统的认知，这无疑为他以后归国译经和传播佛学奠定了坚实基础。玄奘在印度到底在哪个国家，经历了哪些高僧，学到了哪些知识，《大慈恩寺三藏法师传》都做了精确的记载。

我们以《大慈恩寺三藏法师传》为依据，按玄奘西行求学的时间顺序，把他留学印度受学经论及师承等考略如下：

◆贞观二年（628年）在北印度缚喝国

与般若羯罗（慧性）学习《毗婆沙论》一月余。

◆贞观二年冬至三年春（628—629年）在北印度迦湿弥罗国

从僧称学一切有部经论。僧称时年七十，气力已衰，庆逢神器，乃励力敷扬，传授诸经。午前讲《俱舍论》，午后讲《顺正理论》，初夜后讲《因明》《声明论》。由是境内学人，无不悉集。"法师随其所说，领悟无遗，研幽击节，尽其神秘。"首尾一共停留二年。

◆贞观三年（629年）在北印度磔迦国大庵罗林

从老婆罗门学习《经百论》《广百论》《吠陀经》等一个月。

◆贞观三年（629年）在北印度至那仆底国突舍萨那寺

从毗腻多钵腊婆（调伏光）学《对法论》《显宗论》《理门论》等四个月。

◆贞观四年（630年）在北印度阇烂达罗国那伽罗驮那寺

从旃达罗伐摩（月胄）学习《众事分毗婆沙》四个月。

◆贞观四年至五年（630—631年）在中印度窣禄勤那国

从此国大德阇耶毱多学《经部毗婆沙》一冬半春。

◆贞观五年（631年）在中印度秣底补罗国

从蜜多斯那学一切有部《怛埵三弟铄论》《随发智论》等半春一夏。

◆贞观五年（631年）在中印度羯若鞠阇国（曲女城）跋达罗毗诃罗寺

从毗离耶犀那三藏学习佛使《毗婆沙》、日胄《毗婆沙》三个月。

◆贞观五年至十年（631—636年）在中印度摩揭陀国那烂陀寺

从戒贤大师受学。这座古寺是二百多年前笈多王朝创立的，是当时印度的文化中心，也是玄奘西行求学的目的地。玄奘在寺共听《瑜伽师地论》三遍，《因明》《声明》《集量》等论各二遍，《中论》《百论》各三遍，对在迦湿弥罗国已经学过的《俱舍》《婆沙》《六足》《阿毗昙》等论仅仅提出若干疑义，请求解释。同时他遍览寺中大小乘经典，悉心研究，包括佛学、哲学、婆罗门书、印度梵书及古印度的五明学无不探微穷奥，融会贯通，在寺前后受学凡经五年。

◆贞观十年至十一年（636—637年）在中印度伊烂拏钵伐多国

从这里的有名大德如来密（怛他揭多毱多）、师子忍（屑底僧诃）两位学习《毗婆沙论》《顺正理论》等小乘论典，玄奘在这里停住了一年。

◆ 贞观十一年（637年）在中印度南憍萨罗国

从某精通因明的婆罗门学习《集量论》一月余。

◆ 贞观十一年（637年）在南印度驮那羯磔迦国

从两位博学高僧苏利耶、苏部底学习大众部《根本阿毗达磨》等论，玄奘就停数月。

◆ 贞观十二年至十三年（638—639年）在北印度钵伐多国

从该国博学大德两三位，学习正量部《根本阿毗达磨》《摄正法论》《教实论》等首尾两个年头。

◆ 贞观十三年（639年）在中印度那烂陀寺西低罗择迦寺

从出家大德般若跋陀罗，就学《声明》《因明》两月。

◆ 贞观十三年至十四年（639—640年）复往中印度那烂陀寺附近杖林山

从胜军论师学习《唯识决择论》《意义理论》《不住涅槃论》《成无畏论》《十二因缘论》《庄严经论》，并就《瑜伽师地论》《因明》等论疑难之处向他请教，前后两年时间。

据上所列，我们可以明确得到三个信息：

一是，玄奘西游求学，从唐贞观元年（627年）秋八月犯禁出关算起，到贞观十九年（645年）正月返归长安，满年度去头去尾，恰是17个年头。这和唐太宗《大唐三藏圣教序》中记载"周游西宇，十有七年……"相吻合，也就可以解释说，玄奘西游取经的时间是17年。

二是，玄奘在五印度求学的范围和国家是北印度四个国家、中印度四个国家、东印度一个国家、南印度两个国家、西印度一个国家，共十二个国家的十四个地区。其中北印度和中印度是玄奘求学的重点区域。

三是，17年间玄奘留学印度历经十九师。

接下来，人们可能会对玄奘留学印度17年的时间感兴趣，这个17年是怎样计算的？实际上历史学家对此早有关注，对玄奘生卒年谱的讨论至今有上百年的历史，且听权威专家如是说。

据近代学者梁启超先生《支那内学院精校本〈玄奘传〉书后——关于玄奘年谱之研究》认为：慧立、彦悰的《大慈恩寺三藏法师传》（以下简称《慈恩传》），"在古今所有名人谱传中，价值应推第一"。其后，关于玄奘传记的作品，尚有道宣《续高僧传·玄奘传》、智昇《开元释教录》、靖迈《古今译经图纪》、冥祥《大唐故三藏玄奘法师行状》、刘轲《大唐三藏大遍觉法师塔铭》等，这些传记都有详细记载。然诸家所记，皆取材于慧立、彦悰的《慈恩传》。

玄奘西行在印度留学期间的经历，按照《慈恩传》和《玄奘年谱》记载，一一扣足计算，则总计求学时间为十五年零三个月，历经十九位高僧名师，特别是在那烂陀寺的五年，戒贤大师对其影响最为深远。梁启超先生认为，玄奘自贞观元年（627年）秋八月首途西行，到贞观十九年（645年）正月返归长安，史上所说游学印度17年是正确的。但问题来了，"奘师游印十七年，虽全部分消磨在学舍中，一步不旅行，尚且不敷分配，然而师东西往返两次共费去约四年之日月……在印境内巡礼游历，凡行三万里，为时亦需两年"。这样，玄奘出国往返印度境内游历的时间需时6年多，那在印度的求学时间只能以11年为分配。但从学五印度的时间就有15年还多一点，由此笔者对《慈恩传》中的时间记载存疑。梁启超认为："对于《传》文中所谓'首末二年'者，只能作'头尾两个年头'解，所谓'凡经五岁'者，只能作'经过五个年头'解，如此或勉强分配得过去（至那仆底之'十四月'，疑当作'四月'说，已详贞观四年条下）。吾之此谱，即以此义为标准，酌量分配年月，虽不能绝对正确（实不可能），或不甚相远。"

梁先生对这一段留学时间的研究解读，通俗地讲，是说玄奘留学印度17年的说法是正确的，大差不差，《慈恩传》上的记载是正确的。

• • •

［这一讲说到玄奘在去参加无遮大会的期间，梳理总结了一下留学五印度的各位师承。接下来在参加完无遮大会后，归心似箭，玄奘就立马向戒日王辞行回国。鸠摩罗王和戒日王尽管千般不舍，但还是作出了明智选择……请看下一讲"载誉东归马蹄轻"。］

第二十六讲
载誉东归马蹄轻

（字幕·旁白）

玄奘从唐贞观元年（627年）犯禁西出玉门关，历尽艰难，九死一生，远赴西天取经。如今，15年的光阴过去了，人到中年的玄奘终于求得正法载誉东归。然归途漫漫，玄奘在东归途中会无灾无难、一路平安吗？还会发生哪些重大历史事件？又记录到哪些传说故事？

唐贞观十六年（642年）五月，玄奘参与无遮大会罢，带着深切的感受，向戒日王辞行，戒日王依依不舍，要求他多留十几天，鸠摩罗王快人快语，说："法师如果愿意住在我国，我愿意为法师建造一百所佛寺。"因为他知道玄奘已注意到他的国家一所佛寺也没有。

玄奘认为既已学成，理应弘扬佛法于东土，因此一一加以婉拒，他们也就不再强留。戒日王并表示，若计划循海路归国，他可派专使护送。玄奘说："来印度的途中，曾与高昌王有约在先，不能辜负他的盛情，所以仍决定循陆路回去。""那您需要多少路费？""不必！不必！""哪有这种事？"于是，两位国王争相赠送路费及礼物，但都被玄奘辞谢，只接受一件鸠摩罗王送的曷刺氂帔。据说是一种用山羊或骆驼身上较细的毛织的衣服，也有人说是鹿毛织成，防雨效果很好。

出发的那天，众人依依不舍，珍重告别，两位国王及诸众饯送数十里呜咽而别。在曲女城大会时，戒日王发现玄奘把回国所带的佛像、经典委托北印度王乌地多的卫队代为运载。他原来要面送玄奘的东西均被拒绝，就利用这个机会，准备了一头大象，金币三千、银币一万，速交乌地多王，请他找机会转交给玄奘，供法师作盘费。

玄奘带着佛像、经典，随北印度王乌地多的军马踏上归途。

此刻玄奘想到，在他初来时，对伟大的印度文化和人民还感到神秘、新奇；在印度的十几年，他逐渐认识了印度文化，打开了佛教的知识宝库，熟悉了印度各地风俗民情，结识了为数众多的学者和朋友，印度已成为他的第二故乡，现在要离开它，又怎能不令他依依难舍呢？

跟着北印度王乌地多的大军行进，玄奘骑在象上，不时地回首望望曲女城，望望那烂陀寺。但见天低云平，一重重山、一重重树，阻隔了他的视线。到了第三天，忽然后面尘土大起，有一批人马急行赶上，玄奘看时，为首的正是戒日王、鸠摩罗王，还有跋吒王，快马加鞭，飞奔前来。玄奘又惊又喜，立刻迎上前去，和他们相见。

原来，戒日王和鸠摩罗王送别玄奘后，日夜思念不已。那时交通不便，中国和印度，隔着喜马拉雅山和青藏高原横断山脉，就如同两个世界。大家知道这一番别离，如同隔世，不容易再见一面。戒日王思念玄奘，心想玄奘走了不过两天，他带了许多经像，一路行进很慢，走得不会很远，何不赶上再聚一聚？遂同鸠摩罗王、跋吒王等，各带轻骑数百，追赶上来。赶了一天一夜，果然赶上，相见之下，非常高兴。诸王紧紧握住玄奘的手，再一次珍重话别，辞意殷切，使玄奘非常感动，心中想到：世界上最珍贵的，莫过于人类的友谊，这友谊不分国界，不分种族，无关贫富，不分贵贱。他抬起头来，看了看戒日王，又看了看鸠摩罗王和跋吒王，他们是那样诚恳、真挚，那样洋溢着友爱与热情，玄奘激动不已，不由得落下泪来。戒日王又恐玄奘一路旅行不便，派了达官四人，用素氎作书，红泥封印，写给一路所经各国，请他们倒换关牒，发骑递送，直到大唐边境为止。这一番情意，表现了中印两国人民之间伟大的友谊，玄奘一路归去，心中感激不已。

来的时候有高昌王、西突厥可汗之关照，回去时又有北印度盟主戒日王的呵护，更重要的是唐太宗天可汗声威之护身罩，玄奘大师真可谓吉人天相。

玄奘西天取经，从他的来去路线上看，我们会发现，去印度时，其路线呈扭曲状，回国的时候，除受地理因素影响不得略有弯曲外，大部分是直线进行。

大体说来，在今印度、巴基斯坦、阿富汗境内的部分，走的是原来走过的国家，到阿富汗与俄属中亚交界处，开始一段他从未走过的路线，越过大雪山，翻过帕米尔高原，从天山南路向河西走廊行进回到中国。

玄奘随同北印度王乌地多大军，用大象一匹，载了佛经、佛像，一路向西北行去，从钵罗耶伽国起，经过憍赏弥国到毗罗删拿国都城，那位在那烂陀寺被他抢了大半学僧的师子光、月亮师子同学二人，因为住在当地，都跑来欢迎。玄奘在同学们力邀之下，开了《瑜伽决择论》《对法论》两门课，两个月讲毕才离开。又西北行一月余，经数国到阇烂达罗国，这便是北印度王都。乌地多王热情款待，盛情挽留玄奘，又住了一月。临别时乌地多王遣人引送西行二十余日，到僧诃补罗国，这时有一百多个和尚，都是北方人，携带经像等和法师同路要回本国。这样大队人马又走了二十多天，行近丛山地带，进入巴基斯坦东北境，在深山涧谷中行进。沿途据说匪盗很多，玄奘来印度时，就曾在这一带遭过洗劫，还躲在水池里逃命。于是他想了一个法子，常派人在队伍前面打前站，若遇强盗，向他们说明：远来求法，所带只是经像、舍利之类不值钱的东西，请他们放行。这样，果然奏效，一路没受什么虚惊。

但是，当玄奘一行准备渡过信度河（今印度河）的时候，遭遇了一场很大的灾难。信度河河面广阔，宽有五六里，玄奘让经典、佛像和其他的人分别乘坐船只渡河，而玄奘则骑在大象的背上渡河。当船行到河流中央的时候，突然风波大起，船剧烈地晃动起来，几乎沉没，船上负责看守经书的人也掉到了河里。结果，人是救起来了，但是却损失了五十夹（印度的佛经是用上下两块木板夹着里面一页一页的经书，所以以"夹"为记数单位）经书和打算带回唐朝的所有的印度奇花异果的种子。

想来玄奘一行肯定被这次灾难弄得狼狈不堪，当他们渡过信度河，正在哀叹惨重损失的时候，玄奘惊喜地发现，迦毕试王已经亲自在河对岸等着他了。迦毕试王问玄奘："听说您在河里丢失了经书？"玄奘说："是的，我损失了五十夹。"迦毕试王就接着问道:"你是不是随身带了好多别的东西,比如印度的奇花异果的种子?"出家人不打诳语,玄奘坦然承认了。迦毕试王就告诉玄奘:"就是因为这个,才导致了这次翻船事故,只要有人打算把这些仅印度有的奇花异果种子偷带出国的话,就要翻船。"这个说法看似有些迷信,但是他们当地一定也遇到过不止一次这样的事件,所以慢慢地形成一种所谓的经验之谈。

损失了那么多的经书,玄奘除了懊恼也没有办法,于是就接受了迦毕试王非常殷切的邀请,在当地的一座寺院里停留了五十多天,派人到离此不远的乌仗那国去补抄佛经。所以我们要知道,玄奘西行求法带回来的佛经并不是完全从印度带回来的,他沿途还在别的地方补抄过,经书还损失过。

其间,迦湿弥罗的国王听说玄奘驻留于此,也闻讯赶来相见,可见玄奘声望之一斑了。此后,玄奘就随迦毕试王继续向西北方向前进,一路经过的国家,都受到规模不小的欢迎。迦毕试王还仿效戒日王的做法,为了向玄奘表达敬意,特意为他举行了七十五天的"无遮大会"。大会结束后,从历史记载来看,这位迦毕试王依然伴随着玄奘,一直把玄奘送出了国境。在出境时,又为玄奘举行了七天布施大会,这才和玄奘道别,并且还派了一位大臣带领一百多人,护送玄奘翻越大雪山。我们大致可以说,就是他把玄奘送出了印度国境。

不过,看来迦毕试王派出的人马只是在大雪山里送了玄奘一行一程而已。然后,就是玄奘在中亚的这些崇山峻岭之间穿行奔波。玄奘对这些地方基本上都是熟悉的,途中有遇到故人后代的惊喜,比如他又一次遇见了统叶护可汗的孙子,他也用他爷爷的官衔"叶护"来称呼自己。

▼

据《大唐西域记》和《大慈恩寺三藏法师传》记载，玄奘在东归的途中，也记录了一些非常独特的风俗，留下了很多非常珍贵的记载。

▼

在睹货逻国故地的一个地方，玄奘发现那里的风俗跟突厥很相近，而特别不同之处是当地的妇女在头上都戴着木头做的角，有三尺多高，前面有两个分枝，一个表示公公，另外一个表示婆婆。如果公公去世就锯掉一个，那么就剩一个角了，婆婆去世再锯掉一个。如果公婆全部去世，妇女就不戴角了。

玄奘在中亚的崇山峻岭中，还留下关于一个国家的记载，这个国家用汉字写出来叫"支那提婆瞿呾罗"或"脂那提婆瞿呾罗"，意为"汉日天种"，就是说，这个国家的子民是汉人和天上的太阳所繁衍的后代。但是，这个地方离当时中国汉族人的居住地还非常遥远，而且天上的太阳又怎么能和汉族人繁衍出后代来呢？

玄奘记载说，在很早以前，也就在玄奘来到此地之前还很久，在波斯更西方的那个地方（今天伊朗一带），有一个国王派人从汉族地区迎娶王后（中国和波斯之间在古代往来一直是非常密切的），到达葱岭之间的这个非常险峻荒芜的山谷里的时候，也就是玄奘到过的这个崇山峻岭某一个山谷里面，周围的国家突然发生战乱，道路就不通了。使臣就把这个未来的王后，安置在一个孤零零的、非常险峻的金山顶之上，自己就率领这个迎亲的队伍在山脚下扎营，以保卫王后，等躲过这场兵难之后，再送王后回到波斯去跟国王结婚。他在山脚下带着随从日夜巡逻，严密地守卫。大概等了三个月，兵乱结束，大家准备上路了，突然发现这位没有见过国王的王后居然怀孕了。这还了得？所以这位使臣就对属下说："国王命令我们迎接王后，谁料到遇见这场兵乱，在这没有人烟的荒山野岭，朝不保夕。我王有德，总算保佑我们躲过了兵祸，现在可以回国复命了，但新王后竟然怀孕了，这还不要了我们的命吗？到底是谁干的，你们大家推出一个人，等着伏诛吧！"大家一下子哗然，谁都不承认，所以嚷嚷半天也搞不清楚罪魁祸首是谁。

这个时候，王后身边有一个侍女站出来，说："你们都别嚷嚷了，这跟你们没关系。她是和神交会啊。每天中午，都有一个男人从太阳的光环里面骑着骏马来到这里，和王后相见。"可是，使臣依然觉得无法向国王交代："就算是这样吧，又怎么能洗刷我的罪过呢？回国后一定被砍头，留下来又一定会被波斯国王讨伐，进退两难，到底怎么办好啊？"大家都说："哎哟！倒也是，这是天大的事情啊，谁去被砍头呢？我们就待罪境外，混日子吧！"

于是，他们就在这个山峰上营造了宫殿，一共有方圆三百多步，可见规模也不大。就这样先待下来，先立这位没有见到国王就怀孕的王后为主，这王后后来生下一个儿子正式做了国王。这个国王看样子很有能力，长大以后就不停地发动战争，征服了周边很多小国。更有意思的是，这个国王死了以后，放在一个山洞里面，等玄奘到的时候尸体都没坏，形成一种像木乃伊的干尸。因为环境比较干燥，很容易保存，一直在接受后人的鲜花供养。那么，既然其母亲是来自汉土的，父亲又是天上的，从太阳那边来的，所以这个王族就自称"汉日天种"。

在揭盘陀国（今新疆塔什库尔干塔吉克自治县南部一条峡谷里），确有一座用土砖和松枝垒成的古城堡，当地人至今仍称这座古城堡为姑娘城。人们认为这里就是故事里记载的那个宫殿。

玄奘当年就是从达摩悉铁国，即今阿富汗东北的瓦罕地区，沿着瓦罕通道，度明铁盖达坂，过山口沿山谷河道，经公主堡来到揭盘陀国的。

▼

> 玄奘非常详细地记载下他一路所见所闻的一个又一个神奇的传说，为中亚乃至西域一带的历史留下了宝贵的资料。

▼

这里有一座古寺，是童受尊者住过的地方，这位尊者是北印度呾叉始罗国人，学问渊博，著书数十部，流传很广，是佛学中的一位大师。当时，东有马鸣，南有提婆，西有龙猛，北有童受，号称"四日照世"。玄奘在这里停留二十多天巡礼了这些遗迹，向东北继续前进。一天，玄奘一行正在山道中行进，山坳里突然出现一群强盗，鸣锣呐喊，蜂拥而来，同行的商旅纷纷上山逃避，大象受惊，失足跌入深渊溺水而死。贼过后，玄奘走过来，看见大象淹死，不由得伤心落泪，叹道："你从印度跟我前来，一路千山万水，多亏你驮了佛经佛像，翻过雪山、越过葱岭，现在离我国已经不远，满指望回去后好好待你，哪晓得你竟被群贼追赶，在此淹死，怎不让我伤心！"又见佛经散了一地，一部分落入水中，他顾不得寒冷，下水捞救。商旅们也都聚拢来，帮玄奘收拾佛经佛像，然后分给骡马驮了。

唐贞观十八年（644年），玄奘抵达了于阗，也就是今天的新疆和田。于阗对于玄奘来说，是一个极其重要的地方，这个地方揭开了中外文化交流史上好几个具有重要意义的秘密。玄奘在这里给我们留下的记载，是我们理解古代于阗的一把重要钥匙。

于阗地处塔里木盆地南沿，东通且末、鄯善，西通莎车、疏勒，盛时领地包括今和田、皮山、墨玉、洛浦、策勒、于田、民丰等县市，都西城（今和田约特干遗址）。

于阗是西域最著名的古国之一，汉明帝永平四年（61年），汉军司马班超至于阗，并以此为根据地，北攻姑墨，西破莎车、疏勒。西晋时与鄯善、焉耆、龟兹、疏勒并为西域大国。北魏年间，于阗先后被吐谷浑、柔然攻袭，国势渐衰。唐太宗贞观年间，于阗王遣子入侍唐朝。唐高宗显庆三年（658年），于阗成为唐安西四镇之一，丝绸之路南道最重要的军事、经济、文化中心。

于阗的农业、手工纺织业发达，是西域诸国中最早学会中原养蚕技术的国家，以玉石闻名于世，还是西域大乘佛教的中心，对中原佛教影响巨大。

于阗的名字，玄奘称它为"瞿萨旦那"，意思是大地乳房，很奇怪的一个意思。我们会觉得很难理解，为什么一个国家一个地方会取这么一个奇怪的名字？玄奘告诉了我们其中的奥妙所在。这里有一个非常古老的传说：古代于阗有一个国王，年老无子，眼看着于阗王位的传承就要断绝，所以他就向古代印度的一个神去祈请，希望他能够赐给于阗一个王子。王子果然出生了,但不是由王妃所生,而是从神像的额头上剖出来的。王子诞生以后,没有乳汁喂养他,这时,就在这个神像脚下的地面上突起两个土堆,像乳房的形状,小王子就趴在上面吮吸着大地的乳汁长大起来,所以于阗就有了这么一个名字。

玄奘的观察力极其细致,在于阗他不仅注意到这里的国王,还注意到这里的老鼠。据当地人说,这里的老鼠,一个个都像刺猬那么大,其中有金银杂色鼠毛的,则是鼠群的首领,它每次出行时,鼠群排成队列跟随着它,显得非常威武。看来,那里的老鼠完全不怕人,也根本不觉得谁敢来打搅它们。

为什么会在于阗出现这样的情况?玄奘在《大唐西域记》卷十二中曾有这么一段记录:昔有几十万匈奴大军攻击于阗,而于阗的军力非常微薄,完全抵抗不了匈奴的进攻,难有胜利的希望,整个国家惊慌不堪。国王求神无门,急切之中想到了老鼠,人不够,拿老鼠来凑。于是焚香祈祷,希望于阗的老鼠能够化身为千百万雄壮的军队,帮忙来抗击几十万强悍的匈奴军队。这不是病急乱投医吗?谁知道这一香还就烧出结果了。国王在当晚做了一个梦,梦里来了一只硕大的老鼠,说我们鼠辈一定奉命帮忙,你放心整顿军队,明天主动出击,我们这些老鼠保证一定赢。国王别无他法,决定姑且一试。第二天,他就命令自己人数非常少的军队向匈奴的军队主动出击,匈奴匆忙应战,却发现自己的马鞍、衣服、弓弦,只要是绳状的东西都被老鼠咬断,于是战斗的结果可想而知,于阗的军队大获全胜。从此往后,老鼠在于阗就成了地位非常特殊的居民,它有专门的庙宇和祠堂,以供人们来向这些老鼠献祭:

> 上自君王，下至黎庶，咸修祀祭，以求福祐。行次其穴，下乘而趋，拜以致敬，祭以祈福。或衣服弓矢，或香花肴膳，亦既输诚，多蒙福利。若无享祭，则逢灾变。

由此看来，那里的老鼠日子非常好过，既没有人来伤害它们，又经常有东西供养它们。而且，老鼠要是不享用这些供奉，人们还会感到不安，认为将有灾难降临。

古代的于阗是中国通往西方的交通要道。玄奘关于于阗的另一个传说的记载，更加有力地证明了中华民族古老的文明对西方世界文明发展有重大影响。

玄奘在于阗记载了一座寺庙，叫麻射寺，是一个于阗的王妃建造的。我们知道，古代的于阗是不懂得种植桑树的，当然也就不知道如何养蚕、如何缫丝，于是于阗的国王就向汉地的帝王请教种桑养蚕缫丝的技术。但这是当时中国最核心的商业机密，丝织业是中国对外贸易的支柱产业，丝绸是中国最主要的出口产品，占有垄断地位，这个丝绸的秘密当然不能轻易告诉于阗国王。于是，于阗国王摆出非常谦卑的姿态，向中国公主求婚。我们知道汉族的帝王是非常愿意怀柔远人，就答应了。于阗国王派人来迎娶的时候，就让使臣对公主说，你是中国的公主，你穿惯了美丽的丝绸衣服，可是我们于阗没有，我们于阗根本不知道如何缫丝，请公主想办法把桑树的种子带来。或者是这位公主还没过门就已经开始为夫家考虑，或者是出于爱美之心，反正这位公主就在出嫁的时候，已偷偷把桑树的种子和蚕种藏在自己的帽子里。出关时，关卡上的人搜遍了所有的箱子，但是却不敢动公主的帽子，于是乎，丝绸的秘密就首先泄露到了中西交通的重镇于阗，而这座寺院就建在最早种植桑树的地方。从此，丝绸的秘密就从新疆于阗传到了西亚，传到了欧洲，中国人的专利垄断权化为泡影。玄奘去参观这座寺庙时，还在院子里见到几株枯桑，据说那就是中国公主带来的桑树种子培育出来的。

于阗是当时西域佛教，特别是大乘佛教的中心，玄奘对于阗是非常重视的。当他进入于阗的疆域之内时，先在边境停留了整整七天，等待于阗国王得到消息，亲自赶来迎接。而于阗国王，不仅是亲自赶到边境迎接玄奘，而且等见到玄奘以后又赶紧返身再往回跑，回到于阗国都，在国都布置欢迎玄奘的盛大仪式。同时，他留下自己的王子陪伴玄奘，两天以后国王又从都城派出重臣，迎接于途。这也表明，于阗国王对玄奘的光临是何等的重视。

然而，也就在这个时候，玄奘从由高昌来到于阗经商的高昌人马玄智口中，得到了麹文泰的死讯。

早在唐贞观四年（630年），也就是玄奘到达那烂陀寺所在的摩揭陀国的前一年，高昌王麹文泰曾亲自前往长安觐见唐太宗李世民。不过当时唐朝在西域的影响力还很有限，所以，与统叶护可汗有姻亲关系的麹文泰还是把西突厥当成自己的靠山，每每阻止西域各国通过其境向唐朝入贡，还时不时发兵侵扰已经归附唐朝的伊吾、焉耆等国。唐太宗一怒之下，才下决心拔掉高昌这颗战略位置极为重要又不顺从听话的钉子。经过九年的准备，唐太宗于贞观十三年（639年），也就是玄奘离开那烂陀寺在南印度游学期间召麹文泰入朝。也许是看到了大唐对西域的野心，也许是害怕唐太宗的惩罚，麹文泰找了个借口没去长安，继续躲在高昌国当他的土皇帝。麹文泰的行为正好给了唐太宗出兵的借口。

唐贞观十三年（639年）十二月，唐太宗命侯君集为交河道行军大总管，左屯卫大将军薛万均为副大总管，率步骑数万及突厥骑兵一同征讨高昌。唐军大兵压境，麴文泰又惊又怕，不久便忧惧而死，其子智盛即位。次年八月，唐军击败麴智盛后围困高昌王城。奉命前来救援高昌的西突厥大军见唐军强盛，于可汗浮图城率众归降。麴智盛见大势已去，不得不开城投降。攻灭高昌国后，唐朝于高昌置西州、于可汗浮图城置庭州，又置安西都护府于交河城，一举打通了由中原经河西走廊前往西域各国的通道，大大加强了对西域地区的控制。

马玄智送的消息非常及时，于阗离高昌不远，玄奘到达这里的下一站就应该去看望他那位异姓哥哥，而就在这个当口却得到了麴文泰的死讯，玄奘的心情可想而知。为了遵守和这位王兄的约定，玄奘谢绝了戒日王替他安排的由海路回国这个计划，专程绕道从陆路返回，为的就是要见麴文泰一面，和他这位王兄分享一下西行求法成功的喜悦，回报当初最困难的时候对他的支持，可惜这一切已经不可能了。所以，玄奘选择了天山南路作为回去的路，黯然决定从于阗直接回国，不再经过高昌这个伤心之地。

在出发离开于阗以前，玄奘还做了两件非常重要的事情：第一，由于在渡信度河的时候，损失了五十夹佛经，玄奘利用在于阗停留的机会派人到龟兹、疏勒一带补抄；第二，先行委托高昌人马玄智，利用马玄智跟随商队前往长安经商的机会，上书唐太宗，禀报自己求法归来的消息。

我想玄奘是经过了深思熟虑的，他在印度那么多年，无时无刻不在考虑他怎么来处理回国这件事情，大家别忘了他是偷渡出国的。一来，他自己随身携带的经卷数量不少，没有官方的支持是很难运送的；二来，自己当年是不顾唐王朝的禁令偷渡出境，现在虽然是载誉而归，也总得探一探官方的态度再决定自己的行动，观望而行。玄奘上的表文，今天还保留着，辞藻相当华丽，在里边玄奘坦然地承认他当初是"冒越宪章，私往天竺"，是违反规定，私自到印度去的，并简单地叙述了自己西行求法留学的历程。至于到达了于阗，为什么不日夜兼程赶赴长安，玄奘在表里面也提供了解释：

> 为所将大象溺死，经本众多，未得鞍乘，以是少停，不获奔驰早谒轩陛，无任延仰之至。

意思是说：玄奘在印度时戒日王送给他的大象在西域的崇山峻岭中，有一次因为遇见强盗奔逃，失足从悬崖上掉到山谷底下的河里摔死，玄奘没有了运载工具，只能在这里稍作停留，无法日夜兼程赶赴长安。他表明，自己的内心已经迫不及待地渴望回到祖国（无任延仰之至）。他在于阗托人把这道表文带到了长安，唐朝的官方答复当然不可能在很短时间到，于是玄奘趁在于阗等待消息的期间，为成千上万的人讲经说法，弘扬大乘佛法。大约七八个月以后，有使节来了。

根据《大慈恩寺三藏法师传》，使节带来的不是一般的文书，而是唐太宗的敕令，也就是官方的正式文书：

> 闻师访道殊域，今得归还，欢喜无量，可即速来与朕相见。其国僧解梵语及经义者，亦任将来。朕已敕于阗等道，使诸国送师，人力鞍乘应不少乏，令敦煌官司于流沙迎接，鄯善于沮

沐迎接。

在这封信里，唐太宗对玄奘当年偷渡出关之事一字不提，非常高兴地让玄奘立刻赶去与他相见，还让他把随行通晓梵文佛经的僧人全都带上。同时命令于阗、鄯善等地沿途护送，并派出官员在敦煌迎接，表现出了极为热诚的欢迎态度。唐太宗的回应让玄奘欣喜万分，也让他抛去了最后一丝顾虑。很快，玄奘就带着他的取经队伍浩浩荡荡地离开了于阗，踏上了令人激动的东归之旅。

玄奘从于阗出发，沿着塔克拉玛干大沙漠南缘、昆仑山脉北麓的丝绸之路南路东行，渡过了和田河、克里雅河、尼雅河、牙通古斯河、安迪尔河、喀拉米兰河后，在车尔臣河畔的且末遇到了鄯善派来迎接的队伍，然后沿车尔臣河继续往东，经若羌、楼兰进入疏勒河流域，最后来到敦煌。

玄奘只在敦煌停留了几天，当他听说唐太宗已经离开长安前往洛阳主持辽东战事的时候，心里非常着急，他担心见不到这位英明伟大的君主，因此又给朝廷写了一封信汇报行程。一方面，是为了信息沟通，也让朝廷和地方上来得及准备；另一方面，也是向唐太宗表达自己的迫切之心。写完信后，玄奘与信使同时上路，沿着当年走过的那条河西大道向帝都长安疾行。

唐太宗贞观十九年（645年），这年玄奘四十六岁。他倍途而进，兼程赶路，正月二十四这天，到达了长安西郊。我们的玄奘在离开自己祖国将近二十年，九死一生、历经磨难后，终于回来了。

第二十六讲 载誉东归马蹄轻

∴

［玄奘从公元642年五月离别印度回国，到公元645年元月回到长安，在这接近三年的东归途中，虽是载誉归来马蹄轻，非去时路途那么凶险，但途中仍不轻松。回到于阗，玄奘本打算取道高昌归国，履行当年与高昌王麴文泰的约定，然得到的却是麴文泰身死的噩耗，遂改变行程，倍途而进。当玄奘回到长安后，大唐皇帝又会怎样对待这位东归的求法僧？请看下一讲"洛阳宫太宗接见"。］

第二十七讲
洛阳宫太宗接见

（字幕·旁白）

　　这是玄奘第一次见到那个时代最伟大的君王，这也是一次令人激动并且充满玄机的会晤。当整个大唐都在为辽东战事筹谋之时，东都洛阳的宫殿内也在进行着一场别开生面的恳谈。

　　面对唐太宗的"热情"，玄奘一如既往地选择了坦然……

〜〜〜〜〜〜〜

　　在长安的弘福寺稍事休整后，玄奘便带着他的马队迫不及待地踏上了东行的官道。唐贞观十九年（645年）二月初一，玄奘赶到了洛阳，在洛阳宫仪鸾殿正式会见了唐太宗李世民。当时的唐代有两座都城，分别是西京长安和东都洛阳。长安坐拥三关之险，背靠关中平原，易守难攻，战略价值很大；洛阳则地处中原腹地，沟通南北大运河，是全国的经济中心。为了更好地集结全国兵力和物资，唐太宗就把对辽东用兵的大本营设在了洛阳。

第二十七讲 洛阳宫太宗接见

玄奘所处的时代，中原大地刚刚从隋末群雄战乱中恢复过来，百废待兴，因此"贞观之治"采取了相对缓和的外交政策。但缓和不代表软弱，从太原起兵到平定关中，马背上打下江山的唐太宗岂能容忍被周边胡族骑在头上。

在经过十几年的准备后，大唐帝国开始了一步步的对外攻略，因此，"战争"也成了玄奘在回国途中听到的最多的两个字：先是自己的义兄、高昌国国王麹文泰在贞观十四年（640年）时因唐军兵临城下忧愤而死，高昌国也成为大唐版图的一部分；此后的几年间，唐军逐步控制了整个西域，与雄踞中亚草原的西突厥之间的关系也日益紧张；随后又听说皇帝陛下不在长安，而是前往洛阳准备对辽东发动战争。

作为一名僧人，玄奘显然不赞同用战争的方式来解决问题。在离开长安前往洛阳的这几天旅程中，如何与唐太宗进行沟通就成了玄奘考虑的当务之急。

唐太宗听说玄奘来到洛阳，特意安排官员前往洛水之滨相迎，还让他们带去了自己的慰问。当然，唐太宗对玄奘的重视并不是无缘无故的，这里面有着深刻的历史背景和政治原因。

武德九年（626年）五月，唐高祖李渊的一道《沙汰佛道诏》，几乎将整个中原佛教推入绝境，然而玄武门之变的爆发给了佛教喘息之机，唐太宗继位后，为了争取佛教徒的支持，立刻取消了这道诏令，并对佛教采取宽容的态度。但是，这种宽容和支持背后则是高度的警惕和控制，唐太宗的既定国策仍然是道先佛后。

为了洗清李唐皇族的"胡族"嫌疑，唐太宗便通过尊崇本土道教来证明皇族纯正而久远的中原血统，而"舶来品"佛教正好成为打击的靶子，所以，他明确地提出了道先佛后的宗教秩序。

唐太宗在弘福寺为已去世五年的长孙皇后追福，并召唤高僧数人闲谈。高僧们当然不会放过这次感化帝王的机会，让唐太宗再一次感受到了佛教的义理和温暖。有了这样的心理铺垫，唐太宗对佛教的态度便不像当初那般激烈，佛教也就有了重生的机会。而玄奘在归国途中给唐太宗所上的表文，就是在唐太宗积极筹划辽东战事、身心最为疲倦、最需要有人畅谈放松的时候送到了洛阳。因此，唐太宗是怀着一种既好奇又期待的心情在等待这位远涉异邦、舍身求法17年、满载而归的僧人。

那么，玄奘又做了哪些准备呢？除了心理和对话上的准备外，玄奘还给唐太宗准备了一份厚礼。

> 并献诸国异物，以马驮之。别敕引入深宫之内殿。（《玄奘传》）

作为一个僧人，从国外回来的时候，除了经书之外，携带的应该是沿途各国国王、贵族赠送的国书和珍宝，不然，房玄龄也不会安排那么大规模的一场游街活动好让长安百姓瞻仰这些东西。但是，献给君王的东西，是不能随便拿出来给寻常人等看的，这就是说，玄奘在进长安之前，就很可能已经从携带的珍宝异物中精心挑选了一部分用来敬献给唐太宗，这些礼物当中可能还有一部分是玄奘自己挑选的印度和西域特产。可见玄奘送给唐太宗的礼物不但精美独特，而且数量不菲，否则也不会用马驮着。

物质准备和赠送礼物是人与人之间拉近关系的重要方法，普通人和皇帝都高兴，所以唐太宗才会"别敕引入深宫之内殿"，给了玄奘一个天大的面子。

接下来，玄奘就要去见唐太宗了。《大慈恩寺三藏法师传》把玄奘与唐太宗的对话记录得相当详细，也相当精彩，唐太宗道：

师去何不相报？

唐太宗这句话问得非常恰当，从字面上看，他是在旧事重提，问玄奘当年离开大唐前为什么没有上报朝廷？几分询问，几分怪罪，还有几分试探。如果换成一般人，被皇帝这么半真半假地一问，估计当场就不知道该怎么说话了，但是玄奘没有慌乱，处变不惊是玄奘最鲜明的性格特色之一，即便皇帝有心发难，他也能从容应对：

玄奘当去之时，已再三表奏，但诚愿微浅，不蒙允许。无任慕道之至，乃辄私行，专擅之罪，唯深惭惧。

唐太宗问得巧妙，玄奘回答得诚恳，说自己当年离开大唐的时候已再三上书表奏，只不过是因为诚心不够，才没有被允许。玄奘没有把不被允许出关的责任归咎于当时的国策和各级地方官员。

玄奘是在用诚恳的表白向唐太宗表明不论在哪种条件下自己都一定会出关取经的，这种决心的流露，本身就是一种刚强的表现，聪明的唐太宗又岂会感觉不到，也许在当时就已经打动了唐太宗。

这一问只不过是唐太宗的一个小小的"见面礼",想看看玄奘有什么反应,他当然不会真的去追究玄奘私自出关的罪过,所以又说:

> 师出家与俗殊隔,然能委命求法,惠利苍生。朕甚嘉焉,亦不烦为愧。

图 27-1　玄奘在洛阳仪鸾殿谒见唐太宗

玄奘回答得妙,唐太宗给自己找台阶下的话就更妙,他既不说当年的国策是对是错,也不说玄奘偷渡出关的行为是对是错,而是话锋一转,说法师您是僧人,怎么能跟那些凡夫俗子相提并论,这等于给当年的国策又做了一次解释,那是针对俗人的,与法师您无关。再说,法师您不顾危险西行求法本来就是对天下苍生有好处的事,我赞许、感激还来不及,您大可不必为这个担心、害怕。

玄奘和唐太宗两个人什么都没有明说，偏偏又把所有要说的意思都表达得清清楚楚，还顾及了对方的面子，给彼此台阶下，这就是智者之间的对话。

唐太宗显然意识到坐在自己面前的这个和尚很不简单，于是放下试探的心思，把对话的重心转到了西行上来，好奇地问道：

> 但念彼山川阻远，方俗异心，怪师能达也。

唐太宗这句话的意思是说，从大唐到印度路途遥远、山川阻隔，还要经过西域、中亚和人迹罕至的地方，法师您又是如何到达印度的呢？

> 玄奘闻乘疾风者，造天池而非远；御龙舟者，涉江波而不难。自陛下握乾符，清四海；德笼九域，仁被八区。淳风扇炎景之南，圣威镇葱山之外。所以戎夷君长，每见云翔之鸟自东来者，犹疑发于上国，敛躬而敬之，况玄奘圆首方足，亲承育化者也。既赖天威，故得往还无难。

这段对话的前面一大半都是玄奘对唐太宗的恭维，关键在最后一句，意思是正因为有了陛下的德威，所以出发和回来都谈不上有什么特别的困难。

玄奘越是轻描淡写一语带过，唐太宗对西行取经的故事就越是好奇，无形中加重了他在唐太宗心中的分量；从当时的实际来看，贞观十九年（645年）正是唐初国力逐渐强盛、大唐在西域及周边战事节节取胜的时候，那时候的唐太宗志得意满，甚至有些自我膨胀，玄奘不露声色地"捧"一把，正好迎合了皇帝当时的心态，只有把所有的光环和荣耀都归于皇帝身上，把皇帝哄高兴了，接下来才好办事。

当然，唐太宗并非不明事理之人，马上谦虚道：

> 此自是师长者之言，朕何敢当也！

接下来，唐太宗就开始详细询问玄奘在西行路上的所见所闻和各国的风土人情。玄奘就把从葱岭以西到五印度各国的山川地貌、物产风俗、历史、宗教、政治状况和所经过的沙漠、冰川、雪岭、铁门天险、佛国遗迹以及西汉博望侯张骞所未到，班固、司马迁无法记载的地方，说了个大概。由于玄奘具有敏锐的观察力，而且旅途中所见所闻都有笔记存查，加上受过严格的逻辑（因明）训练，耳闻目睹，博闻强记，因而对太宗的问询，随问随答，有条有理，讲得亲切有味，格外引人入胜。李世民是个英明之君，他志在四方，关心的是"世界问题"，所以听得津津有味。当玄奘把异域风光介绍给太宗后，太宗知道了一个从未了解的世界，并对此表现出极大的兴趣。玄奘方面，目的是争取皇帝的同情支持，他关心的是"宗教问题"。两人谈得投机，李世民大为喜悦，对左右说道：

> 昔苻坚称释道安为神器，举朝尊之。朕今观法师词论典雅，风节贞峻，非惟不愧古人，亦乃出之更远。

唐太宗的意思是说："从前秦王苻坚称释道安为神器，满朝的臣子都尊重他。现在我看法师词论雅典，见识渊博，不但无愧于古人，而且还远远超过古人之上。"遂对玄奘道：

> 佛国邈远，灵迹法教，前史不能委详，师既亲睹，宜修一

传,以示未闻。

意思是说：西天佛国离大唐太遥远，那里的佛陀佛迹、佛法教理，现存的典籍记载得并不周全，法师您既然亲自经历目睹，何不把这些事物都记录下来，让大唐子民也了解那里的一切呢？

这样的要求，玄奘当然无法拒绝。退一步来说，把自己前半生的所见所闻记录下来，也是每一个旅行家和探索者的心愿。所以，玄奘坦然地接受了这个任务。这就是后来由玄奘口述、弟子辩机笔录写成的《大唐西域记》，这部蜚声中外的名著，至今仍为东西方学者所珍惜，是研究古代西域及印度历史的一部重要著作。

作为大唐帝国第一个盛世的缔造者，唐太宗深知人才对于国家的重要性，他和玄奘只是第一次见面，但站在面前的这位中年僧人给他留下了极深的印象——知识渊博、谈吐得当、不卑不亢、气度不凡，而且有着崇高的威望。

这次见面，唐太宗赏识玄奘的才识，当即就提出了希望玄奘还俗，留在自己身边为国效力的要求。唐太宗不是不知道让僧人还俗的难度，但是，第一，唐太宗爱才，玄奘确实有才华，唐太宗不想放过任何一个人才为自己效力；第二，贞观后期，跟随唐太宗打天下的谋臣猛将很多都已去世，国家急需补充高端人才；第三，可能也是最重要的一点——唐太宗是个杰出的帝王，但在亲情上处理得并不好，先是玄武门兄弟相残留下阴影，继而是自己儿子们的纠葛，前期主要是太子李承乾和魏王李泰，后期主要是吴王李恪对太子李治的潜在威胁。朝中大臣们又因为皇子之争而分成不同的派系，唐太宗迫切需要一位身家清白、能力出众、威望很高的人作为第三方势力来缓和朝臣的敌对态势，而玄奘，正是最佳人选。

玄奘十分诚恳地说：

> 玄奘少践缁门，服膺佛道，玄宗是习，礼教未闻。今遣从俗，无异乘流之舟使弃水而就陆，不唯无功，亦徒令腐败也。愿得毕身行道，以报国恩，即玄奘之幸甚。

玄奘的意思是，我从小学习佛经、佛法，从来没有接触过儒家理论和经世治国的方法，陛下现在让我还俗，就好比把在河流中行驶的船只搬到陆地上来当车马使用，不仅无法起到作用，而且还会让这艘船很快腐烂坏掉。玄奘没有硬邦邦地当面拒绝，而是采用了一种佛家讲经惯用的打比方的办法，让唐太宗明白自己的心意，还婉转地说明了为什么不适合还俗的理由，进而向皇帝表达了自己的意愿。

唐太宗见玄奘心志坚定，不为高官厚禄所动，这才放弃了让他还俗的打算。

唐太宗和玄奘洛阳宫的会见，使太宗收到一个意外的惊喜。他发现了玄奘，发现了唐代少有的一个奇才。即使当下他正调集全国的军队准备往北方用兵，在百般繁忙中，他还是欣喜万分！唐太宗想，玄奘如若能陪在身边，北征路上可以和玄奘畅谈西行见闻：

> 匆匆言犹未尽意，欲共师东行，省方观俗，指麾之外，别更谈叙，师意如何？

唐太宗这些话看似恳切，实际上话中有话，玄奘如果不加思考答应下来，那接下来玄奘的前路走向是什么，玄奘更加清楚。所以，这个盛情相邀却使玄奘警惕万分，只能随口回答说：

> 玄奘远来，兼有疾疹，恐不堪陪驾。

意思是说：我刚从长安远道赶来，身体有点不适，恐怕不能陪着您远行。

这样的回答显然是玄奘有为难推辞的成分，这些话瞒不过唐太宗，接着唐太宗轻描淡写的回答就更有意思：

> 师尚能孤游绝域，今此行盖同跬步，安足辞焉？

意思是说：师父您孤身一人都能到如此遥远荒芜的地方去，眼下您跟着我同行，又有军队保护，有那么多人一起行动，您尽无后顾之忧，这还有什么好推辞的呢？玄奘没别的办法，他不打算再编其他的理由，只好实话实说：

> ……玄奘自度，终无裨助行阵之效，虚负途路费损之惭。加以兵戎战斗，律制不得观看。既佛有此言，不敢不奏。

玄奘说出的这段话，有理有据。是说行军打仗我帮不上什么忙，待在军队里还白白耗费钱粮，自己都觉得愧疚，更何况佛教规定僧人不能观看战争，是违背戒律的。这样一解释，太宗也就不再勉强玄奘了。

接下来，玄奘提出希望能够到嵩山少林寺去译经，却被唐太宗断然拒绝了。

玄奘之所以会提出在少林寺译经，是因为少林寺既离东都洛阳不太远，又避开了大城市的嘈杂俗务，而且那里山水明秀，是译经的上佳场所。加上少林寺本身佛学精深、藏书众多，其中还包括有不少梵文经书，对玄奘的译经工作大有帮助。另外，少林寺离洛阳和玄奘的故乡偃师都不远，既能解思乡之情，又在皇帝的眼皮子底下，免得遭人猜忌。

唐太宗不让玄奘在少林寺译经，直接安排他入住长安的弘福寺的原因也很简单：弘福寺是当时长安最大的寺院，与皇家关系密切，是唐太宗给太后祈福的地方，足见他对玄奘的看重；同时，唐太宗也不想让这位高僧离自己太远失去控制，因为玄奘的威望实在太高，作为帝王不得不多个心眼儿。

因而，唐太宗对玄奘说道："不须在山，师西方去后，朕奉为穆太后于西京造弘福寺，寺有禅院甚虚静，法师可就翻译。"太宗又道："师可三五日停憩，还京就弘福安置。诸有所须，一共玄龄平章。"玄奘听后大喜过望，稽首称谢。

但玄奘又提了一个更实际的要求。玄奘讲，弘福寺在都城，我住到这个寺庙里面难保没有京城的百姓成群结队地来看，所以玄奘要求："望得守门，以防诸过。"您得允许在我住的那个院落派上门卫，防止前来参观的民众干扰寺院的正常秩序。

唐太宗对玄奘的这个请求不仅没有感觉奇怪，反而大为欣赏。唐太宗说："法师，您的这个要求才是保身之言，这是保护自己安安静静、真正聪明的打算和说法、想法。"马上答应照办，并且明确表示，您的一切需要由朝廷支付，放心译经去吧！

唐太宗的洛阳宫召见，无疑给玄奘吃了颗定心丸。《续高僧传》做了很好的总结，一共十二个字：

第二十七讲 洛阳宫太宗接见

　　面奉天颜，谈叙真俗，无爽帝旨。

　　意思是说：玄奘见到了唐太宗，谈的过程当中不光是谈了宗教，也谈了世俗，唐太宗觉得非常融洽和高兴。

　　唐太宗和玄奘的会面，史书上还有更细的记载："从卯至酉，不觉时延，迄于闭鼓。"（按：卯时为五时至七时，酉时为十七时至十九时）从早朝一直谈到日已下山，长达十几个小时，还感到意犹未尽。这次召见建立了唐太宗和玄奘的良好关系，在唐太宗看来，玄奘超凡脱俗，人才难得，是佛界之栋梁，他可以利用佛教的影响，用以巩固自己的万世基业；在玄奘看来，前代译经高僧的成败教训，足以引以为戒，那就是"不依国主，则法事难立"，所以格外注重依靠朝廷，才能弘扬佛法，将译经事业向前推进。应该说唐太宗和玄奘都是成功者。

　　谒见唐太宗后，玄奘还没有忘记，抽空回故乡看看，于是他回到了阔别27年的缑氏县凤凰谷陈河村。自隋炀帝大业十四年（618年）他和二哥陈素赴蜀问业时回家探亲过一次，这27年他时刻思念着家乡的亲人，牵挂着家乡的一草一木。进得陈家故宅，满目凄凉，原来红火的宅院，只剩下后院几间厢房，当和大哥陈霖见面后，两人先是一愣，继而抱头痛哭，五十多岁的大哥，竟像一位老者，岁月沧桑给他留下的是苦难、沉默。问起家里人，说大嫂前几年已因病过世，动问姐姐已适嫁河北瀛州（今河间市），两个侄儿在缑氏县街上做些生意，以维持生计。大哥问玄奘："听人说你去佛国取经了何时归来？"玄奘把贞观元年（627年）只身西行，途经一百三十八国，穿沙漠、翻雪山、渡冰河，九死一生的经历说给大哥，说后，大哥和玄奘竟泣不成声，大哭了一场，随行的人员也都为之动情。这 27 年的岁月，酸甜苦辣说与谁听，只有在亲人面前，才会酣畅淋漓，也许这是一次多年来感情痛快的释放。大哥连连说道："菩萨保佑，真不易，真不易呀！"

宿一晚，次日玄奘早起，和大哥一道，到陈家花园看看，这里曾是玄奘儿时的天堂，那慈恩榭的残墙、放生湖的引桥，无不勾起玄奘的沉思。在休水河边，玄奘捧起清澈的河水连连喝了几口，说："还是家乡的水甜哪！"然后，他们一行沿休水河，顺凤凰谷向上，在一片荒草掩盖的河坡旁，大哥向玄奘指认父亲和母亲的坟垄，当时仓促殡埋，尚未合葬。玄奘在母亲、父亲坟前长时间地默默祈祷。这是玄奘出家后第二次回到故乡，因急于返回长安，第二天下午就和大哥辞别，赶往洛阳宫。

同年三月，玄奘从洛阳回到长安，住在弘福寺，开始了大规模的译经准备工作。

• • •

［从唐贞观十九年（645 年）五月，玄奘四十六岁那一年，他就这样开始了在人类历史上几乎无人可以相比的、辉煌的翻译生涯。请看下一讲"潜心译经弘福寺"。］

第二十八讲
潜心译经弘福寺

（字幕·旁白）

　　玄奘西行求法历尽千辛万苦，为的是求取真经，弘扬佛法。当回到大唐故国后，翻译这些梵文经典为汉语佛典是玄奘生命之中的重中之重。因此，在唐太宗的大力支持下，他迫不及待，全身心地投入翻译佛经的事业中，也只有这样，才可能弘扬佛法，功德圆满。

　　唐贞观十九年（645年）三月，玄奘辞别唐太宗回到长安，入居弘福寺，多年来奔波的生活，到此告一段落，但更重大的译经任务等待他去完成。他从西域带回来的佛经，共五百二十夹、六百五十七部，其中的一小部分虽已有过翻译，但并不令人满意，还有一大部分，根本就没有翻译过。玄奘的任务，便是将这些梵文经论，逐部翻译作汉文，把印度佛教哲学和佛教文化全面、系统地介绍给中国，这是个既严肃又十分繁重的工作。

　　根据文献记载，佛教传入我国始于后汉，有一千多年的历史,当时的翻译工作多属私人受业,没有一定体制,可随时进行。起先大多为中亚、印巴僧人或侨民,由于语文的隔阂,他们依赖传语的"转译",不但有伪误和不尽不实之处,也难把原作的意义与风格确切地表达出来,为中国人所不能接受。后来逐渐演进,到南北朝时期已有初具形态的组织进行译经。玄奘在"旧译"长期积累的经验基础上,改进翻译程式,改善翻译方法,关于音和义的问题,提出"五不翻"论,以"既须求真,又须喻俗"的标准作为楷式。玄奘自任译主,不再依靠外人,此举使玄奘成为唐初"新译"的创始人,在中国翻译史上写下了划时代的一页。

玄奘主持的译场组成人员的翻译程序如下:

一、译主,是主译人,也是译场的总负责人,须精通汉、梵文,透彻理解大小乘经典,而为全场所信服,遇有翻译上的疑义,负判断责任;

二、证义,是译主的辅助者,凡是已译成的文字,审查其意义与梵本有无出入或错误,和译主斟酌决定;

三、证文,在译主宣读梵文时,注意他所宣读的与原文有无舛误;

四、书手,一称度语,把梵文的字音写成中文;

五、笔受,把梵文的字义翻译成中文的字义;

六、缀文,因为汉、梵文字的结构不同,由他加以整理,以符合汉文结构;

七、参译,校勘原文是否有错误,同时再将译文回证判断与原文是否有歧义之处;

八、刊定,刊定所译成的每句、每节、每章须去芜存菁,使之简要明确；

九、润文，对已译好的文字，加以润色，使之流畅优美；

十、梵呗，通过以上九道程序，翻译完毕后，还须用念梵音的方法唱念一遍，修正音节不够和谐的地方，以便传诵。

这一翻译的组织制度，实为我国翻译史上的最高发展阶段。

在这一切深思熟虑之后，玄奘立即拟定了一份合理的组织计划上报，列举所需翻译、抄、录人员名单及笔墨纸砚等物品。宰相房玄龄连夜将玄奘的呈文送到定州行营。唐太宗李世民下旨，依照玄奘所开名单供给，定要做到十分齐全。于是，先征集国内一批名僧，作为证义。这一批名僧，都精通大小乘经论，为当时所推重，其十二人，名单如下：

京师弘福寺沙门灵润、沙门文备，京师罗汉寺沙门慧贵，京师实际寺沙门明琰，京师宝昌寺沙门法祥，京师静法寺沙门普贤，京师法海寺沙门神昉，廓州法讲寺沙门道琛，汴州演觉寺沙门玄忠，蒲州普救寺沙门神泰，绵州振音寺沙门敬明，益州多宝寺沙门道因。

又征集"缀文"方面翻译名僧九人，名单如下：

京师普光寺沙门栖玄，京师弘福寺沙门明璿，京师会昌寺沙门辩机，终南山丰德寺沙门道宣，简州福聚寺沙门静迈，蒲州普救寺沙门行友，蒲州栖严寺沙门道卓，豳州昭仁寺沙门慧立，洛州天宫寺沙门玄则。

此外，又有字学大德一人，即京师大总持寺沙门玄应；又有"证梵语、梵文"的名僧一人至，即京师大兴善寺沙门玄谟。

这二十三人，便是玄奘翻译佛经的基本组织成员。此外，"笔受""书手"及一切应用材料俱已齐备。译经组织规模之大，人才之盛，可谓空前绝后。

在翻译组织工作确定之后，翻译之方法更引起玄奘重视。在如何翻译的问题上，主要是来自意译与直译之争。在总结前人之得失后，玄奘无疑是主张直译的。他恨不得"直"到直接受教于佛陀，或到兜率天去听弥勒菩萨讲论《瑜伽》，他无法忍受任意从中增减。在实际译经中，玄奘一人既是译主，同时兼负口译和笔受的责任。他的弟子道宣在《续高僧传》中说他"意思独断，出语成章，词人随写，即可披习"。

唐贞观十九年（645年）五月，正式翻译开始。玄奘手操贝叶经，开演梵文，首先作出示范，创译《菩萨藏经》二十卷，《佛地经》《六门陀罗尼经》各一卷，《显扬圣教论》二十卷，到年底四部才译完。

唐贞观二十年（646年）春正月甲子，又译《大乘阿毗达磨杂集论》十六卷，至二月完成。又开译《瑜伽师地论》一百卷，这部经论和晚年所译的二百卷《大毗婆沙论》和六百卷的《大般若经》，是玄奘翻译事业中最伟大卓越的三部著作。

《瑜伽师地论》又名《十七地论》，相传为弥勒菩萨亲自传授，为弥勒菩萨所说的五部论中最根本的一部，梵文共有四万颂，瑜伽行宗的佛教徒认为它系大乘毗昙中规模最大、法义最备、体系完整、组织严密、说理究竟的权威论著。最胜子等所作论释谓："理无不究，事无不尽，文无不释，义无不诠，执无不破，疑无不遣，行无不修，果无不证。"玄奘冒险西行的原因之一即为求取此论，借以见佛教义学之全而求其所谓的"真"，故归国后谢绝诸缘，初期翻译即以此论为中心。因此论较长，一时难以完成，玄奘在翻译此论间隙，还口述写成了《大唐西域记》十二卷。

《大唐西域记》是一部极为重要的历史、地理和考古文献，它又是一部重要的佛教史史料。它在中外交通方面的记载和文学方面的价值都弥足珍贵。历史上的印度民族没有写史的传统，古代留下来的史料也不多见，而且多为神话传说，《大唐西域记》在很大程度上弥补了印度历史上关于戒日王时期及公元7世纪前的历史，是公认的世界旅行家中最有价值的著作之一。

在《大唐西域记》中，玄奘首次以"印度"来称呼天竺。在他之前，典籍中对印度的称谓真是五花八门，有"身毒""身笃""贤豆""天竺"等多种。玄奘说，"印度"的本义是"月亮"。在印度这片土地上，佛陀及历代僧众、菩萨，就像月亮照临一样，给世间被红尘俗务所烦扰的芸芸众生带来清凉与光明。

在介绍佛教圣迹的同时，玄奘也介绍了印度民众的生活习俗。如，印度对地面干净的判断标准，是要涂满牛粪，还要在牛粪上撒花；印度民众都光着脚，很少穿鞋；很多女人以把牙齿染红或黑为美；印度不吃隔夜的饭菜，不共用餐具，饭后用杨柳枝清洁牙齿；印度没有死刑，犯罪的人可以花钱赎罪，没有钱的要根据罪行轻重处以割舌、削鼻、割耳、刖手足等刑罚；印度的葬仪有火葬、水葬、野葬，还有"安乐死"，对上了年纪的老人，或者疾病缠身的人，不想活下去的时候，家人把他抬到堆满鲜花的船上，任其漂泊在恒河上，自生自灭，名为"生天"……玄奘说，印度还有很特别的礼节，是在大唐见不到的：一是吻尊者之足，二是顺时针绕尊者一到三圈。

提到《大唐西域记》，就不能不提起玄奘的亲传弟子辩机。

辩机的家世和生平都已不可考，但是从《大唐西域记》卷末的《记赞》来看，辩机十五岁出家，师从长安大总持寺道岳法师，后来道岳法师被任为普光寺寺主，辩机则改住长安会昌寺，十余年间潜心修佛，于贞观十九年（645年）以谙解大小乘经论入选玄奘译场，成为九名缀文大德之一。

在玄奘的译经团队中，辩机不但年纪最轻，而且仪态风流、文采斐然。在玄奘眼中，辩机俨然就是年轻时的自己，因此对他格外器重。辩机也很争气，在出任缀文大德期间，由他译出的佛经就有：《显扬圣教论颂》一卷，《六门陀罗尼经》一卷，《佛地经》一卷，《天请问经》一卷；随后他又参与了《瑜伽师地论》的翻译，负责一百卷经文中的三十卷，随即被玄奘钦定为《大唐西域记》的执笔者。

《大唐西域记》记载了玄奘在取经途中亲历和听说的一百三十八个西域国家或城邦的情况，范围包括今中国新疆维吾尔自治区、哈萨克斯坦、吉尔吉斯斯坦、乌兹别克斯坦、塔吉克斯坦、阿富汗、伊朗、巴基斯坦、印度、尼泊尔、斯里兰卡等国家或地区，详细记录了各地地理、交通、气候、物产、民族、语言、历史、宗教、政治、经济、文化、风俗等各方面的情况，对了解和研究古代中亚、南亚的历史，有重要的参考价值，尤其是重建印度古代历史的最重要的资料。

秋七月，玄奘新译经论已完成五部，《大唐西域记》亦已脱稿，便呈给已回到长安的太宗皇帝，同时上书唐太宗，并请为所译经论作序。进表略道：

> 所闻所履，百有三十八国。窃以章、亥之所践藉，空陈广袤；夸父之所陵厉，无述土风。班超侯而未远，张骞望而非博。今所记述，有异前闻。虽未极大千之疆，颇穷葱外之境，皆存

实录，匪敢雕华。谨具编裁，称为《大唐西域记》，凡一十二卷，缮写如别。望班之右笔，饰以左言；掩《博物》于晋臣，广《九丘》于皇代。但玄奘资识浅短，遗漏实多；兼拙于笔语，恐无足观览。

表至，唐太宗亲自批答，谓"当自披览"。同时，又敕令玄奘把中国的哲学著作《老子》译成梵文，介绍给印度。玄奘还把印度久已失传的《大乘起信论》由汉文译成梵文，保存了印度古代佛教哲学的经典著作。

玄奘在中印度时曾多次会见戒日王，从《秦王破阵乐》谈起，引发戒日王对大唐的仰慕之情，之后戒日王很快派使臣到长安，太宗也派李义表及王玄策去答访，他们一行人在玄奘回到长安的那一年回到长安。这一年太宗又以王玄策为正使，率使节团三十余人再度访印，临行前特请玄奘把太宗敕书翻译成梵文带去。同时应鸠摩罗王的请求，把玄奘译著的老子《道德经》带给鸠摩罗王。唐贞观二十一年（647年），王玄策等人到达印度，戒日王果然如玄奘当年梦中所预言已经去世。叛臣阿罗那顺攻击使节团使，王玄策等人被擒，后来王玄策逃脱，策发吐蕃（西藏）、泥婆罗（尼泊尔）之兵八九千，连战三日大破叛众，从此五印震惧，直到高宗时代，都年年朝贡不绝。

唐贞观二十二年（648年），太宗驾临玉华宫。夏五月，玄奘译完《瑜伽师地论》一百卷，前后花了三年时间。六月，应诏见太宗于玉华宫，相见甚欢。太宗以玄奘学业深博、风度不凡，每想逼劝归俗，共参朝政，前去洛阳宫接见时，已蓄此念。此次旧事重提，要求法师"脱须菩提之染服，挂维摩诘之素衣"。玄奘为述古今治理得失，并说太宗上智至仁，承天弘治，圣心圣化，无假于人，仍以"守戒缁门，阐扬遗法"为愿，临机酬答，大得太宗欢心。于是太宗道："既欲敷扬妙道，亦不违高志，可努力，今日已后，亦当助师弘道。"太宗又问玄奘："比翻何经、论？"答："近翻《瑜伽师地论》毕，共一百卷。"太宗道："这书有一百卷之多，是一部大著作了，是哪位圣人所说，内容是些什么？"玄奘答道："是弥勒菩萨所说，说明十七地义。"太宗问："什么叫十七地？"玄奘答道："十七地是五识相应地、意识相应地、有寻有伺地、无寻唯伺地、无寻无伺地、三摩呬多地、非三摩呬多地、有心地、无心地、闻所成地、思所成地、修所成地、声闻地、独觉地、菩萨地、有余依地、无余依地。"说完，举纲提目略述十七地义范畴，陈列大义。李世民天赋聪颖，一听就已领会大概，遂派人到京取《瑜伽论》详读。见这一部书词义宏远，真是闻所未闻。据《大慈恩寺三藏法师传》记载，当唐太宗阅读完《瑜伽师地论》后，大加赞叹：

> 朕观佛经，真好像瞻天瞰海，莫测高深。法师能于异域，得此佛法，真是可佩。

唐太宗本来答应过玄奘，作一篇新经序文，因政务繁忙，还未执笔。这时玄奘再请，遂亲自动笔，写成《大唐三藏圣教序》，凡七百八十一字。后回到长安，御庆福殿，赐玄奘座，叫弘文馆学士上官仪把所制《序》文当着百官朗诵道：

> 盖闻二仪有象，显覆载以含生；四时无形，潜寒暑以化物。是以窥天鉴地，庸愚皆识其端；明阴洞阳，贤哲罕穷其数。然而天地包乎阴阳而易识者，以其有象也；阴阳处乎天地而难穷者，以其无形也。故知象显可征，虽愚不惑；形潜莫睹，在智

犹迷。况乎佛道崇虚，乘幽控寂；弘济万品，典御十方。举威灵而无上，抑神力而无下；大之则弥于宇宙，细之则摄于毫厘。无灭无生，历千劫而不古；若隐若显，运百福而长今。妙道凝玄，遵之莫知其际；法流湛寂，挹之莫测其源。故知蠢蠢凡愚，区区庸鄙，投其旨趣，能无疑惑者哉？然则大教之兴，基乎西土，腾汉庭而皎梦，照东域而流慈。昔者分形分迹之时，言未驰而成化；当常、现常之世，民仰德而知遵。及乎晦影归真，迁仪越世。金容掩色，不镜三千之光；丽像开图，空端四八之相。于是微言广被，拯含类于三涂；遗训遐宣，导群生于十地。然而真教难仰，莫能一其旨归；曲学易遵，邪正于焉纷纠。所以空有之论，或习俗而是非；大、小之乘，乍沿时而隆替。

有玄奘法师者，法门之领袖也。幼怀贞敏，早悟三空之心；长契神情，先包四忍之行。松风水月，未足比其清华；仙露明珠，讵能方其朗润！故以智通无累，神测未形；超六尘而迥出，只千古而无对。凝心内境，悲正法之陵迟；栖虑玄门，慨深文之讹谬。思欲分条析理，广被前闻；截伪续真，开兹后学。是以翘心净土，往游西域；乘危远迈，杖策孤征。积雪晨飞，涂间失地；惊沙夕起，空外迷天。万里山川，拨烟霞而进影；百重寒暑，蹑霜露而前踪。诚重劳轻，求深愿达。周游西宇，十有七年；穷历道邦，询求正教。双林、八水，味道餐风；鹿苑、鹫峰，瞻奇仰异。承至言于先圣，受真教于上贤；探赜妙门，精穷奥业。一乘五律之道，驰骤于心田；八藏三箧之文，波涛于口海。爰自所历之国，总将三藏要文，凡六百五十七部，译布中夏，宣扬胜业。引慈云于西极，注法雨于东垂；圣教缺而复全，苍生罪而还福。湿火宅之干焰，共拔迷涂；朗爱水之昏波，同臻彼岸。是知恶因业坠，善以缘升；升坠之端，唯人所托。譬夫桂生高岭，零露方得法其华；莲出绿波，飞尘不能污其叶。非莲性自洁，而桂质本贞，良由所附者高，则微物不能累；所凭者净，则浊类不能沾。夫以卉木无知，犹资善而成善，况乎人伦有识，不缘庆而成庆？方冀兹经流施，将日月而无穷；斯福遐敷，与乾坤而永大。

图28-1　唐太宗为玄奘作《大唐三藏圣教序》，命弘文馆学士上官仪向百官宣读

此后，皇太子李治亦为此撰《述三藏圣教序记》，全文如下：

夫显扬正教，非智无以广其文；崇阐微言，非贤莫能定其旨。盖真如圣教者，诸法之玄宗，众经之轨躅也。综括宏远，奥旨遐深；极空有之精微，体生灭之机要。词茂道旷，寻之者不究其源；文显义幽，履之者莫测其际。故知圣慈所被，业无善而不臻；妙化所敷，缘无恶而不翦。开法网之纲纪，弘六度之正教；拯群有之涂炭，启三藏之秘扃。是以名无翼而长飞，道无根而永固。道名流庆，历遂古而镇常；赴感应身，经尘劫而不朽。晨钟夕梵，交二音于鹫峰；慧日法流，转双轮于鹿苑。排空宝盖，接翔云而共飞；庄野春林，与天华而合彩。

伏惟皇帝陛下，上玄资福，垂拱而治八荒；德被黔黎，敛衽而朝万国。恩加朽骨，石室归贝叶之文；泽及昆虫，金匮流梵说之偈。遂使阿耨达水通神甸之八川，耆阇崛山接嵩、华之翠岭。窃以法性凝寂，靡归心而不通；智地玄奥，感恳诚而遂显。岂谓重昏之夜，烛慧炬之光；火宅之朝，降法雨之泽。于是百川异流，同会于海；万区分义，总成乎实。岂与汤、武校其优劣，尧、舜比其圣德者哉？

玄奘法师者，夙怀聪令，立志夷简；神清龆龀之年，体拔浮华之世。凝情定室，匿迹幽岩；栖息三禅，巡游十地。超六尘之境，独步迦维；会一乘之旨，随机化物。以中华之无质，寻印度之真文。远涉恒河，终期满字；频登雪岭，更获半珠。问道往还，十有七载；备通释典，利物为心。以贞观十九年二月六日，奉敕于弘福寺翻译圣教要文，凡六百五十七部。引大海之法流，洗尘劳而不竭；传智灯之长焰，皎幽暗而恒明。自非久植胜缘，何以显扬斯旨？所谓法性常住，齐三光之明；我皇福臻，同二仪之固。伏见御制众经、论序，照古腾今，理含金石之声，文抱风云之润。治辄以轻尘足岳，坠露添流；略举大纲，以为斯记。

唐太宗的《大唐三藏圣教序》和皇太子李治撰写的《述三藏圣教序记》一时传为佳话，为唐代佛教文化中的"双璧"，后有寺主圆定将二序文刻于金石，藏于大慈恩寺。后来，沙门怀仁又集王羲之之草书而拼成碑文，这两篇文章很快就风行天下，至今传为名帖。

同年，慈恩寺落成，玄奘为住持，玄奘后来一直有个称号，叫"大慈恩寺三藏法师"，在此之前玄奘没有担任过任何职务，包括佛教界的行政职务他也全部拒绝。十二月，唐太宗专门派高官以九部乐和仪仗，送玄奘和佛经、佛像，还有跟随玄奘的僧人入住慈恩寺。不仅如此，唐太宗还率领皇太子、文武百官在安福门外，手执香炉，恭恭敬敬地迎送玄奘，观者数万人。此后很长一段时间，慈恩寺就成了玄奘的主要居住地。

这里提到的"九部乐",是隋唐时代的宫廷舞乐,一般用于礼仪大典和招待外国使节的场合。仅就这一点来看,唐太宗送玄奘入住慈恩寺的仪式,在当时是属于什么样的等级,大家也就可以知道了。那么,为什么要叫"九部乐"呢?因为这组乐舞是由九个节目组成的。大家知道,在隋朝以前的南北朝时期,中土与周边少数民族和域外的文化交流非常频繁,其中当然也包括音乐在内。到了隋朝统一,就把中土传统的"雅乐"和南北朝时期传入中原的兄弟民族及外国乐舞,一起整理成一个大型的乐舞节目,用以表示国家的强大和社会的和谐,当时包括的节目只有七个,所以叫作"七部乐"。而唐代的"九部乐",就是在隋代的基础上再加以增删改编而成的。在"九部乐"中,有好几个乐舞都是玄奘西行沿途经过的民族乐舞,如龟兹、高昌、印度等等,玄奘在自己的祖国再一次听闻到这些音乐和舞蹈,想必别有一番感慨。

最重要的佛经《瑜伽师地论》翻译完成了,玄奘也作为住持,住进了刚刚落成的大慈恩寺。此时已年近半百的玄奘,应该可以专心译经,平静安逸地度过自己的晚年了,但意想不到的事情却接二连三地发生了。

唐贞观二十三年(649年)四月十五日,五十岁的玄奘陪同唐太宗到了翠微宫,在此谈论佛法和印度的见闻。五月,在一次谈话的时候,唐太宗突然觉得头疼,但他并不以为有异,仍然留玄奘在宫中住宿,准备等自己稍微舒服一点的时候,继续跟玄奘谈论。没有料到,五月二十七日唐太宗就驾崩了,时年五十二岁。而唐太宗驾崩的时候,玄奘就在他身边。

这对于玄奘来讲,无疑是一个重大的打击,且不说唐太宗对他不遗余力的支持、对他发自内心的尊重，与他非常融洽地交流，用佛家的话来讲，作为一代帝王的唐太宗和作为一代高僧的玄奘，他们是真正的有缘之人。白天陪唐太宗聊天，谈论佛法，晚上再赶工译经，这几乎已经成了玄奘的一种生活方式。根据《大慈恩寺三藏法师传》的记载，自从唐太宗驾崩以后，玄奘就一门心思，全心全意地投入译经工作中去：

> 自此之后，专务翻译，无弃寸阴。每日自立程课，若昼日有事不充，必兼夜以续之。

也就是说，玄奘不再放弃每一刻光阴，每天订好学习工作计划，如果白天有事情被打断的话，当夜一定补足，必须完成才肯歇手。玄奘就以这种态度在进行工作。

而这一年，玄奘还遭受到另外一次非常沉重的打击。从历史角度上讲，这次打击固然不能和一代帝王驾崩相比，但是从玄奘的内心世界和个人情感上来讲，这次打击的严重程度，恐怕不亚于唐太宗的驾崩。

玄奘的得意弟子辩机，是他最重要的助手，从《大唐西域记》的署名是玄奘和辩机，就可以看出，这部书是玄奘口述、辩机笔录，由师徒两人共同完成的，可见辩机对玄奘有多么重要。而就在这一年，这位当时佛教界几乎都认为是玄奘最好的衣钵传人的得意弟子，这位在唐朝佛教界中声誉正隆的僧人，居然因为和高阳公主私通而被杀。因为玄奘和皇室接触密切，所以他的弟子也有很多机会跟着自己的师父直接进入皇宫，辩机就是这样认识了高阳公主，并和高阳公主产生了感情。当时辩机年仅三十岁，玄奘不仅失去了一个得意的弟子、一个得力的助手，还对玄奘的译场产生了很不良的影响。

辩机和唐太宗的先后死去，让玄奘突然失去了生命中最重要的两个人，年近半百的玄奘突然明白了"五十而知天命"的真正含义，能够陪伴他的，就只剩下那无穷的经卷和佛祖像前那盏跳动的青灯……

• • •

［玄奘的译经事业，从弘福寺到大慈恩寺。在唐朝廷的大力支持下，四五年间，顺风顺水，如有神助。特别是《瑜伽师地论》和《大唐西域记》两部划时代经典的完成，得到了唐太宗和朝野的一致褒奖。但世事无常，在一年之内，玄奘失去了理解并支持自己的帝王唐太宗，紧接着又失去了自己最得意的译经徒弟辩机，玄奘的心情可想而知。翻译事业接下来的路子还会平静吗？请看下一讲"晚年翻译起风波"。］

第二十九讲
晚年翻译起风波

（字幕·旁白）

　　从唐太宗、唐高宗，到后来的武则天，他们接力式地支持玄奘的译经事业，都对玄奘法师十分尊崇。唐朝皇室的虔诚与礼遇，亦加快了玄奘的翻译步伐。然而，在其后发生的两件事情，给玄奘晚年的译经带来了不小的影响。那么，到底发生了什么事情？

〰〰〰〰

　　唐太宗驾崩后，唐高宗李治继位。唐高宗对玄奘依然非常尊重，朝廷对玄奘翻译工作的支持也没有因为唐太宗的驾崩而受到任何影响。玄奘在翻译之余，还为很多刺史一级的高官受戒说法，玄奘的信徒越来越多，这些皈依弟子的俗世地位也越来越高。来自日本、朝鲜半岛、西域，甚至来自印度的学生都纷纷拜在玄奘的门下。这些人当中有不少回国后都大有成就，玄奘的影响也由此传遍了东亚，甚至回馈到佛陀的故乡，回馈到佛教的发源地印度。

　　永徽二年（651年），玄奘译《大乘大集地藏十轮经》十卷、

《受持七佛名号所生功德经》一卷、《大乘成业论》一卷、《阿毗达磨俱舍论》三十卷。

永徽三年（652年）春三月，五十三岁的玄奘忽然想起在那烂陀寺回来前，印度那位耆那教徒为他占卜后所说，他应该早两年就圆寂了。看来，他积的功德已使他延长了寿命。此后，他对译经事业更加信心百倍。这一年，为了安置从印度带回来的佛经、佛像，防止遗失和火灾，经高宗同意，玄奘亲自主持在慈恩寺西院修建砖塔。开工奠基之日，玄奘亲写《愿文》述愿，并亲自背竹筐搬运砖石。这座砖塔，当时完全是模仿印度窣堵波式样，与中国一般的木塔不同，共有五层，总高一百八十尺，每层中心都设石龛，中间供奉舍利或一千，或二千，共有一万余粒；最上的一层，完全是石室。塔的南面立起两座大碑，上面分别刻着唐太宗李世民的《大唐三藏圣教序》和唐高宗李治的《述三藏圣教序记》，由唐朝大书法家褚遂良所书。这座宝塔，因工程浩大，前后建了两年方才完工，这便是有名的慈恩寺塔，现称之为"大雁塔"。

可是到过西安大雁塔的人，都知道今天的大雁塔不是印度式的。原来玄奘当年所建的塔，确是仿印度窣堵波式，只因到了嗣圣年间，旧塔崩坏，武则天和一些王公大臣施钱重建，高十层，改名"大雁塔"（雁塔的意思，是因为从前达亲国有迦叶佛伽蓝，穿石山做塔五层，最下面一层作雁形，所以叫作雁塔）。唐朝大诗人杜甫、岑参、高适都曾登上此塔，作诗唱和。后来几经战火，只留下七层，唐朝的学士在考取进士后，都要到大雁塔去题名，叫作"雁塔题名"，历经宋、元、明、清，都保存了这个旧制，所以塔前的石林碑碣到处可见。

永徽四年（653年）夏五月，中印度国摩诃菩提寺大德智光（即师子光）和慧天，派遣同寺法长和尚跋涉万里带信一封、白布两匹，送给玄奘，表达友谊之情。他们都是玄奘在印度那烂陀寺学习时的同窗好友，对玄奘尤为敬仰。师子光是戒贤大师的高足弟子，大小乘及印度各派学说莫不洞悉，五印度学者都所共仰；慧天对小乘十八部研究很深，融会贯通，也是一位有名的学者。玄奘在印度的时候，常共切磋，他们固守偏见，玄奘时加批评开导，并对他们十分友好；曲女城大会时，又深受教育，师子光接受意见，甚是感谢。自曲女城分开之后，一别十余载，二人怀念玄奘时刻不忘。是年玄奘译《顺正理论》八十卷。

玄奘见到来自中印度的法长，感动得说不出话来，他用颤动的双手拆开信封，一行行读了下去，信里写道：

> 微妙吉祥世尊金刚座所、摩诃菩提寺、诸多闻众所共围绕、上座慧天，致书摩诃支那国（中国）于无量经律论妙尽精微木叉阿遮利耶（指玄奘）：敬问无量，少病少恼。我慧天苾刍（慧天自称），今造《佛大神变赞颂》，及诸经、论比量智等，今附苾刍法长，将往此无量多闻老大德阿遮利耶。智光（师子光）亦同前致问，邬波索迦日授稽首和南。今共寄白氎一双，示不空心，路远莫怪其少，愿领。彼须经、论，录名附来，当为抄送木叉阿遮利耶，愿知。

这一封信，表达了一千三百多年前中印两国人民的真诚友谊。

玄奘接见法长，一时悲喜交加，从前在印度游学的各种情景，又都涌现在脑际，可是关塞遥隔，宛如另一世界。动问之下，知道戒贤法师已经圆寂，玄奘心中不胜悲痛。玄奘在那烂陀寺的时候，受戒贤法师教育最深，其崇高的人格、渊博的学问，以及临别前亲自扶杖送行，谆谆叮嘱，玄奘永远铭记在心。他苦留法长在长安住了两年，到永徽五年（654年）法长方才回去。玄奘写了两封回信，一封致师子光、一封致慧天，并各致信物。这两封信中，充斥着中印两国人民之间的友谊和玄奘的一片向往之诚。虽隔万水千山，却阻隔不了两国人民之间的交往，这是中印两国人民友好往来的历史见证。

玄奘送别法长，直送到十里长亭，再三珍重道别，一直到法长看不见了，才挥泪返回。是年玄奘译《大阿罗汉难提蜜多罗所说法住记》一卷、《称赞大乘功德经》一卷、《拔济苦难陀罗尼经》一卷、《八名普密陀罗尼经》一卷、《显无边佛土功德经》一卷、《胜幢臂印陀罗尼经》一卷、《持世陀罗尼经》一卷。

永徽四年（653年），五十四岁的玄奘在大慈恩寺收了一位日本留学僧道昭，从玄奘学习法相宗经论并习禅学，学成归国后开创日本法相宗。据《续日本纪》记载，"孝德天皇白雉四年（653年）遣使入唐，适遇玄奘三藏，师受业焉。三藏特爱，令住同房"，记述了其学于玄奘，为玄奘特别爱护之事。道昭是日本大化革新后，由遣唐使吉士长丹、吉士驹率领的日本学问僧与其他人等共一百二十一人，由北路入唐的。这次入唐的学问僧共十四人，他们是道严、道通、道光、定慧、惠施、觉胜、辨正、惠照、僧忍、知聪、道昭、安达、道观等。道昭从玄奘学习期间，与窥基同禀法相教义，加意教诲，后并令至相州隆化寺从慧满禅师学习禅法，慧满委曲开示，付以《楞伽经》。道昭习禅后又至长安从玄奘学唯识学，他认为唯识学是很新的佛学思想，所以潜心苦学，约在齐明七年（日本纪年1321年，公元661年）归国，道昭在长安一共待了8年。相传，临走时玄奘赠给他两件礼物，一件是《佛舍利经论》译文，一件是煎药用的铛子。玄奘还特意对道昭说："这是药铛子，是我从西域带回来的，用它煎药养病，无不神验，你带上它，自有用处。"

说来也巧，道昭和尚一行在乘船回国途中，有不少人生了病，他就用玄奘给他的这个药铛子煎药熬粥，病人果然很快就康复了。但出了件怪事，道昭乘坐的船在海上航行了7天7夜，但总是到不了日本海岸。为什么风顺而船总是不能前进呢？大家都很慌乱纳闷，船上有一位术士便占了一卜，说是海龙王要一个宝贝，就是玄奘的药铛子。船上的人当即嚷嚷起来，都说赶快把药铛子送给龙王吧，否则大家就没命了。但是，道昭舍不得，说："药铛子是师父玄奘大师送给我的，怎么能送给龙王呢？"大家硬是不依，苦苦哀求，非要他把药铛子扔进海里，献给海龙王。道昭无奈，只好依从，结果那只船很快就平安靠上了日本海岸。这个动人的传说，反映了玄奘在日本人民心目中的崇高声誉和美好形象。

玄奘的法相宗从第一批留学僧道昭起到第四批玄昉止，传入日本先后达七十多年，在日本的各个时期，均对日本佛教史影响重大，从而奠定了日本佛教之基。时至今日，在日本的文化古城奈良的著名六大寺（法隆寺、药师寺、兴福寺、东大寺、西大寺、招提寺）中，法相宗仍占绝对优势。药师寺今为日本法相宗总部所在地。

唐高宗永徽六年（655年），也就是玄奘五十六岁那一年，玄奘遭遇到两件很不顺心的事情。

一件事情是，玄奘当时组织翻译了两部很重要的讲解佛教逻辑学的著作《因明入正理论》和《因明正理门论》，这两部经翻译成汉文以后，玄奘的弟子就这两部经书撰写文章，进行热烈的讨论。这本来是一件好事情，但这场讨论超出了佛教的范围，引起了当时唐朝非常重要的一位思想家吕才的注意。吕才写了一部书，叫《因明注解立破义图》，针对玄奘门徒的论著，提出了四十多条批判性意见，引发了一场全国范围的大讨论。当时吕才的支持者绝不在少数，不但人数众多，地位也都不低。他主要从传统儒家的政治、伦理、道德、经济等角度，公开提出要控制佛教的发展，提出要抑制教权、维护皇权。因为他看到佛教在唐朝发展壮大，僧人的地位太高，帝王对僧人太过尊崇。他从这个角度提出攻击，于是玄奘和他的弟子们在当时的处境就变得相当尴尬。争论到后来，成了一场混战，把当时唐朝的思想家和学者官员都卷进去了，最后，只能由唐高宗下令："遣群公学士等往慈恩寺，请三藏与吕公对定。"皇帝让大家到慈恩寺，恭请玄奘和吕才面对面辩论，决定胜负对错。从这道诏令来看，皇帝还是很尊重玄奘的。《大慈恩寺三藏法师传》记载：

  吕公词屈，谢而退焉。

此次学术辩论，历时半年，既"媒炫公卿之前"，又"嚣喧闾巷之侧"，实际上是永徽年间以唯物论思想家吕才为代表的和唯心主义佛教徒为代表的上自公卿下至巷闾的大辩论。

另一件事情根本和玄奘扯不上边际，那就是印度僧人那提入唐，带来莫须有的负面风波。

据道宣法师《续高僧传》卷四《唐京师大慈恩寺梵僧那提

传》的载文，此文对玄奘大师多有不实之微词，多数学者持不同意见，认为《那提传》是一篇伪作传文。小传不长，全文录后：

> 那提三藏，唐曰福生，具依梵言，则云布如乌伐邪，以言烦多故，此但讹略而云那提也。本中印度人。少出家，名师开悟，志气雄远，弘道为怀。历游诸国，务在开物。而善达声明，通诸诂训，大夏召为文士，拟此土兰台著作者。性泛爱，好奇尚，闻有涉悟，不惮远夷，曾往执师子国，又东南上楞伽山，南海诸国，随缘达化。善解书语，至即敷演。度人立寺，所在扬扇。承脂那东国盛转大乘，佛法崇盛，赡洲称最，乃搜集大小乘经律论五百余夹，合一千五百余部，以永徽六年创达京师。有敕令于慈恩安置，所司供给。时玄奘法师当途翻译，声华腾蔚，无由克彰，掩抑萧条，般若是难。既不蒙引，返充给使，显庆元年敕往昆仑诸国采取异药。既至南海，诸王归敬，为别立寺，度人授法，弘化之广，又倍于前。以昔被敕往，理须返命，慈恩梵本，拟重寻研，龙朔三年还返旧寺。所赍诸经，并为奘将北出，意欲翻度，莫有依凭，惟译《八曼荼罗》《礼佛法》《阿吒那智》等三经，要约精最，可常行学。其年，南海真腊国为那提素所化者奉敬无已，思见其人，合国宗师假途远请，乃云："国有好药，唯提识之，请自采取。"下敕听往，返亦未由。余自博访大夏行人，云："那提三藏乃龙树之门人也，所解无相，与奘颇返（郭案：应为反）。"西梵僧云："大师隐后，斯人第一，深解实相，善达方便。"小乘五部毗尼，外道《四韦陀论》，莫不洞达源底，通明言义，词出珠联，理畅霞举。所著《大乘集义论》，可有四十余卷，将事译之，被遣遂阙。夫以抱麟之叹，代有斯踪，知人难哉，千龄罕遇。那提挟道远至，投俾北冥（郭案：应为溟），既无所待，乃三被毒，载充南役，崎岖数万，频历瘴气，委命斯在。呜呼，惜哉！

由那提入唐带来的负面风波，实际上和玄奘毫无关系，玄奘或许就不知道后面发生了什么事情。在唐代后期佛教界当时就有不同意见，认为有操作夸大之嫌。在当代，著名学者对于《那提传》亦多表示怀疑。熊十力先生审覆传文后，指出五条虚构之处，认为"僧徒居士之浸渍于旧经中者，已沦肌浃髓，骤闻新学，势不相融，不相融则集矢于奘师"，还指出："那提一案，不止是空有之争，确是广泛的新旧之争。唐时旧派借那提作题目以诬毁奘师。"张建木先生《读〈续高僧传·那提传〉质疑》列举六点：《那提传》是否真是道宣所作？那提所译经的序文是否是道宣所作？抑或出于他人的依托？玄奘阻碍那提的译经有无其事？那提在佛教史中的地位如何？是否就可以信赖今本《续高僧传·那提传》中的叙述？

杨廷福《玄奘年谱》亦载：玄奘返国后声名倾动朝野，又得唐王朝的积极支持，从印度传入我国的戒贤一系的瑜伽行宗佛学，视旧译经论多有舛误，势必引起依凭旧译经论佛教徒的反对。新旧两派之外加上大乘的"空""有"两宗的相互排斥，同时，由于寺院经济的发展，隋代以来已形成传法定祖，门户、宗派之争愈烈，这与玄奘的不许讲旧译经典有关。《续高僧传·法冲传》载："三藏玄奘不许讲旧所翻经，冲曰：'君依旧经出家，若不许弘旧经者，君可还俗，更依新翻经出家，方许君此意。'奘闻遂止。"从道宣对玄奘翻译赞美之间的微词，均可隐约窥见当时的门户之见。因此，《那提传》疑问甚多，如传为"龙树之门人"，显是荒诞。诚如熊、张两先生所提出的，很有可能是佛教徒宗派斗争中的诬谤之作，其传文亦多夸大之词。

| 第二十九讲 | 晚年翻译起风波

在近代史上，国内学术界包括一些相当著名的学者认为，由于玄奘当时的地位越来越高，引起了一些人的嫉妒，所以他的对立面也越来越多。他们将此事的负面性有意夸大，也不是没有这种可能性的。

根据著名学者熊十力先生对《那提传》提出的五条虚构嫌疑、张建木先生在《读〈续高僧传·那提传〉质疑》的论文中提出的六点质疑、杨廷福先生在《玄奘年谱》对《那提传》提出的众多疑问，可以看出《续高僧传》卷四中的《那提传》疑点甚多，与传记文体的真实性、客观性相差甚远。笔者经查阅大量文献资料，对道宣《续高僧传·那提传》中的记载深表疑虑，亦提出七点疑问如下：

智昇的《开元释教录》，基本上全文录载《续高僧传·那提传》，详载那提译《师子庄严王菩萨请问经》（即《八曼荼罗经》）、《离慧菩萨所向佛法经》、《阿吒那智经》等三部三卷。《大周刊定众经目录》卷一，只录有前二经，故《开元释教录》所说《阿吒那智经》本阙，只有前二经尚在。但奇怪的是道宣法师的《大唐内典录》撰著的时间为麟德元年（664年），已是《那提传》中所述那提于龙朔三年（663年）译完此三经之后，再往南海而一去不复返。同为道宣法师笔之《大唐内典录》，仅在事隔不久，《大唐内典录》里竟遗漏了那提译的三部经的记载吗？其疑一也。

那提于唐高宗永徽六年（655年）至长安，显庆元年（656年）即第二年就敕往南海诸国采药，其间只有一年的光景，因未记载具体月、日，恐还未有一年的时间。若是一位事业心强的僧人，光整理五百梵夹一千五百部经典还来之不及，哪还有闲空工夫去标榜自己能识异药而被敕令昆仑采药呢？既然有着四十卷之巨的《大乘集义论》，不见有上表请译的记载，相反对"合和汤药"极感兴趣，若无这方面的过多自我宣传，唐高宗李治何以知其能识异药而敕命昆仑采药呢？岂不是对自己的事业有喧宾夺主的宣传吗？这是为什么呢？那提识的什么异药？治什么病？得到何种赏赐？《那提传》中全无交代。其疑二也。

《开元释教录》卷九："唯译《八曼荼罗》等经三部，要约精最，可常行学。禅林寺沙门慧泽译语，丰德寺沙门道宣缀文并制序。"这在《续高僧传·那提传》中是没有的。道宣为那提做过助手、写过序文吗？其疑三也。

玄奘在印度留学17年，回国时共请回梵文原典五百二十夹、六百五十七部。而《那提传》云："所赍诸经，并为奘将北出，意欲翻度，莫有依凭。"这更乃无稽之谈。史无玄奘大师将那提带来的梵本移往他地的记载，这"北出"无具体之地名。试想，这一千五百部的梵典要从皇家寺院慈恩寺移出，不是一件默不出声的行动。玄奘大师连自己携回的经典尚未翻译完毕，临终前只翻译了从印度带回六百五十七部经卷的十分之一，何须求那提带来的经典。根据《慈恩传》《玄奘年谱》的记载，玄奘大师遗言自己未翻译完毕之经论，都交由大慈恩寺保管。足见整个的梵文典籍全在大慈恩寺，无"北出"的记载。那提真的带有"五百余夹，合一千五百余部"经、律、论来华吗？其记载无史料支持。其疑四也。

《那提传》："余自博访大夏行人，云：'那提三藏乃龙树之门人也……'"龙树是众所周知的人物，其生卒年一直考无定论，大多推定为二三世纪的人，亦名龙斗、龙猛、龙名等。多罗那它之《印度佛教史》第十七章则谓,龙树与龙斗为不同之二人,并谓龙斗与龙树之弟子提婆为同时代的,住于那烂陀寺,并未提到有弟子名那提。印顺法师即依准此说,于所著《空之探究》第四章之一,谓龙斗(或龙猛)并非龙树,其年代迟于龙树,活跃于公元320年以后旃陀罗笈多王朝时代。按照常识来推断,龙树或者龙斗(龙猛)都不会有弟子能活到唐朝。其疑五也。

并谓"大师隐后,斯人第一",这更是神话传奇了。龙树被推为佛教公宗之祖,其弟子提婆亦被《传法正宗记》卷三载为禅宗付法藏西天第十五祖。所谓"龙树隐后,那提为第一,当然该超过提婆",何以印度佛教史上只有提婆而根本没有那提的记载。其疑六也。

《那提传》说"所解无相,与奘颇返",这"颇"字,元、明本作"硕"字,即那提是弘扬大乘空宗即中观学派,玄奘是倡导有宗即瑜伽行学派,借以说明和玄奘大师有门户之见,才使那提有如此之下场,此更乃胡言乱语。永徽三年(652年),中天竺阿地瞿多来长安,同样地敕住于大慈恩寺,他译《陀罗尼集经》时,据《开元释教录》卷八记载,英国公、鄂国公等显要权贵甚为支持。他在慧日寺浮屠院依沙门玄楷等道俗之请,集成一部,即《陀罗尼集经》十二卷,并没有受到玄奘大师的排挤。其疑七也。

凡此种种,疑点层出。笔者认为《那提传》中所述,皆是对玄奘大师之毁谤,故大胆怀疑此《那提传》是伪作,非道宣法师所作。同时,从众多的论文解析中,可探知玄奘大师在当时中国弘扬瑜伽行学派及创建法相唯识宗的艰辛。

历史是公正的，任何莫须有的污毁行为，都动摇不了玄奘无私奉献的崇高威信，更掩盖不了玄奘历史上的光辉形象。

从唐太宗到唐高宗，甚至连骄横的武则天，都对玄奘法师十分尊崇。唐朝皇室的虔诚与礼遇，使一向谨慎小心的玄奘也错误地估计了自己在皇室中的地位，大概是玄奘觉得自己跟皇室的关系很密切，于是在这一年上了一道奏章，要求废除两条法律。第一条是"先道后佛"。我们知道，唐朝的皇室为了掩盖自己混杂的血统和卑微的出身，将道教的始祖老子作为自己的祖宗，于是，以道、儒、佛为三教秩序，在官方的排序中，佛教是最低的。玄奘上了一道奏章，要求把佛教排在道教之前，被唐高宗断然驳回。

第二条是要求废除"僧尼犯法依俗科罪"。唐朝的规定，和尚和尼姑如果犯法，是按照俗人一样定罪，没有任何特权的。玄奘上表章要求废除，唐高宗仅允许"其同俗敕，即遣停废"，也就是说仅允许僧尼犯罪可以由佛门自行处理。

由以上两条可以看出，皇帝虽然非常礼遇玄奘，可玄奘在朝廷上也不是说什么都行。对上述请奏，玄奘还是带着无奈和遗憾升入天国。

这一年的五月，玄奘因早年西行求法，翻越过多的雪山而落下的冷病突然发作。这个病以前靠药物控制了好几年，也许因为这两个奏章上去以后被驳回，玄奘心情不大好，突然病发了，而且来势凶猛，几乎不治。幸好唐高宗派御医全力救治，玄奘的病才稍微好转，唐高宗还把玄奘接到皇宫供养，让玄奘在宫中译经，"或经二旬、三旬方乃一出"，照料得非常周到。

唐高宗显庆元年（656年）二月，玄奘还为唐高宗的婕妤薛夫人落发授戒。三月，唐高宗亲自为慈恩寺撰写碑文。四月御书碑落成，玄奘率领慈恩寺和京城的僧人举行了盛大的迎接仪式，官方也派仪仗恭送，"京都士女观者百余万人"，场面非常热闹。十一月初一，武则天施舍一件非常珍贵的袈裟给玄奘。十二月初五，武则天生子满月，依然请玄奘进宫为皇子（佛光王）剃度，师父是玄奘。这些都是很高的荣誉。

玄奘的心事，到了这时，除了佛经尚未翻译完毕以外，可以说大部分已了。他平生立志：第一到印度取经，第二翻译佛经，第三宣扬佛法。在取经的时候，他不辞千辛万苦17年总算达到了目的。玄奘回国后，经过无数次说法讲经，又举行了一系列佛教徒迎佛、迎经的大游行，通过唐朝的两代皇帝和武则天的支持，联系了国内一些名流学者、国外的高僧大德和众多弟子，宣扬佛法的目的也可说是已经达到。可是，最重要的翻译事业还没有完成，于是他暗下决心，拿出当年取经的毅力，集中精力翻译佛经，以完成他的未竟之业。

玄奘从显庆元年（656年）七月二十七日开译《阿毗达磨大毗婆沙论》二百卷，直到显庆四年（659年）七月初三毕，整整译了近三年时间才译完这部大著。译此论嘉尚、大乘光笔受，神察、辩通执笔，栖玄、靖迈、慧立、玄则缀文，明珠、慧贵、法祥、景慧、神泰、普乐、善乐证义，义褒、玄应证字。从人员名单上可看出译此部经时班子之大，翻经僧之精超过其他。相传《阿毗达磨大毗婆沙论》义为广泛解说经论的作品。凡治法相唯识学说，必先精通《毗婆沙论》。玄奘为了将此宗学派的学说来龙去脉理清，故将本论重译完竣。

・・・

［玄奘在译经期间出现这样或那样的风波，亦属正常现象，这正表明玄奘大师在弘扬大乘学派及创建法相唯识学受到的阻力有多大。但这些从未动摇玄奘译经的信心与步伐。接下来在玄奘的生命里还会出现哪些事情？留给后人哪些无上功业？请看下一讲"玄奘圆寂玉华寺"。］

第三十讲
玄奘圆寂玉华寺

（字幕·旁白）

　　玄奘的晚年译经不惰，从长安的弘福寺、大慈恩寺到西明寺转眼已过了十四个年头。为摆脱京城俗务，经高宗恩准，译场转移到长安西的铜川玉华寺，好一心专务翻译。在他生命的最后五年里，玄奘都为后世留下了什么传奇经历？

~~~~~~

　　显庆二年（657年），玄奘奉命陪唐高宗到洛阳，居于积翠宫，进行翻译工作。高宗建议玄奘"无者先翻，有者在后"，先翻译汉译佛经中还没有的经典。玄奘以《毗婆沙论》为例说旧译未必合理，没有采纳皇帝的建议。

　　玄奘伴驾洛阳期间，特向高宗请假回故乡缑氏县陈河村。因为从小离开家乡，从出家到国内游学，这是他一生中第三次回到故乡，也是最后一次。访问之下，一班亲戚故旧，凋零殆尽，这次回到故里，真有"少小离家老大回，乡音无改鬓毛衰"之感。到了老家一看，已经没有一个亲人，再三打听，才从一个乡邻老者口中知道大哥已于永徽元年（650年）去世，两个侄儿也在荒年中离开故土到山西逃荒,十余年杳无音信,还有一个老姐,家住瀛州(今河间市)张氏,便派人接回,姐弟二人,都已经老态龙钟,相见之下,悲喜交集。玄奘本是个热血男儿,回忆儿时家庭生活,也不免掉下泪来。他又问父母坟墓是否合葬,姐姐带他沿休水河向上走去,但见一堆黄土,风木凄凉,荒颓不堪。玄奘站立父母坟前沉思良久,在他的记忆中,又现出慈父当年谆谆教导的面貌、慈母关怀备至的容颜,只是这一切幼年时的情景,都好像隔着一层纱帐,年深日久,已有些模糊,可望而不可及了。玄奘有心把父母改葬,另选一处较高燥的地方,但是一想自己一生致力于取经译经,除了一身之外,别无长物,哪里有钱进行改葬?于是奏请高宗,许他将父母改葬西原。据《大慈恩寺三藏法师传》记载,玄奘进表曰:

图 30-1　玄奘省亲,乡亲们欢欣鼓舞

　　玄奘不天,凤种荼蓼。兼复时逢隋乱,殡掩仓卒。日月不居,已经四十余载,坟垄颓毁,殆将湮灭。追惟平昔,情不自宁。谨与老姊一人,收捧遗柩,去彼狭陋,改葬西原。用答昊天,微申罔极。昨日蒙敕,放玄奘出三两日检校。但玄奘更无兄弟，唯老姊一人。卜远有期，用此月二十一日安厝。今观葬事，尚寥落未办，所赐三两日，恐不周匝。望乞天恩，听玄奘葬事了还。又婆罗门上客，今相随逐，过为率略，恐将嗤笑。不任缠迫忧惧之至，谨附表以闻。伏乞天覆云回，曲怜孤请。

唐高宗览表后准其奏，叫洛阳尹代为料理改葬，所有一切费用都由官给。旨意一下，官厅竭力代为张罗，玄奘的旧日亲友，也都赶来帮忙。到了改葬这一天，洛阳一带道俗赶来观礼的不下万人。这时印度也派有僧人在中国，听说玄奘父母改葬，亲自赶来参加典礼。玄奘无限感谢，特别加以款待。

图 30-2　经高宗许可，玄奘迁葬父母于西原墓地

回到故乡就想起在故乡东南方三十里地的少林寺，这个已有半个多世纪的佛教圣地，也是风景名胜区域，是后魏孝文帝迁都洛阳时，在少室山北面营造的，因地势高下，有"上方""下方"之称，共分一十二院，东据嵩岳，南面少室，北依高岭，兼带三川。到处飞瀑流泉，松柏交翠，是一个十分幽静之处，西北山边有菩提流支译经的地方。隋大业末年，农民起义，洛阳一带频经兵火，这座少林寺保存还算完好。寺西北岭下，缞

氏县东南之凤凰谷,那便是玄奘出生的地方。玄奘回到家乡,见故乡风景秀丽,山川似锦,觉得走遍千山万水,还是故乡可爱,不禁动了归乡之念。因此他第二次上表,要求在少林寺译经,以竟未了之业,兼以终其天年。这个在我们眼里是很应该被批准的请求,居然被唐高宗以非常严厉的态度拒绝了,而且这次皇帝还破例亲自书写复信,其中有这样几句话:

> 道德可居,何必太华叠岭?空寂可舍,岂独少室重峦?幸戢来言,勿复陈请。

我们不难从中感觉到丝丝的寒意。

我想,唐高宗拒绝玄奘的要求,无非是这么几个原因:第一,玄奘在我们眼里当然是一代高僧,是在文化上、佛学上、翻译上有重大贡献的人,可是在皇帝的眼里,也就是个文学侍从。所以希望你不要离我太远,皇帝都是非常自我中心主义、非常自私的。第二,在历史上,帝王都不大愿意有号召力的高僧居住在自己控制不严的偏僻山林,否则万一信徒众多,登高一呼,或者有人打着你的旗号谋反呢?所以这一次是干脆、严厉的拒绝,玄奘也就不敢再提出类似的要求了。

三年前,李弘生病,高宗焦虑不已,命玄奘诵经祈福。法事之后,太子病愈,高宗下敕扩建西明寺。显庆三年(658年)六月,西明寺重新落成,共有十院,房四千余间。七月,高宗敕令玄奘移住西明寺,选派五十名高僧入住,协助玄奘译经,其中有律宗高僧道宣。十四日,玄奘入住西明寺,仪式一如当年唐太宗敕令他入住大慈恩寺时的规模。

玄奘当年西行求法时,数次在冰山雪岭间跋涉,致使身体落下"冷病",回到长安后,一直依赖药物治疗。入住西明寺不久,他的冷病再次发作,来势凶猛,几乎危及性命。高宗将玄奘迎入皇城东侧的凝阴殿西阁,命御医悉心治疗,病情才逐渐好转。

经此大病之后,玄奘的身体更加虚弱,京城名流来往众多,竞相看望。玄奘不胜其扰,只好再次上表,奏请离开长安,前往玉华宫译《大般若经》。

这一次唐高宗允许了,从这以后,一直到圆寂,玄奘再也没有离开过玉华寺,换句话说,玄奘的脚步再也没有进入过繁华嘈杂的京城。

显庆四年(659年),移居玉华寺的玄奘,开始着手翻译全文达六百卷的《大般若经》。这部经,在西域各国都被视为镇国之宝。唐高宗也格外重视。玉华寺就是当年唐太宗在那里第二度劝玄奘还俗的玉华宫,太宗驾崩后就改名为玉华寺。

《大般若经》是玄奘法师在玉华寺所译经卷十四部中最大的一部,也是他一生所译佛经最大的一部。这部经卷全称叫《大般若波罗蜜多经》,是释迦牟尼二十二年中分别在四个地方讲的。其主旨在于阐明宇宙万事万物都出于"因缘和合",故其"自性本空",后世称其为"空经"。玄奘及高足窥基所创建的法相唯识宗,及其与法相宗相对的法性宗,都是在这一理论基础上建立起来的佛教哲学体系。《大般若经》是佛教各宗的一部根本大典。

由于《大般若经》这部经典实在太大,门徒见玄奘年迈力衰,建议模仿两个世纪前西域人鸠摩罗什的做法,加以删繁剪裁。玄奘一时也为之心动,可是当他有了此念以后,连着几天夜里做噩梦，不是梦见从冰山悬崖上跌落谷底，就是梦见在热带森林中被毒蛇猛兽追袭，吓得一身冷汗，浑身战栗，每次梦醒后都令他心惊肉跳。于是，他只好召集各部门译经人员，决定仍按照既定方针，逐句直译，绝不删减一字。结果那天晚上就梦见诸菩萨眉宇间散发着耀人的光芒，慈祥地站在他的面前。所以，他再度肯定自己的方针，集全力翻译，而且如获神助。他考定当年释迦牟尼说《大般若经》的地方，凡有四处：一是王舍城鹫峰山，二是给孤独园，三是他化自在天王宫，四是王舍城竹林精舍。总共一十六会，合为一部。玄奘在印度取经时，一共得到三种版本，到翻译的时候，发现经文互有出入，就详细加以勘校，考定谬误，再三斟酌，然后下笔。

在翻译《大般若经》时，玄奘严格遵从以前既定的"五不翻"的原则：

（一）秘密内容（如咒语）；

（二）一词有多种含义；

（三）经中所说之物"印度有，大唐无"；

（四）古人已定译为某词；

（五）天竺惯用语，在汉语中找不到对应的字词。

凡遇到这五种情况，只以汉语注其读音，不作翻译。

因而他译成汉语的《大般若经》无论名相安立，还是文义贯练，无不准确恰当。真是"一语之安，坚如磐石，一义之立，灿若星辰"。而且还矫正了旧译的许多讹谬，开辟了中国译经史的新纪元。他的追求真理，为学认真不苟的精神，是值得后人学习的。

玄奘在翻译《大般若经》的过程中，常恐经文太长，不能译完，鼓励大家说道："玄奘今年六十五岁，大概寿命不过如此。伽蓝经部甚大，常恐不能译完，希望大家人人努力，共同来完成译经大业。"慧立、道宣一班门徒听了个个振奋，到了龙朔三年（663年）十月二十三日，才将这一部大经译完，合成六百卷，费时三年十一个月，称为《大般若经》。

玄奘译完《大般若经》搁笔的时候，双手合十，对译经场全体同人说："这是一部可以镇国的经典，人天之大宝，值得庆贺一番。"这期间续译《集异门足论》二十卷成，又译《阿毗达磨界身足论》三卷、《五事毗婆沙论》二卷。到十一月，令弟子窥基奉表奏闻，并请御制《大般若经序》。十二月，宣敕垂许，弘扬"般若"的大愿，终于告成。

玄奘致力于翻译此经，有一个重要的原因。他一生以"光大佛法"为目标，然而他看到，佛教的大、小乘之间乃至大乘佛教内部，各个宗派因见解不一，纷争不断，他想建立起一个统一的佛法修学体系。

玄奘心目中的这个完美的修学体系，以"阿毗达磨"为大地，以《瑜伽师地论》为树干，以《大般若经》为果实。

玄奘从印度带回的经典众多，他知道自己穷尽一生也无法全部译出。玄奘译经，是有选择的。第一阶段，以《瑜伽师地论》为主，这是他西行求法的重心；第二阶段，以"阿毗达磨"为主，翻译了《大毗婆沙论》《俱舍论》，介绍修行的基础与入门方法；第三阶段，以《大般若经》为主。

玄奘勉强译完《大般若经》，感觉体力衰竭，自知生命即将走到尽头。

麟德元年（664年）正月初一，玄奘翻译了一部只包含五个咒语的短经《咒五首经》后，众僧又请他翻译《大宝积经》。

为了不拂众意，玄奘勉强翻译了开头数行，随即合上了梵本。

玄奘望着弟子们，平静地说："这部经卷帙之众，与《大般若经》相同。我自觉心力不济，死期将至，不能再承担此事了。"

说完这句话，玄奘停止了翻译工作。

他开始为自己离开这个世界做准备。遂集合弟子，对他们说：

> 由于《大般若经》的因缘，我来到玉华寺，今译事既终，我的生涯亦将尽了。我交代各位的是，我若无常，请一切从简，只用粗陋的竹席把我包起来，找个山间或溪谷偏僻处安置，千万不要靠近行宫或寺院，这不洁之身，还是偏远地方为宜。

少间又说：

> 有为之法，必归磨灭；泡幻之质，何得久停。我已六十五岁，必会死在玉华寺，你们在经论方面还有什么疑问，赶快问吧！免得后悔。

至初八，有弟子高昌僧玄觉因向法师自陈所梦，见一浮图端严高大，忽然崩倒，见已惊起，告法师。法师曰："非汝身事，此是吾灭谢之征。"

正月初九暮间，玄奘在后院为了跨过一条水沟跌了一跤，胫上有少许皮破，最初几天还没什么大异样，从十三日开始，就卧床不起，昏迷不醒，病势沉重。至十六日，玄奘如从梦觉，口云："吾眼前有白莲花，大于盘，鲜净可爱。"到十七日，他又梦见许多穿锦衣的人在玉华寺内外,用各种锦、花、珠宝布置得美轮美奂,同时还带来各种水果来供养他。他想辞退,被旁边照料人的咳嗽声惊醒。遂命嘉尚把19年所翻译佛经加以整理,列出明细,共七十五部,总一千三百三十五卷。又别传《大唐西域记》一部十二卷。录讫,令嘉尚宣读,听后合掌庆贺。据《大唐故三藏玄奘法师行状》载,尚有五百八十二部未见翻完。

实际上,这已经是玄奘在做自我总结。玄奘又吩咐众僧,为他造像写经,广为施舍,同时他按照佛教的戒律,把自己用的东西全部施舍给寺里的僧众。

▼

玄奘做好了充分的准备,从容不迫地等待着自己圆寂时刻的到来。那么,玄奘在人世间的最后时刻,他留下的最后遗言是什么?玄奘又是以一种什么样的姿态圆寂的呢?

▼

从记载上来看,这以后玄奘的病情似乎稳定了一段时间,在正月二十三那天,玄奘好像还很清醒,他让一个叫宋法智的塑像工人在玉华寺的嘉寿殿竖起一个菩提像,把骨架搭好。他召集了所有身边的翻译佛经的弟子,留下了在人世间最后的话:

玄奘此毒身深可厌患,所作事毕,无宜久住,愿以所修福慧回施有情,共诸有情同生睹史多天弥勒内眷属中,奉事慈尊,佛下生时,亦愿随下广作佛事,乃至无上菩提。

玄奘说：我自己的俗身是不净的，这个俗身我已经厌恶了，我在世间所要做的事情已经做完了，不必要再待着。我不是为我玄奘个人修福慧，我愿意把我修的这一切回报给人世间仍然活着的人。我祈愿，我能跟大家一起上生到弥勒菩萨身边，去奉侍弥勒菩萨。我发愿，当弥勒佛下生的时候，我愿意跟着他下来"广作佛事"，去追求无上菩提，去追求最高的智慧。这是玄奘最后成段的话，也是他最后的发愿。

在接下来的日子，玄奘几乎就不说话了，只是不停地在念诵佛经，皈敬弥勒、如来，愿往生弥勒净土。

二月初四夜开始，玄奘右手支撑着头部，左手舒放在左腿之上，非常平缓地，右胁而卧，再也不动半分了（以右手而自搘颐，次以左手申左䏶上，舒足重累右胁而卧，暨乎属纩，竟不回转）。这是玄奘圆寂前的最后姿态，也就是玄奘肉身的最后姿态，我们看见卧佛就能想到这个姿势。

玄奘在床上朝右侧安静地躺下，他一生的经历，却像梦境一样，在他眼前闪现出来。

他看到了地平线，并且是不断向远方延伸着的地平线，蓝色，透明，闪闪发光。这时，一股印度特有的花香，轻逸地飘到了鼻端，他深深地吸了一口气。这时，房间里回荡起天竺僧人动听的梵唱。

西行求法的道路，出现在他的眼前。莫贺延碛的沙漠，冷酷的凌山雪岭，奔流不息的恒河，菩提伽耶的大菩提树，庄严的那烂陀寺……

他看到凤凰谷畔的故乡，看到了凤凰台下的休水河，看到了陈河村的陈家大院……

他看到了母亲，她在轻轻地呼唤他"陈祎"，他应了一声。他看到了母亲去世时父亲的泪眼。

他看到了二哥的身影，看到二哥牵着自己的手，走进了洛阳净土寺的山门。

眼前的面孔多起来，他看到了同意将他剃度为僧的郑善果大人，看到了目光具有穿透力的百岁高僧戒贤，看到了戒日王，看到了唐太宗……

这些熟悉的脸孔，一一闪过，如流星划过夜空。他看到了碧绿透明的荷叶，看到了清净的池水，以及鲜净可爱的白莲花……看到了佛陀，看到了观音菩萨、文殊菩萨……

玄奘感到身体产生了奇异的变化，他的知觉敏锐起来。他清晰地听到，在他的房间里，僧众正齐声念佛。

身体没有痛苦，心情格外平静，玄奘脸上闪现出一个欢喜的微笑。

二月初五晚上，随侍床榻一侧的弟子普光等人惊奇地看到，玄奘额头的皱纹平抚了，数日不饮不食，但他本已枯槁的脸也变得饱满，并且，他的脸上闪现出一个神秘的微笑。

普光等人悲从中来，知道师父要走了。

普光俯身凑向玄奘耳边，轻声问：

和尚决定得生弥勒内众不？

看见玄奘那么长时间一直在念诵佛经，准备离开这个世界，他的弟子问玄奘，您是不是已经决定可以往生到弥勒佛净土呢？

玄奘回答说：

得生。

这是玄奘在这个世界上留下的最后两个字。言毕，就呼吸渐微，少间神逝。

▼

玄奘十三岁皈依佛门，二十八岁只身一人远赴西天求法，经历过无数艰难险阻，终于求得真经返回祖国。17年的留学生涯，19年的译经弘法，玄奘终于求得正果，安然地去了自己一生所向往的弥勒佛净土。当玄奘圆寂的消息传出之后，唐朝的帝王和百姓们又会有怎样的反应呢？

▼

唐高宗在二月初三得到玄奘因损足得病的消息，初七就派御医带着药物赶往玉华寺。等御医带着皇上亲赐的药赶到的时候，玄奘已经停止了呼吸。玄奘圆寂的消息传到长安，举国悲悼，唐高宗哀叹："朕失国宝矣！"甚至为了玄奘而罢朝数日。第二天，唐高宗又对群臣提起这件事：

朕国内失奘法师一人，可谓释众梁摧矣，四生无导矣。亦何异于苦海方阔，舟楫遽沉；暗室犹昏，灯炬斯掩！

二月二十六日，唐高宗下旨，玄奘所有丧事费用由朝廷负责。三月初六，又下令暂停翻译工作，已经完成的部分由朝廷出资传抄，尚未完成的交慈恩寺保管，不得遗失。可惜的是，后来这些梵文经书几乎全部遗失。

三月十五日,唐高宗又一次下诏:

> 玉华寺故大德玄奘法师葬日,宜听京城僧尼造幢、盖送至墓所。

四月十四日,弟子们遵照玄奘的遗嘱,用粗竹席将他包裹,安葬于长安东郊浐水之滨的白鹿原上。京城诸州五百里内送葬者百万余人,哭声动天。到夜晚缁素宿于墓所为玄奘守灵者三万余人。十五日旦,掩坎讫,即于墓所设无遮大会而散。

图 30-3　玄奘圆寂,京城诸州五百里内送葬者百万余人

玄奘以极高的规格被安葬在白鹿原,由于玄奘的墓地高耸,高宗皇帝每每在长安城北高敞的大明宫含元殿上朝时,一眼就能望见人们到玄奘墓前祭奠的情景,这使他常勾起旧情,伤心落泪。于是在总章二年(669年)四月初八,高宗下诏徙葬法师于樊川北原,营建塔宇。

唐中宗神龙元年(705年),又下令在两京,也就是长安和洛阳各建造一座佛光寺,追谥玄奘为"大遍觉法师"。

〔玄奘大师圆寂后，他一生的成就，不仅在中国，甚至在全世界文化史上都产生着深刻影响。人们如何评价玄奘的丰功伟绩？当时空划过一千三百年后，玄奘对后世产生了什么样的影响？他留下了什么样的珍贵遗产，让21世纪的人们念念不忘？请看下一讲"玄奘精神传千古"。〕

第三十一讲
玄奘精神传千古

（字幕·旁白）

　　大唐三藏法师玄奘与世长辞，朝野共仰，万民悲恸。此一学究天人，行迈古今，中外同钦的一代伟大学者，遂告圆寂于玉华寺肃成院。他对后世除留下丰厚的文化遗产，更珍贵的是他留下的玄奘精神，教育着、影响着一代又一代中国人的价值取向。那么，古今中外，对玄奘大师的历史功绩都有哪些重要评价？又是如何弘扬玄奘精神呢？

　　公元7世纪，凤凰谷畔出生的玄奘，恰是一个传奇的盛世唐朝，他西行取经的经历，成就了这位传奇的历史人物。

　　在很多人眼里，没有什么比生命更值得珍惜，可是在玄奘看来，信念和理想才是生命中最宝贵的东西。

　　这是人类历史上的一段佳话，这是中华文明史上的一个经典奇迹。让我们拂去历史的尘封，拨开神话的迷雾，在一代大师离开人世后，还原玄奘一个真真实实的人生。

　　玄奘出生于隋文帝开皇二十年（600年），圆寂于唐高宗麟德元年（664年），享年65载。他的人生轨迹大体分为四个阶段：一是从出生到净土寺出家为僧的青少年时期，是在偃师南陈河村度过的，时间为19年；二是离开父母之邑，国内游学时期，时间为9年；三是偷渡出关，杖策孤征，西行印度求法时期，时间为17年多一些；四是学成东归，主持译经时期，时间为19年多一些。他在人生的每一个阶段都有超人的表现与闪光的业绩，但综合来看，玄奘大师一生追求的最高目标是"取经译经"四个大字。

玄奘取经之路是信仰之路，丈量着追求真理、从生到死的悲壮；

玄奘取经之路是意志之路，见证着为法忘躯、百折不挠的顽强；

玄奘取经之路是求知之路，诠释着严谨求学、声震五竺的辉煌；

玄奘取经之路是和谐之路，融汇着海纳百川、教派宽容的胸怀；

玄奘取经之路是探索之路，书写着潜心翻译、千古一人的神话；

玄奘取经之路是爱国之路，镌刻着故国情深、国之脊梁的伟大！

在中国历史上，伟大的历史人物灿若星河，他们都在不同的历史时期绽放着光芒。玄奘西行，竟然改变了公元7世纪世界佛教的发展格局，成为佛法东传历程中的一座里程碑；玄奘西行，用双足开创了一条从中国经西域、中亚到印度全境的文化之路，成为大唐乃至后世万代亚洲各国人民尊崇的和平友好使者；玄奘西行，揭秘了一个古代留学生为攀登学术高峰，孜孜以求，精益求精，在佛国达到登峰造极的高度，"大乘天""解脱天"声震五印度；玄奘西行，让世人发现，如果没有玄奘前无古人的翻译成就、文化交流、和平传播，世界上就不可能有保存如此完美的佛教文化，他奉太宗之命撰述的《大唐西域记》，至今仍是研究中亚和印度中古历史无可替代的宝贵文献；玄奘西行，出现一个奇迹，千古以来一个人凭借一己之力，对一个时代和外交竟能产生如此重大影响；玄奘西行，用一种精神让自己成为妇孺皆知的偶像，千百年来受人尊敬和膜拜。

玄奘平凡而辉煌的一生，早已赢得世人的高度评价。唐太宗称他"只千古而无对"，唐高宗称他为"国宝"。在近代，梁启超称赞玄奘为"千古一人"。伟大的文学家、思想家鲁迅先生赞扬玄奘说："我们从古以来，就有埋头苦干的人，有拼命硬干的人，有为民请命的人，有舍身求法的人，……虽是等于为帝王将相作家谱的所谓'正史'，也往往掩不住他们的光耀，这就是中国的脊梁。"

玄奘圆寂后，他一生的成就，不仅在中国，甚至在世界文化史上都产生着深刻的影响。对于他辉煌的人生，史书上也早有评论。后人称颂他是千秋独步的旅行家，超前绝后的翻译家，著名的佛教哲学家，伟大的佛教理论家，中外文化及交通的杰出使者，国民外交家。2004年，联合国教科文组织将中国的玄奘等六位圣贤，列为世界历史文化名人。

一千三百多年前，玄奘用行动树起了一座人类历史上难以逾越的丰碑；一千三百多年后，他留下的玄奘精神，早已超越了时间、地域和宗教的界限，成为全人类的共同财富，对于新世纪正在奋斗的人们具有重要的现实意义。

中国社会科学院荣誉学部委员、著名学者、中国玄奘研究中心原主任黄心川先生把玄奘精神概括为六个方面，号召人们去践行、去学习玄奘精神。

一是学习他真诚向外国学习、勇于开拓的精神。在玄奘的时代，印度的佛教、文化科技知识已经大量涌入中国，玄奘是把它们作为先进的知识加以热忱学习的。在国内9年游学期间，他参访不同学派，历经十四师，掌握了较深的佛教义理，但他不满足于所取得的成就，常对"先贤之所不决，今哲之所共疑"的问题进行寻根问底，渴望了解佛教全部的正确知识。在长安，当他从印度来华的学者波颇密多罗那里知道了印度那烂陀寺戒贤法师精通《瑜伽师地论》的消息后，便毅然决然"乘危远迈，杖策孤征"，去印度寻求新的知识，开辟佛学研究的新途径。他到达印度后，不辞艰难地几乎访问了当时五印度所有的佛教学者和婆罗门教的有识之士，虚心向他们请教，即使是佛教的论敌或者外道学者，也如实地把他们的论点介绍给中国知识界。另外，在学习和研究瑜伽行宗的过程中，他广纳百川，吸取糅合了印度流传的唯识十家之说，借以贯通新旧唯识的鸿沟，另辟蹊径，奠定了新唯识学的理论基础，从而建立了中国的法相宗。玄奘这种虚心向外国学习、富于创造的精神，对我国新时代的征程中，积极学习国外先进技术和文化也有着积极的借鉴意义。

二是历尽千难万险，百折不挠的顽强奋斗精神。玄奘孤身一人西行求法的历程，历尽了人类所遇到的种种自然和人为的灾难。他突破重重关隘，在过五烽时，穿越八百里莫贺延碛大沙漠，上无飞鸟，下无走兽，更无水草，望着尸骨马粪前进，九死一生到达伊吾；在以后的万里征程中，他翻雪山、顶风暴、斗盗贼、涉急流，在饥饿与死亡面前，玄奘心中只有一个念头："不至天竺，终不东归一步！"此外，他还克服了在域外学习和研究过程中的"三难"，即学梵文难、得经本难和文化交流难，如果没有坚韧不拔的精神，玄奘是无法闯过这些难关的。

三是孜孜不懈，寻求真理，攀登学术高峰的精神。玄奘的确是攀登了学术高峰，表现了一个知识中人敢于追求真理的勇气和对待学术研究毫不含糊的科学态度。在中国历史上，玄奘无疑是最出色的留学生，留学印度而又成为印度佛学的制高点，这是人类历史上罕有的一个奇迹。

四是不慕名利，返回祖国，造福人民的爱国主义与国际主义的精神。玄奘西行后由于自己的努力和勤奋，在印度学术界获得了至高的荣誉，成为佛教最高学府那烂陀寺十大名师之一。戒日王优渥礼待，给予丰厚的供养，但他一直未忘出国的素志——"弘法利民"。当鸠摩罗王、戒日王上号"大乘天"和"解脱天"并坚留他在印度时，他答称："今果愿者，皆由本土诸贤思渴诚深之所致也，以是不敢须臾而忘。"（《慈恩传》卷五）在他回国后，唐太宗曾两次希望他能"还俗从政，辅佐朝廷"，但他矢志译经事业，婉言加以拒绝。玄奘这种精神正如汤用彤教授评说的："襟抱平恕，器量虚融……耽于道术，淡于名利，不欲高衔……玄奘人格极高，为人所敬顺。"

五是工作作风踏实，计时分业的严谨精神。玄奘一生始终把他的精神全力贯注到工作中去。《慈恩传》对他回国后每天译经的情况有所描述。他每天对当天需要完成的任务都有详细的安排，做到"计时分业"，如果白天不能完成时，晚上也要补足。据资料统计，玄奘从贞观十九年（645年）五月至龙朔三年（663年）十月，在17年6个月中共译出佛经1335卷，每年平均为75卷，每月6.25卷，即5日1卷。玄奘晚年留驻玉华寺时（659—663年），5年中共完成译经14部680卷，平均每年完成136卷，每月完成约11卷，这较过去增加了将近一倍。玄奘所译的最重要的经典如《大般若经》《成唯识论》《唯识二十论》都是在这时完成的。玄奘这种精厉晨昏、专思法务、虔虔不懈、死而后已的精神令我们无限感动。

六是融汇教内外各派理论的认同、宽容精神。这种精神表现在他的译经和与外道交流之中，众所周知，玄奘是一个大乘瑜伽派，但他译的佛经中，大小乘并举，对佛教空、有、中的基本经典《大毗婆沙论》《阿毗达磨》五个足论，他都没有从他所持的大乘立场加以排斥。玄奘并不专门弘传中观理论，但他却翻译了中观派般若的根本经典《大般若经》《广百论》等。大乘中观派的清辨论师是瑜伽行派护法论师的论敌，但他将清辨的《掌珍论》译出了。另外，他对教外的一些经典，如婆罗门教正统派哲学——胜论的根本经典《胜宗十句义论》也如实地译出了。我国道教的根本经典《道德经》，玄奘应印度童子王之请把它译成了梵文。在印度，玄奘在与外道辩论取得胜利后，马上取消和宽恕了顺世论者在辩论前所作的卖身等种种誓言。在玄奘生活的唐初和印度戒日王统治的时期，正是儒释道三教斗争和印度婆罗门教与佛教等沙门思潮斗争最为激烈的时期，玄奘在激烈的斗争中能够保持不偏不倚、宽容的认同精神，这是难能可贵的。

中华民族是追求真理、追求和谐、追求和平的民族，玄奘精神是民族精神的缩影，是民族精神的代表。在史无前例的现代化建设时期，我们重温玄奘精神，继承和发扬他的传统美德及行为准则，追梦路上，有我们勤劳的双手和智慧，我们还有什么艰难险阻不能克服，还有什么崇山峻岭不能逾越？玄奘精神将永远激励我们在开创新世纪的征程中披荆斩棘，奋勇前进，创造出更加灿烂的明天。

· · ·

［《千秋独步：凤凰谷畔话玄奘》三十一讲到此就结束了，希望我的讲述能增强人们对历史上真实玄奘的认知，至少不再被《西游记》中的唐僧误导，使大家更加深刻认识一千多年前玄奘西行取经的艰险、执着和回国译经的成功、喜悦，更希望21世纪的中国人能够珍惜玄奘留给我们的玄奘精神。］

参考文献

慧立、彦悰	《大慈恩寺三藏法师传》
道　宣	《续高僧传》卷四《玄奘传》
刘　轲	《大唐三藏大遍觉法师塔铭》
冥　祥	《大唐故三藏玄奘法师行状》
梁启超	《支那内学院精校本〈玄奘传〉书后——关于玄奘年谱之研究》
	《佛学研究十八篇》
季羡林	《大唐西域记校注》《佛教十六讲》
杨廷福	《玄奘年谱》《玄奘论集》
王邦维	《南海寄归内法传校注》
	《丝路朝圣：玄奘与〈大唐西域记〉故事》
黄心川、葛黔君	《玄奘研究文集》
黄心川	《古代印度哲学与东方文化研究》
朱　偰	《玄奘西游记》
周连宽	《大唐西域记史地研究丛稿》
王恩洋	《中国佛教与唯识学》
钱文忠	《玄奘西游记》
墨　川	《玄奘精神》
蓝吉富	《印度佛教圣迹》

后 记

2015年春初，中共偃师市委宣传部决定要为偃师电视台筹播《古亳大讲堂》栏目，在市内集中了一批文化人进行座谈选题，重点是要遴选一批影响中国历史发展的历史事件、历史故事、历史人物作为讲坛内容，用雅俗共赏及通俗的讲述，通过电视新媒体传播，以丰富广大人民群众的文化生活。

按照分工，我接受了讲坛《玄奘》的选题。恰巧这时，河南电视台要在全省拍摄一批河南历史名人，如岳飞、关羽、玄奘、老子等，我应邀负责《河南历史文化博览·人物篇——玄奘》的总撰稿并讲述主播，这给我提供了撰写"讲坛书稿"的动力。到2015年初冬，由河南教育电子音像出版社出版发行的《河南历史文化博览·人物篇——玄奘》四集纪录片在河南及全国转播，而偃师电视台准备的《话说玄奘》讲坛书稿却因种种原因而停滞。

时间一晃过去了八年，书稿也在书柜沉睡了八年。去年因玄奘结缘，我结识了北京卫君安空间技术有限公司董事长孙荷丽女士。她的出现本意是想为玄奘故里和玄奘寺的恢复建设做些什么，当她闻知我的这段经历，就积极鼓励我何不将这部讲稿出版成书以示读者。于是，我趁2022年下半年疫情防控期间在家"避难"的充分空隙，对讲稿进一步充实、完善、修改、提高，孙荷丽女士又对文稿布局、史料选择、语言结构等反复斟酌，在我们的共同努力下，才使《千秋独步：凤凰谷畔话玄奘》一书得以成书。因而，首先应该感谢的是我的合作伙伴孙荷丽女士！

在本书出版过程中，要感谢乔建勋、戚贺阳、崔佳星三位同志在初稿打印、样书排版、编审校对中的大力支持和辛勤付出。还要感谢洛阳市美术家宫殿先生精心为本书封面设计的玄奘西行画像。同时还要感谢和我共事的洛阳市玄奘文化研究会的老师们的共同关心和支持。更要感谢河南大学出版社李云老师及设计排版中心李雪艳老师对此书编辑、出版付出的艰辛劳动，这里一并表示由衷的谢意。

由于水平有限，本书舛谬之处定会不少，敬祈专家学者及广大读者不吝指正，谨谢！

董煜焜
2024 年 6 月
于景山璞玉斋